Excel 2010

POUR
LES NULS

Excel 2010

POUR LES NULS

Diane Koers

FIRST
Interactive

Excel 2010 Pas à Pas Pour les Nuls
Titre de l'édition originale : Excel 2010 Just the Steps For Dummies
Publié par
Wiley Publishing, Inc.
909 Third Avenue
New york, NY 10022

Collection dirigée par Jean-Pierre Cano
Traduction : Véronique Congourdeau et Jean-Louis Gréco
Édition : Pierre Chauvot
Maquette : Stéphane Angot

Edition française publiée en accord avec Wiley Publishing, Inc.
©2010 par Éditions First
Éditions First
60 rue Mazarine
75006 Paris
Tél. : 01 45 49 60 00
Fax : 01 45 49 60 01
e-mail : firstinfo@efirst.com
ISBN : 978-2-7540-2128-9
Dépôt légal : 4e trimestre 2010
Imprimé en France

Sommaire

Première partie

METTRE EXCEL AU TRAVAIL !

Troisième partie
Afficher les données de différentes manières

Quatrième Partie
Analyser les données avec Excel

Introduction

Bienvenue dans le monde merveilleux d'Excel, le tableur le plus connu et le puissant du monde ! Qu'est-ce qu'un tableur ? C'est un programme informatique qui présente une énorme grille conçue pour afficher des données en lignes et en colonnes. Vous pouvez l'utiliser pour effectuer des opérations arithmétiques, logiques et de tout autre type. Vous pouvez trier les données, améliorer leur présentation et les manipuler de différentes manières, y compris créer de superbes tableaux et graphiques. Si vous avez besoin d'un carnet d'adresses ou d'un document pour calculer le prévisionnel des ventes de l'année prochaine en vous basant sur les performances de l'année en cours, Excel est l'application qu'il vous faut.

À propos de ce livre

Dans ce livre, vous allez trouver tout ce dont vous avez besoin pour apprendre à utiliser Excel. Vous allez découvrir comment créer des feuilles de calcul et réaliser toutes les tâches possibles. Votre imagination est la seule limite imposée !

Pourquoi choisir ce livre ?

Le temps est précieux ! Vous n'avez certainement pas le temps de lire mais devez simplement effectuer une tâche concrète et être efficace. Ce livre vous propose des étapes simples et faciles à comprendre pour vous permettre d'utiliser Excel vite et bien. Il vous présente directement les étapes à suivre pour exécuter une tâche, sans utiliser le jargon incompréhensible, trop souvent présent dans les autres livres.

Même si vous avez déjà utilisé Excel dans le passé, Excel 2010 dispose d'un grand nombre de nouvelles fonctionnalités dont la plupart diffère de celles des versions antérieures. Ce livre vous permet d'effectuer une transition en douceur.

Conventions utilisées dans ce livre

- Pour les commandes du Ruban, j'utilise le symbole > pour séparer les options des menus. Par exemple, « cliquez sur Insertion > Image dans le groupe Illustrations » signifie « ouvrez l'onglet Insertion et, dans le groupe Illustrations, cliquez sur le bouton Image ».
- Certains éléments importants sont entourés d'un cercle dans les figures. Cela vous permet de repérer facilement les éléments mentionnés dans le texte.

Cette icône attire votre attention sur des astuces ou des conseils relatifs à la tâche courante.

Comment ce livre est-il structuré ?

Ce livre est divisé en 18 chapitres regroupés en 4 parties.

Première partie : Mettre Excel au travail

Dans le Chapitre 1, vous allez découvrir les bases du travail avec des fichiers Excel, comme ouvrir, fermer et enregistrer des fichiers. Dans le Chapitre 2, vous apprendrez à entrer différents types de données dans les feuilles de calcul Excel. Dans les Chapitres 3 et 4, vous allez apprendre à créer plusieurs types de formules et de fonctions pour effectuer des calculs dans les feuilles de calcul. Le Chapitre 5 vous expliquera comment protéger votre travail à l'aide des fonctions de sécurité d'Excel.

Deuxième partie : Optimiser les feuilles de calcul

Les Chapitres 6 et 7 vous montreront comment mettre en forme les données que vous avez entrées dans une feuille de calcul. Vous allez notamment apprendre à utiliser les fonctions d'alignement et de mise en forme des valeurs, à modifier les polices ou les couleurs et à ajouter des bordures aux cellules. Dans le Chapitre 8, vous allez travailler avec des images, comme des flèches ou des images clipart. Dans le Chapitre 8, vous commencerez à utiliser des classeurs contenant plusieurs feuilles de calcul, des liens hypertexte et des références croisées.

Troisième partie : Afficher les données de différentes manières

Cette partie vous montrera comment modifier la manière dont Excel affiche certaines options de classeur à l'écran. Le Chapitre 10 va vous expliquer comment modifier l'affichage des feuilles de calcul. Dans le Chapitre 11, vous allez apprendre à trier vos données afin de trouver plus facilement certaines informations. Le Chapitre 12 vous permettra de créer des graphiques pour afficher vos données sous forme graphique. Dans le Chapitre 13, vous allez travailler avec différentes méthodes de sortie, notamment l'impression et l'envoi de vos feuilles de calcul par mail. Le dernier chapitre de cette partie, le Chapitre 14, vous présentera plusieurs outils Excel qui vous permettront d'économiser du temps.

Quatrième partie : Analyser les données avec Excel

Dans ces chapitres, vous allez analyser toutes les données saisies dans vos feuilles de calcul. Dans les Chapitres 15 et 16, vous allez travailler avec les plans et les filtres.

Première partie

Mettre Excel au travail !

"J'annonce B7 !"

"- Coulé !"

Chapitre 1

Travailler avec des fichiers Excel

Excel est semblable à un énorme livre de comptabilité avec un quadrillage de lignes et de colonnes. L'intersection de chaque ligne et colonne forme une *cellule*. Chaque feuille de calcul compte 16 374 colonnes (de la colonne A à la colonne XFD) et 1 048 576 lignes, ce qui représente plus de 17 *billions* de cellules par feuille de calcul. La *référence d'une cellule* correspond à l'intersection d'une colonne et d'une ligne, par exemple D23 (D représente la colonne et 23, la ligne).

L'interface d'Excel met à votre disposition les bons outils au bon moment. Dans la plupart des programmes Windows, vous disposiez de menus et de barres d'outils pour sélectionner vos options. Dans la nouvelle interface d'Excel, les principales commandes sont présentées dans le Ruban, sous forme d'onglets contenant des icônes et des boutons.

Tout au long de ce livre, vous allez découvrir différentes façons d'utiliser Excel comme tableur mais également comme base de données, calculatrice, agenda et même logiciel de PAO. Vous commencerez par découvrir les bases pour finir par travailler avec les fonctionnalités les plus avancées.

Dans ce chapitre, vous allez :

- Ouvrir et fermer Excel.
- Travailler dans le nouveau mode Backstage.
- Sélectionner des commandes avec le clavier.
- Modifier les informations de la barre d'état.
- Créer, ouvrir et enregistrer des classeurs Excel.
- Convertir des fichiers de versions antérieures en fichiers Excel 2010.
- Supprimer et renommer des fichiers.
- Configurer les propriétés des classeurs pour mieux gérer vos fichiers.

Ouvrir et découvrir Excel

1. Cliquez sur Démarrer > Tous les programmes > Microsoft Office > Microsoft Excel 2010. Le programme Excel s'ouvre et affiche un nouveau classeur vierge, prêt à accueillir vos données. La Figure 1.1 présente les principaux éléments d'un classeur.

2. Cliquez sur l'un des onglets du Ruban. Le premier onglet, nommé Fichier, se distingue des autres onglets par sa couleur. Lorsque vous cliquez sur l'onglet Fichier, vous ouvrez le mode Backstage d'Excel, présenté dans la section suivante. Les autres onglets sont divisés en plusieurs groupes. Par exemple, l'onglet Accueil compte les groupes Presse-papiers, Police, Alignement, Nombre, Style, Cellules et Edition. Placez le pointeur sur les différents boutons pour afficher une description de leur fonction.

3. Cliquez sur l'onglet Insertion. Le Ruban affiche alors les options relatives aux groupes Tableaux, Illustrations, Graphiques, Graphiques sparkline, Filtre, Liens, Texte et Symboles.

D'autres onglets s'affichent quand ils sont utiles à la tâche courante.

4. Dans l'onglet Accueil, cliquez sur la flèche du bouton Mettre sous forme de tableau. Une galerie de styles de tableaux apparaît (cliquez une nouvelle fois sur la flèche pour fermer la galerie).

5. Dans l'onglet Accueil, cliquez sur le lanceur de boîte de dialogue situé dans le coin inférieur droit du groupe Police pour ouvrir la boîte de dialogue associée (voir Figure 1.2). Dans ce cas, la boîte de dialogue Format de cellule s'ouvre.

Cliquez sur l>>e bouton Annuler pour fermer une boîte de dialogue sans effectuer de modification.

6. Placez le pointeur sur l'une des trois icônes situées au-dessus de Fichier. Par défaut, la barre d'outils Accès rapide affiche les fonctions Enregistrer, Annuler et Rétablir.

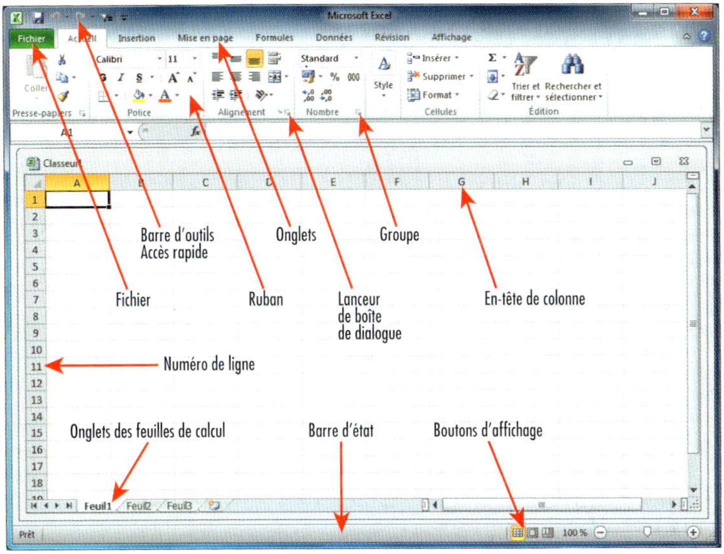

Figure 1.1

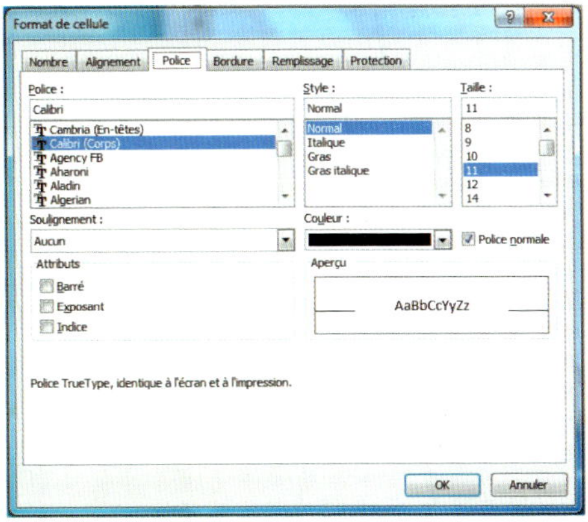

Figure 1.2

Découvrir le mode Backstage

1. Cliquez sur Fichier. Le mode Backstage d'Excel s'ouvre et présente trois colonnes. La colonne de gauche énumère les actions que vous pouvez effectuer.
2. Sélectionnez Imprimer dans la colonne de gauche. La colonne centrale affiche alors les tâches relatives à l'impression (voir Figure 1.3). Reportez-vous au Chapitre 13 pour en savoir plus sur l'impression.
3. Sélectionnez Récent dans la colonne de gauche. Une liste des classeurs récemment utilisés s'affiche. Il vous suffit de cliquer sur l'un des classeurs pour l'ouvrir. Consultez la section « Ouvrir un fichier Excel existant », proposée ultérieurement dans ce chapitre, pour connaître la démarche à suivre.
4. Sélectionnez Informations dans la colonne de gauche. La colonne centrale propose des tâches à appliquer au classeur tandis que la colonne de droite présente les propriétés du classeur. Pour plus d'informations, reportez-vous à la section « Spécifier les propriétés du classeur » de ce chapitre.
5. Cliquez une nouvelle fois sur Fichier pour fermer le mode Backstage et retourner dans le classeur actif.

Fermer Excel

1. Cliquez sur Fichier. Dans le mode Backstage, cliquez sur Quitter, comme le montre la Figure 1.4.

   Vous pouvez également cliquer sur le bouton Fermer (X) situé dans le coin supérieur droit de la fenêtre.

2. Cliquez sur Enregistrer ou sur Ne pas enregistrer si vous y êtes invité. Reportez-vous à la section « Enregistrer un classeur », plus loin dans ce chapitre.

   Autre possibilité : cliquez sur Fichier > Fermer. Le classeur se ferme mais Excel reste ouvert.

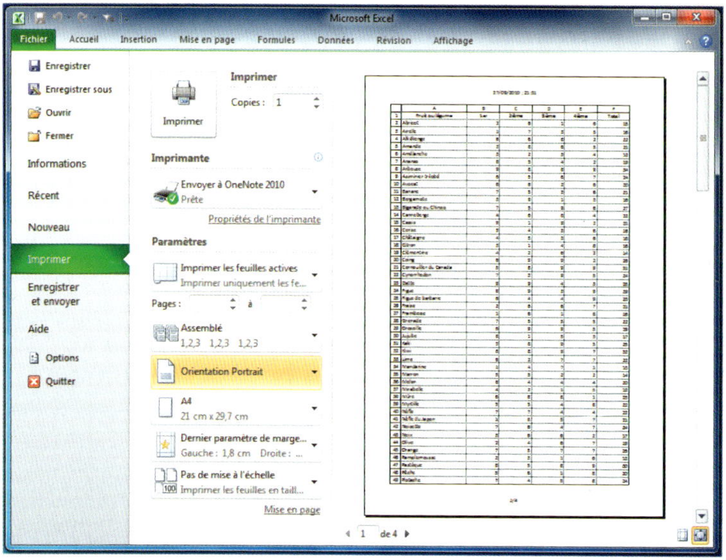

Figure 1.3

Figure 1.4

Sélectionner des commandes avec le clavier

1. Sélectionnez une cellule de la feuille de calcul.
2. Appuyez sur la touche Alt. Les touches de raccourci apparaissent sur le Ruban et la barre d'outils Accès rapide (voir Figure 1.5).

   Des chiffres permettent d'exécuter les commandes de la barre d'outils Accès rapide.

3. Appuyez sur une lettre pour ouvrir un onglet du Ruban. Par exemple, appuyez sur la touche G pour ouvrir l'onglet Mise en page. Notez que, dans l'onglet, chaque commande est également associée à une touche de raccourci.
4. Appuyez sur une touche du clavier pour sélectionner une commande. Excel affiche les options relatives à la commande sélectionnée.
5. Appuyez sur une touche ou utilisez les flèches et appuyez sur Entrée pour sélectionner une option. Excel exécute la commande sélectionnée et applique l'option choisie.

   Appuyez sur Echap pour annuler une frappe.

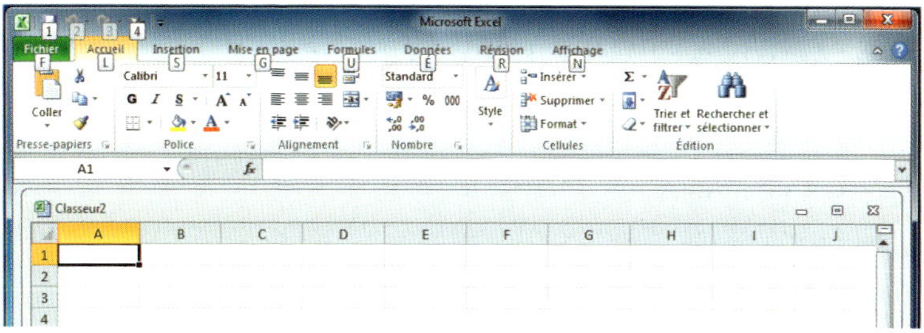
Microsoft Excel
Fichier
Accueil
Insertion
Mise en page
Formules
Données
Révision
Affichage
Coller
Calibri
11
Standard
Style
Insérer
Supprimer
Format
Trier et filtrer
Rechercher et sélectionner
Presse-papiers
Police
Alignement
Nombre
Cellules
Édition
A1
Classeur2

Figure 1.5

Modifier les indicateurs de la barre d'état

1. Effectuez un clic droit sur la barre d'état située au bas de la fenêtre. Excel ouvre le menu Personnaliser la barre d'état.
2. Les fonctionnalités actives sont marquées d'une encoche pour les distinguer de celles qui sont inactives. Cliquez simplement sur une fonctionnalité inactive pour l'activer. La fonctionnalité est automatiquement cochée. Dans la Figure 1.6, la fonctionnalité Verr. maj est inactive.
3. Cliquez sur une fonctionnalité active pour la désactiver et supprimer l'encoche.
4. Cliquez n'importe où dans le classeur Excel pour fermer le menu Personnaliser la barre d'état.

Créer un nouveau fichier Excel

1. Cliquez sur Fichier > Nouveau. Le mode Backstage vous propose des modèles dans la colonne centrale (voir Figure 1.7).
2. Sélectionnez Nouveau classeur et cliquez sur le bouton Créer. Excel crée un classeur vierge basé sur le modèle par défaut.

Reportez-vous au Chapitre 10 pour en savoir plus sur les modèles Excel.

Vous pouvez également appuyer sur Ctrl+N pour créer un nouveau classeur sans ouvrir le mode Backstage.

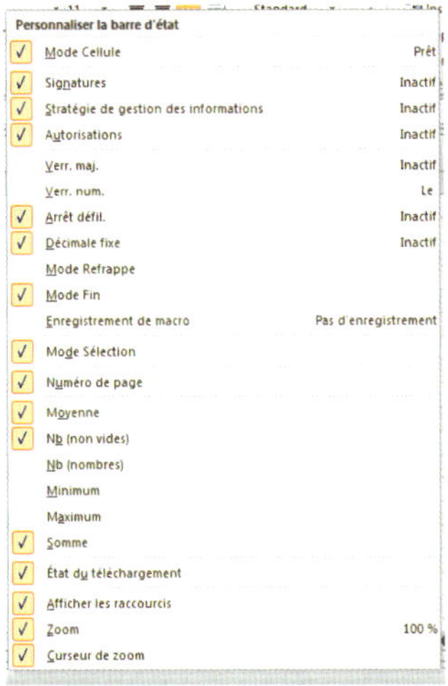

Figure 1.6

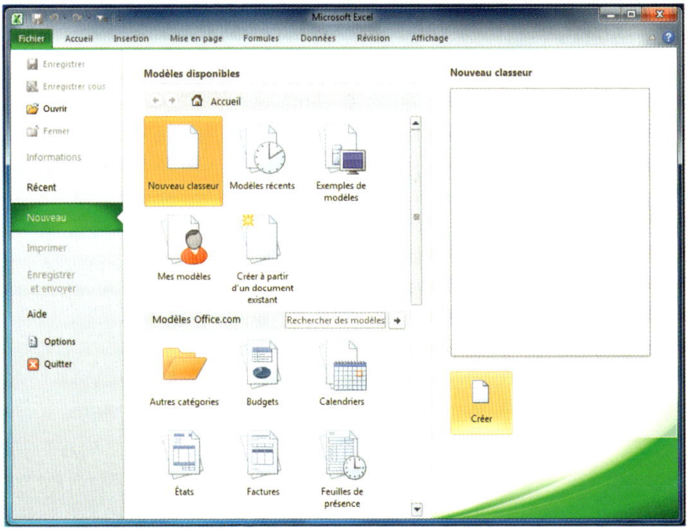

Figure 1.7

Enregistrer un classeur

1. Cliquez sur Fichier > Enregistrer ou sur le bouton Enregistrer de la barre d'outils Accès rapide. La boîte de dialogue Enregistrer sous apparaît, comme le montre la Figure 1.8.

   La boîte de dialogue Enregistrer sous apparaît uniquement lors de la première sauvegarde du fichier.

2. Par défaut, Excel enregistre vos fichiers dans Bibliothèques > Documents. Si vous voulez enregistrer votre fichier dans un autre dossier, sélectionnez le dossier souhaité dans le volet des dossiers.
3. Dans la zone Nom de fichier, entrez le nom du fichier. Notez qu'un nom de fichier ne peut pas contenir d'astérisque (*), de barre oblique (/), de barre oblique inverse (\) ou de point d'interrogation (?).
4. Cliquez sur le bouton Enregistrer. Excel enregistre le classeur à l'emplacement que vous avez spécifié dans l'étape 3.

Enregistrer un classeur dans un autre format

1. Cliquez sur Fichier. Dans le mode Backstage, sélectionnez Enregistrer sous. La boîte de dialogue Enregistrer sous apparaît.
2. Saisissez le nom du fichier dans la zone Nom de fichier.
3. Cliquez sur la flèche de déroulement de la zone de liste déroulante Type pour afficher la liste des formats de fichier.
4. Sélectionnez l'un des 27 formats de fichier proposés (voir Figure 1.9). Les fichiers enregistrés au format Excel 2010 ou Excel 2007 portent l'extension .xlsx, tandis que les fichiers enregistrés dans une version antérieure portent l'extension .xls.
5. Cliquez sur Enregistrer. Selon le type de fichier que vous avez choisi, il se peut qu'Excel vous demande des informations supplémentaires.

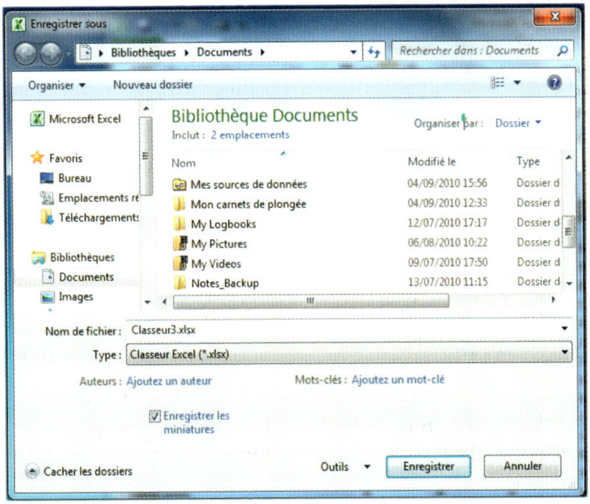

Figure 1.8

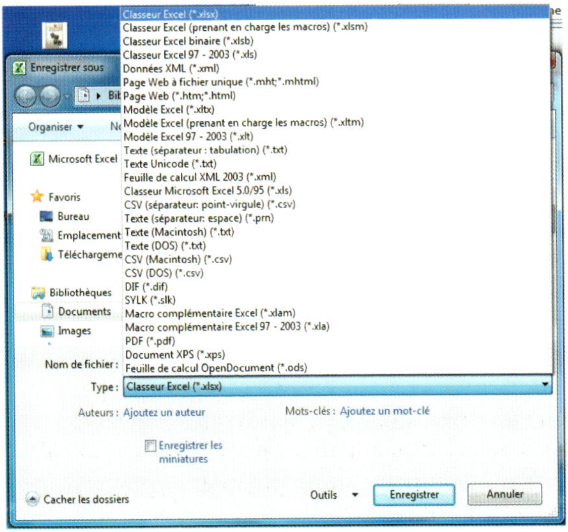

Figure 1.9

Ouvrir un fichier Excel existant

1. Cliquez sur Fichier. Dans le mode Backstage, sélectionnez Ouvrir. La boîte de dialogue Ouvrir apparaît, comme le montre la Figure 1.10.

   Cliquez sur Fichier > Récent pour qu'Excel affiche les fichiers récemment utilisés dans la colonne centrale du mode Backstage. Cliquez sur l'un des fichiers pour l'ouvrir rapidement.

2. Si nécessaire, sélectionnez le dossier contenant votre fichier dans le volet des dossiers avant de sélectionner le fichier que vous voulez ouvrir.

   Ouvrez la liste déroulante de type de fichier pour afficher les fichiers enregistrés dans d'autres formats.

3. Cliquez sur le bouton Ouvrir. Le classeur s'ouvre dans l'espace de travail Excel, prêt à être modifié.

   Si le fichier que vous venez d'ouvrir a été créé dans Excel 2003 ou une version antérieure, la mention Mode de compatibilité apparaît dans la barre de titre, à côté du nom du document. Consultez la section suivante pour plus d'informations.

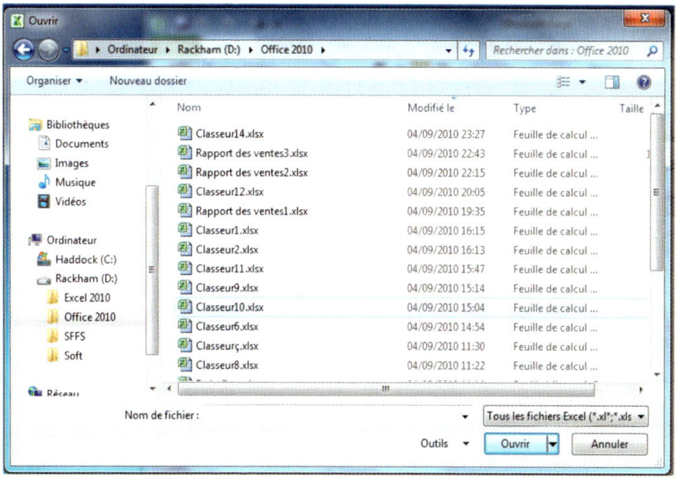
Ouvrir
Ordinateur ▸ Rackham (D:) ▸ Office 2010 ▸
Rechercher dans : Office 2010
Organiser
Nouveau dossier
Bibliothèques
Documents
Images
Musique
Vidéos
Ordinateur
Haddock (C:)
Rackham (D:)
Excel 2010
Office 2010
SFFS
Soft
Nom
Modifié le
Type
Taille
Classeur14.xlsx 04/09/2010 23:27 Feuille de calcul ...
Rapport des ventes3.xlsx 04/09/2010 22:43 Feuille de calcul ...
Rapport des ventes2.xlsx 04/09/2010 22:15 Feuille de calcul ...
Classeur12.xlsx 04/09/2010 20:05 Feuille de calcul ...
Rapport des ventes1.xlsx 04/09/2010 19:35 Feuille de calcul ...
Classeur1.xlsx 04/09/2010 16:15 Feuille de calcul ...
Classeur2.xlsx 04/09/2010 16:13 Feuille de calcul ...
Classeur11.xlsx 04/09/2010 15:47 Feuille de calcul ...
Classeur9.xlsx 04/09/2010 15:14 Feuille de calcul ...
Classeur10.xlsx 04/09/2010 15:04 Feuille de calcul ...
Classeur6.xlsx 04/09/2010 14:54 Feuille de calcul ...
Classeurç.xlsx 04/09/2010 11:30 Feuille de calcul ...
Classeur8.xlsx 04/09/2010 11:22 Feuille de calcul ...
Nom de fichier :
Tous les fichiers Excel (*.xl*;*.xls
Outils
Ouvrir
Annuler

Figure 1.10

Convertir un fichier d'une version antérieure en un fichier Excel 2010

1. Ouvrez un classeur créé dans une version antérieure d'Excel. La barre de titre indique qu'Excel a ouvert le document en mode de compatibilité.
2. Cliquez sur Fichier et sélectionnez Convertir dans le mode Backstage. Excel affiche un message indiquant que vous êtes sur le point de convertir le classeur actif (voir Figure 1.11).
3. Cliquez sur OK. Un autre message de conversion s'affiche.
4. Cliquez sur Oui. Excel enregistre le fichier au nouveau format, remplace l'ancienne version du classeur et utilise le nom de la version antérieure du document. Si l'ancienne version était un document Excel 97-2003 ou antérieur, Excel 2010 lui attribue l'extension .xlsx.

La mention Mode de compatibilité disparaît de la barre de titre d'Excel.

Supprimer un fichier

1. Ouvrez Excel sans ouvrir le fichier que vous souhaitez supprimer. Cliquez sur Fichier et sélectionnez Ouvrir ou Enregistrer sous. La boîte de dialogue Ouvrir ou Enregistrer sous apparaît.
2. Si nécessaire, parcourez le volet des dossiers pour sélectionner celui qui contient le fichier que vous souhaitez supprimer.
3. Sélectionnez le fichier à supprimer et cliquez sur Organiser > Supprimer (voir Figure 1.12). Un message de confirmation s'affiche.
4. Cliquez sur Oui. Excel supprime le fichier.
5. Cliquez sur Annuler pour fermer la boîte de dialogue Ouvrir ou Enregistrer sous.

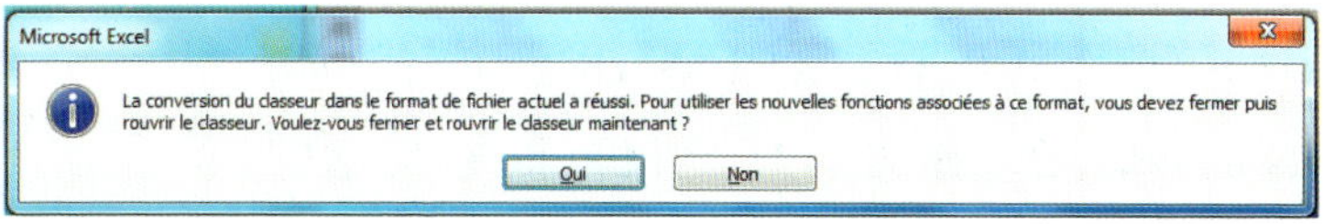

Figure 1.11

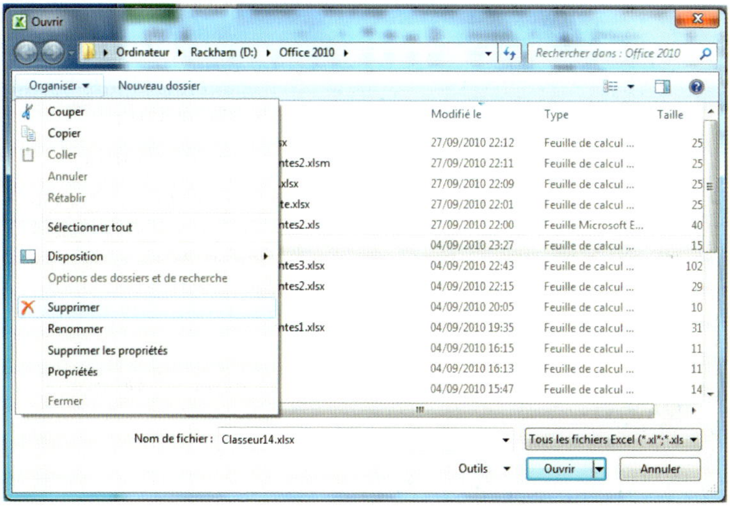

Figure 1.12

Renommer un fichier

1. Ouvrez Excel sans ouvrir le fichier que vous voulez renommer. Cliquez sur Fichier > Ouvrir ou Enregistrer sous. La boîte de dialogue Ouvrir ou Enregistrer sous apparaît.
2. Si nécessaire, parcourez le volet des dossiers pour sélectionner celui qui contient le fichier que vous souhaitez renommer.
3. Sélectionnez le fichier à renommer et cliquez sur Organiser > Renommer. Le nom du fichier est mis en surbrillance (voir Figure 1.13).
4. Saisissez le nouveau nom du fichier. Notez qu'un nom de fichier ne peut pas contenir d'astérisque (*), de barre oblique (/), de barre oblique inverse (\) ou de point d'interrogation (?)
5. Appuyez sur Entrée après avoir saisi le nouveau nom.
6. Cliquez sur Annuler pour fermer la boîte de dialogue Ouvrir ou Enregistrer sous.

Spécifier les propriétés du classeur

1. Dans un classeur ouvert, cliquez sur Fichier puis sur Propriétés dans la colonne de droite du volet Informations. Une liste d'options apparaît.
2. Cliquez sur Afficher le panneau de documents. Le classeur s'affiche avec le panneau de documents.
3. Saisissez les informations souhaitées, telles que le nom de l'auteur, le titre, l'objet ou une liste de mots clés (voir Figure 1.14).

   Excel ajoute automatiquement des informations supplémentaires comme la date de création du classeur, de la dernière impression ou de la dernière modification ainsi que la taille du classeur.

4. Cliquez sur Fermer (X) pour fermer le panneau de documents.

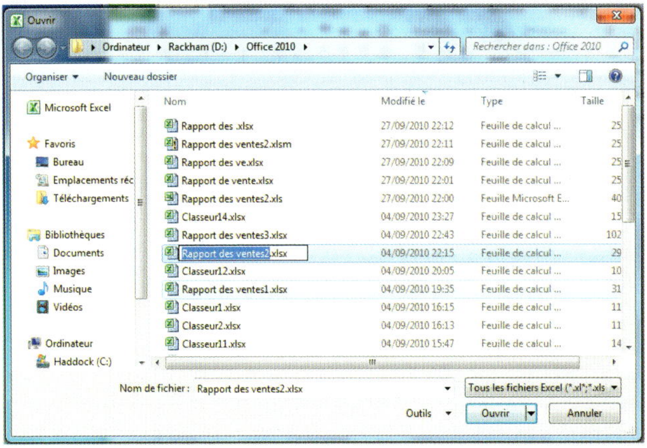

Figure 1.13

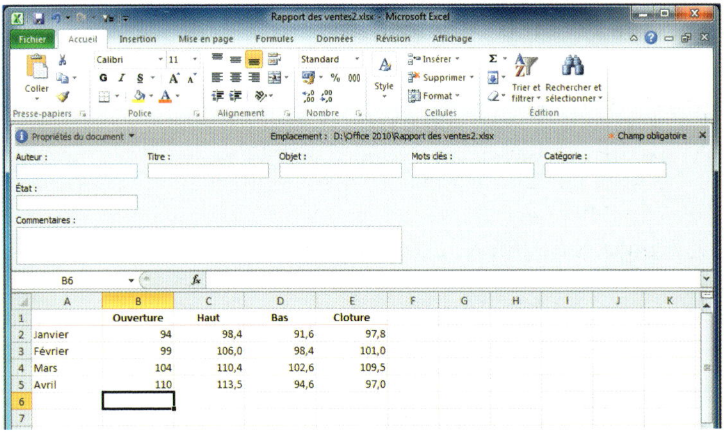

Figure 1.14

Chapitre 2

Entrer les données dans une feuille de calcul

Étant donné qu'une feuille de calcul Excel est une immense grille composée de lignes et de colonnes formant plus de 17 billions de cellules, l'espace ne manque pas pour entrer des données. Mais quel type de données pouvez-vous saisir ?

Vous pouvez entrer trois types de données dans les cellules :

- **Les étiquettes** sont des informations de type nom, mois ou autres données d'identification et se composent généralement de caractères alphabétiques.
- **Les valeurs** sont des nombres ou des dates.
- **Les formules** sont des instructions qui permettent à Excel d'effectuer des calculs.

Dans ce chapitre, je vous explique comment entrer facilement des étiquettes et des valeurs dans une feuille de calcul. Comme personne n'est à l'abri d'une erreur et que tout le monde a le droit de changer d'avis, je vous explique également comment supprimer des données incorrectes, comment copier des données ou encore comment déplacer des données ailleurs dans la feuille de calcul.

Dans ce chapitre, vous allez aussi découvrir la fonction de remplissage automatique qui permet de gagner un temps précieux. En effet, d'un simple clic, elle copie des données ou suit un modèle que vous avez créé. Une autre fonction, plage nommée, vous permet d'économiser du temps et d'échapper à de petites frustrations. Elle vous permet d'attribuer des noms suggestifs et faciles à retenir à différentes plages de votre feuille de calcul pour vous éviter de devoir mémoriser les références exactes de cellules.

Vous allez également découvrir une fonction Excel qui empêche les cellules de la feuille de calcul d'accepter des données incorrectes. Prêt ? C'est parti !

Changer de cellule active

1. Ouvrez un classeur Excel. La zone de nom affiche la référence de la cellule active. Les colonnes sont représentées par une lettre de A à XFD et les lignes par des numéros compris entre 1 et 1048576. La référence d'une cellule correspond à l'intersection entre une colonne et une ligne, par exemple D23 (D représente la colonne et 23 la ligne).

2. Utilisez l'une de ces techniques pour déplacer le curseur dans une cellule voisine :

   - **Bas** : appuyez sur la touche Entrée ou sur la flèche pointant vers le bas.
   - **Haut** : appuyez sur la flèche pointant vers le haut.
   - **Droite** : appuyez sur la flèche pointant vers la droite.
   - **Gauche** : appuyez sur la flèche pointant vers la gauche.

3. Utilisez l'une de ces techniques pour déplacer le curseur dans une cellule éloignée :

   - **Cliquez dans la cellule à activer.** Vous pouvez utiliser la barre de défilement pour mieux visualiser la feuille de calcul. Dans la Figure 2.1, la cellule active est E9. Notez que la cellule E9 est entourée d'une bordure et que sa référence est mentionnée dans la zone de nom.
   - **Cliquez sur Accueil > Rechercher et sélectionner > Atteindre dans le groupe Edition.** La boîte de dialogue Atteindre s'ouvre, comme le montre la Figure 2.2. Dans la zone Référence, entrez la référence de la cellule que vous souhaitez activer puis cliquez sur OK.
   - **Appuyez sur Ctrl+Début.** Excel active la cellule A1.
   - **Appuyez sur Ctrl+Fin.** Excel active la dernière cellule de la feuille de calcul.
   - **Appuyez sur Ctrl+Page suivante ou Ctrl+Page précédente.** Excel bascule respectivement dans la feuille de calcul suivante ou précédente du classeur.

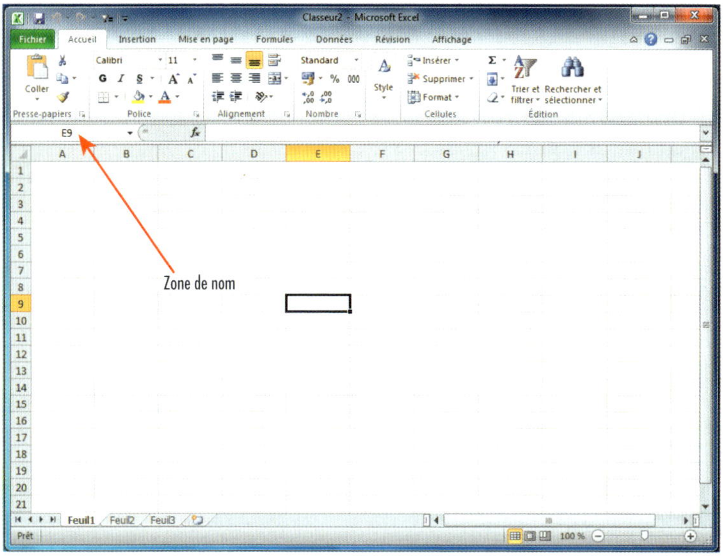

Figure 2.1

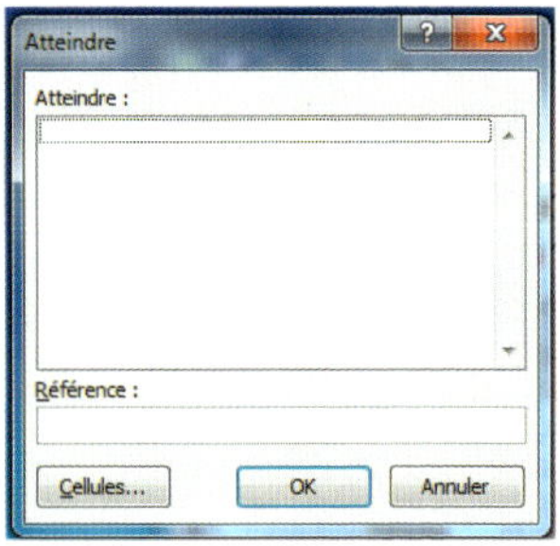

Figure 2.2

Sélectionner plusieurs cellules

1. Cliquez dans la première cellule de la plage à sélectionner.
2. Exécutez l'une des actions suivantes, en fonction des cellules que vous voulez sélectionner :

   - **Pour sélectionner des cellules voisines**, sélectionnez une cellule, maintenez la touche Maj et sélectionnez la dernière cellule de la plage. Excel met en évidence toutes les cellules de la plage sélectionnée, sauf la première. Ne vous inquiétez pas, elle est aussi sélectionnée. Dans la Figure 2.3, la plage sélectionnée s'étend de la cellule B4 à la cellule F15. Notez la bordure noire qui entoure la plage sélectionnée.

     Cliquez dans n'importe quelle cellule pour annuler la sélection. Autre possibilité : cliquez et déplacez la souris sur un groupe de cellules pour sélectionner la plage souhaitée.

   - **Pour sélectionner des cellules éloignées**, sélectionnez une cellule, maintenez la touche Ctrl et cliquez sur chaque cellule supplémentaire que vous voulez sélectionner. Dans la Figure 2.4, les cellules A4, C7 et E4 à E9 ainsi que la ligne 2 sont sélectionnées.
   - **Pour sélectionner une colonne**, cliquez sur l'en-tête de la colonne.
   - **Pour sélectionner plusieurs colonnes**, glissez le pointeur sur l'en-tête des colonnes concernées.
   - **Pour sélectionner une ligne**, cliquez sur le numéro de la ligne.
   - **Pour sélectionner plusieurs lignes**, glissez le pointeur sur le numéro des lignes concernées.
   - **Pour sélectionner l'intégralité de la feuille de calcul**, cliquez sur le petit triangle gris situé à gauche de la colonne A et au-dessus de la ligne 1. Vous pouvez aussi sélectionner toutes les cellules d'une feuille de calcul grâce à la combinaison Ctrl+A.

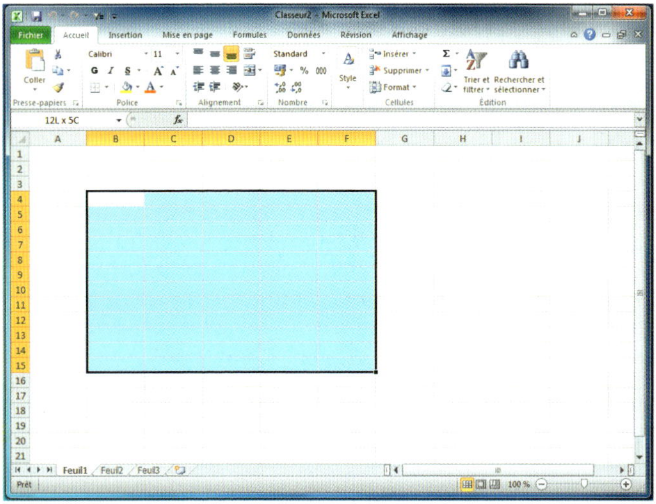

Figure 2.3

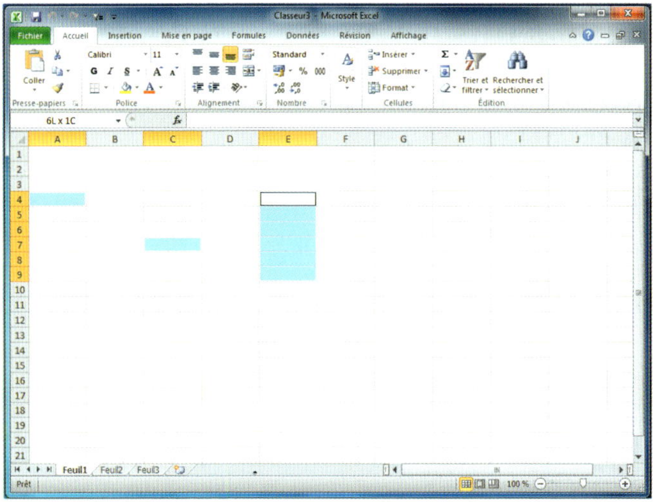

Figure 2.4

Saisir des données dans les cellules

1. Entrez l'étiquette ou la valeur dans la cellule souhaitée.
2. Appuyez sur la touche Entrée. Les données saisies apparaissent dans la cellule et Excel active la cellule située dessous (voir Figure 2.5). L'alignement des données dépend du type de données :

   - **Étiquette** : Excel aligne les données à gauche de la cellule. Si le texte est trop long pour s'insérer dans la cellule,et si la cellule voisine est vide Excel déborde de la cellule. Si la cellule voisine n'est pas vide, Excel affiche uniquement le texte adapté à la largeur de la cellule. Il faut alors élargir la colonne pour visualiser tout le texte.

     Pour entrer une valeur sous forme d'étiquette, insérez une apostrophe avant la valeur.

   - **Valeur entière** : si la valeur saisie est entière, comme 34 ou 5763, Excel l'aligne à droite de la cellule.
   - **Valeur décimale** : si la valeur contient une partie décimale, Excel l'aligne à droite de la cellule avec la virgule et omet le zéro à droite. Par exemple, dans la Figure 2.6, si vous entrez 246,75, Excel affiche 246,75. En revanche, si vous entrez 246,70, Excel affiche 246,7. Reportez-vous au Chapitre 6 pour en savoir plus sur l'affichage, la largeur des colonnes et l'alignement des données.

     Si une valeur s'affiche sous forme de notation scientifique, comme dans la cellule D8 de la Figure 2.6, cela signifie que la valeur est trop longue pour figurer dans la cellule. Dans ce cas, vous devez élargir la colonne.

   - **Date** : si vous entrez une date, comme 11/1, 11 jan ou 11 janvier, Excel affiche automatiquement 11-janv dans la cellule. Toutefois, la barre de formule affiche 11/01/2010. La Figure 2.6 propose également un exemple de date. Reportez-vous au Chapitre 6 pour modifier le format de la date.

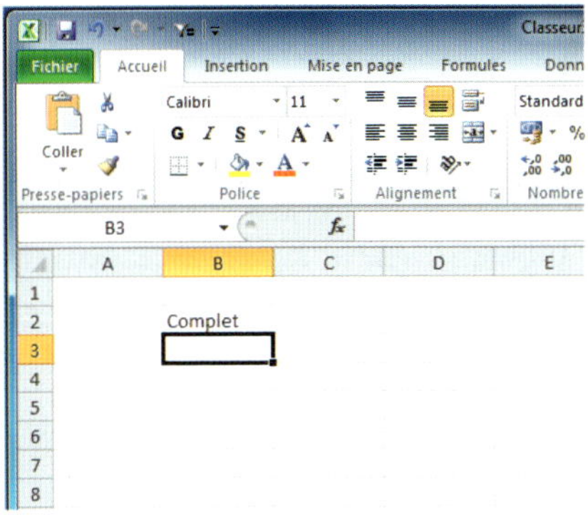

Figure 2.5

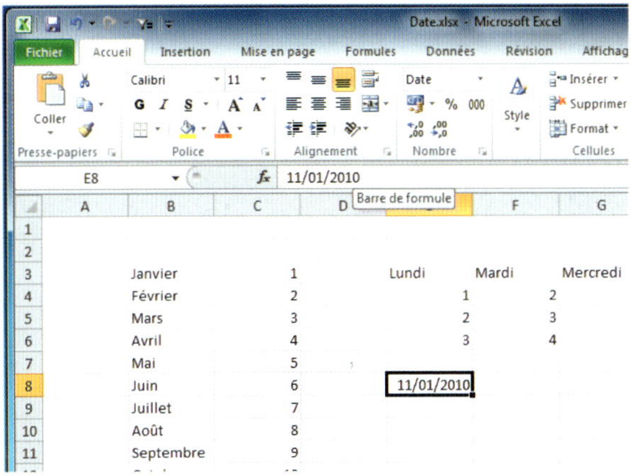

Figure 2.6

Annuler une saisie

1. Entrez des données dans une feuille de calcul.
2. Pour annuler une saisie ou corriger une faute de frappe, exécutez l'une des actions suivantes :
   - Cliquez sur Annuler dans la barre d'outils Accès rapide.
   - Appuyez sur Ctrl+Z.
3. Répétez l'annulation jusqu'à ce que les cellules affichent les données souhaitées.
4. Pour annuler plusieurs actions en une fois, cliquez sur la flèche Annuler et sélectionnez la saisie à partir de laquelle vous voulez commencer l'annulation (voir Figure 2.7).

   Pour rétablir votre dernière action, cliquez sur le bouton Rétablir de la barre d'outils Accès rapide ou appuyez sur Ctrl+Y. Notez que certaines actions ne peuvent pas être rétablies.

Modifier ou supprimer des données

1. Pour supprimer tout le contenu d'une cellule, utilisez l'une de ces méthodes :
   - Cliquez sur Accueil > Effacer dans le groupe Edition et sélectionnez l'option qui vous convient.
   - Appuyez sur la touche Suppr.

   Si vous supprimez le contenu de la mauvaise cellule, utilisez la commande Annuler. Reportez-vous à la section précédente.

2. Pour modifier le contenu d'une cellule, utilisez l'une de ces méthodes :
   - Supprimez le contenu de la cellule et saisissez les nouvelles données.
   - Appuyez sur la touche F2 et modifiez le contenu de la cellule dans la barre de formule.
   - Double-cliquez sur le contenu de la cellule et modifiez les données directement dans la cellule (voir Figure 2.8).

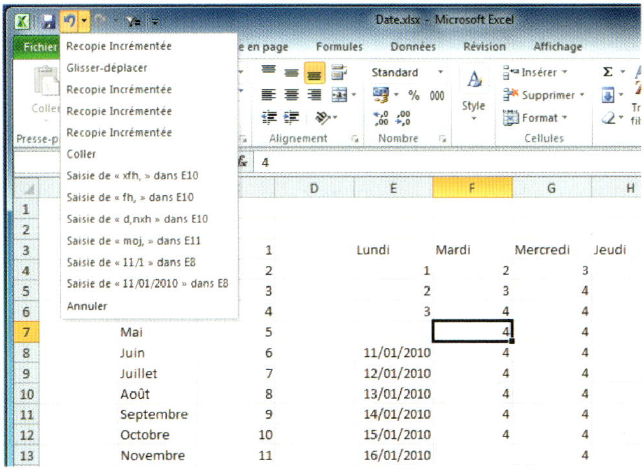

Figure 2.7

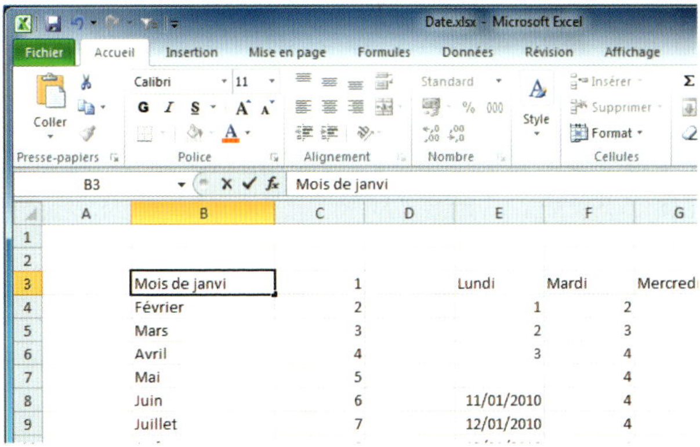

Figure 2.8

Copier et coller des données

1. Sélectionnez les cellules à copier.
2. Cliquez sur Accueil > Copier dans le groupe Presse-papiers. Un rectangle de sélection (qui ressemble à un rectangle en pointillés) entoure les cellules (voir Figure 2.9).
3. Cliquez dans la cellule dans laquelle vous souhaitez copier la plage sélectionnée.
4. Cliquez sur Accueil > Coller. Les cellules sélectionnées sont collées dans le nouvel emplacement.
5. Collez les cellules à un autre emplacement ou appuyez sur la touche Echap pour annuler la sélection.

Vous pouvez aussi appuyer sur Ctrl+C pour copier les cellules sélectionnées, Ctrl+X pour couper les cellules sélectionnées et Ctrl+V pour coller les cellules sélectionnées.

Déplacer des données

1. Sélectionnez la plage de cellules à déplacer.
2. Cliquez sur Accueil > Couper dans le groupe Presse-papiers. Le rectangle de sélection entoure les cellules.
3. Cliquez dans la première cellule de la plage dans laquelle vous voulez déplacer les cellules sélectionnées.
4. Cliquez sur Accueil > Coller dans le groupe Presse-papiers. Les cellules sélectionnées sont collées dans le nouvel emplacement. Les données de la plage B2:B6 figurent désormais dans la plage C9:C13 (voir Figure 2.10).

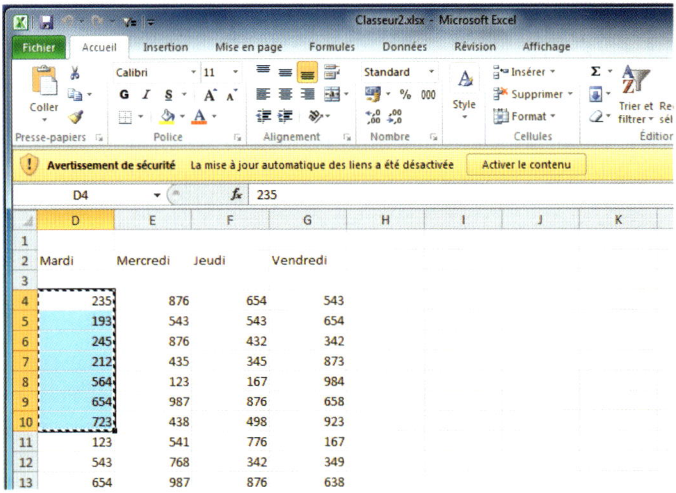

Figure 2.9

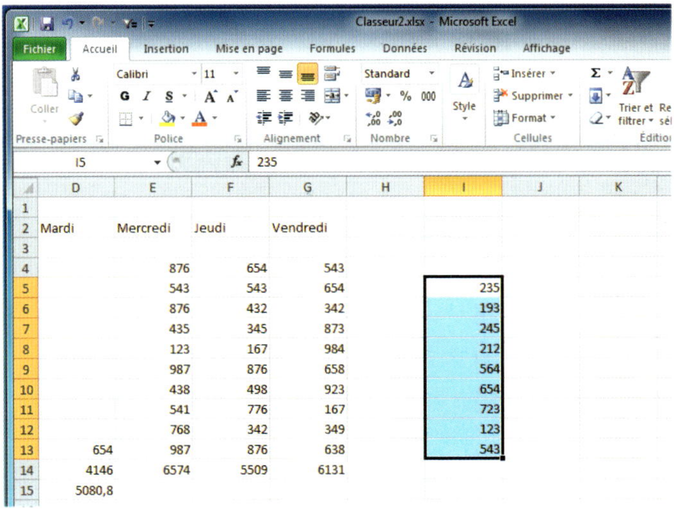

Figure 2.10

Glisser-déposer des données

1. Sélectionnez les données à déplacer.
2. Placez le pointeur de la souris sur la bordure qui entoure les cellules sélectionnées. Le pointeur prend la forme d'une flèche à quatre directions.
3. Glissez le cadre vers le nouvel emplacement de la feuille de calcul. Quand vous déplacez les données sur la feuille de calcul, Excel affiche une bordure grise symbolisant l'emplacement cible. Dans la Figure 2.11, les données des cellules C9:C13 sont déplacées dans les cellules B2:B6.
4. Relâchez le bouton de la souris. Excel dépose les données dans le nouvel emplacement.

La méthode du glisser-déposer est idéale pour déplacer une petite quantité de cellules vers un emplacement peu éloigné de la zone d'origine.

Transposer des données

1. Sélectionnez les cellules à transposer et cliquez sur Accueil > Copier.

La fonctionnalité Transposer ne fonctionne pas si vous choisissez Couper au lieu de Copier.

2. Cliquez dans la première cellule de la plage dans laquelle vous voulez transposer les cellules.
3. Dans l'onglet Accueil, cliquez sur la flèche située sous le bouton Coller pour afficher un menu d'options.
4. Cliquez sur Transposer. Comme vous pouvez le voir dans la Figure 2.12, Excel copie les cellules sélectionnées dans le nouvel emplacement en transposant les lignes en colonnes ou les colonnes en lignes.
5. Appuyez sur Echap pour annuler la sélection.

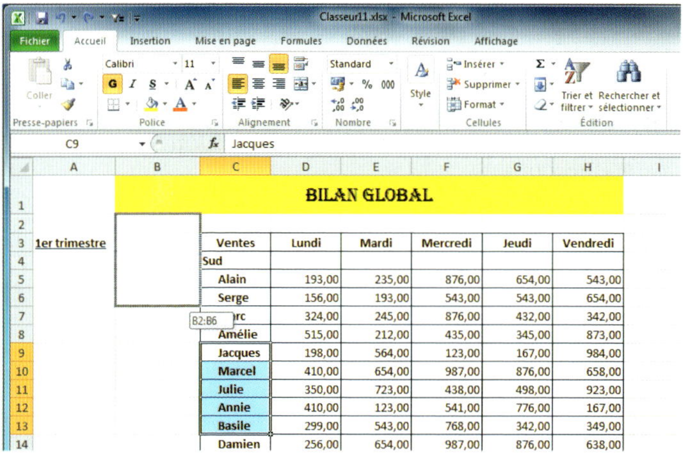

Figure 2.11

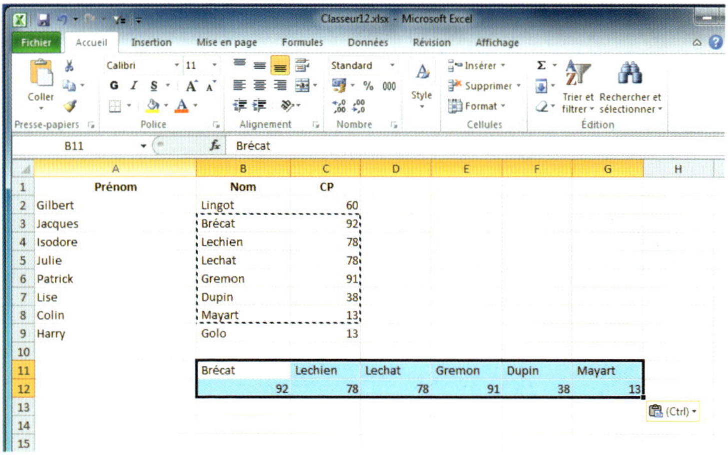

Figure 2.12

Compléter une série grâce au remplissage automatique

1. Entrez un jour ou un mois dans la première cellule, par exemple mercredi ou septembre. Le remplissage automatique fonctionne avec les jours de la semaine, les mois de l'année et les trimestres. Vous pouvez entrer le mot complet ou sa forme abrégée (par exemple Merc pour mercredi ou Sept pour septembre). ok pour les majuscules en début d'abréviation ?
2. Appuyez sur la touche Entrée.
3. Placez le pointeur de la souris sur la poignée de remplissage (le petit carré noir dans le coin inférieur droit de la cellule). Le pointeur prend la forme d'une petite croix noire (voir Figure 2.13).

   Pour compléter une série numérique, entrez deux valeurs dans deux cellules voisines, comme 1 et 2 ou 5 et 10. Sélectionnez les deux cellules et utilisez la poignée de remplissage automatique pour sélectionner les cellules à remplir. Excel complète les séries de la manière suivante : 3, 4, 5 ou 5, 10, 15, etc.

4. Glissez la petite croix noire sur les cellules à remplir. Vous pouvez déplacer la poignée vers le haut, le bas, la droite ou la gauche.
5. Relâchez la souris. Excel remplit les cellules sélectionnées de sorte à compléter la série de données. La Figure 2.14 montre comment Excel complète les cellules en spécifiant les autres jours de la semaine. Cette figure illustre également les différents formats utilisés pour les jours de la semaine, les mois et les nombres.

   Si vous utilisez le remplissage automatique pour une valeur ou un texte unique, Excel en fait une copie. Par exemple, si vous utilisez le remplissage automatique avec le mot Pomme, toutes les cellules sélectionnées affichent Pomme.

   Le Chapitre 11 vous apprend à créer vos propres listes personnalisées. La fonction de remplissage automatique se charge alors d'entrer des listes de données que vous utilisez souvent comme des noms de commerciaux ou des types de produits.

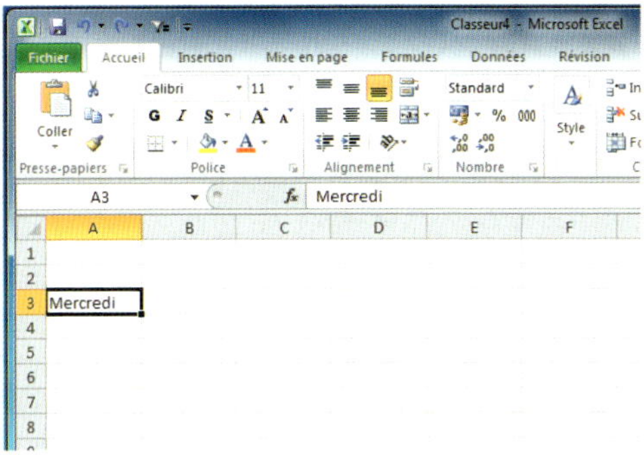

Figure 2.13

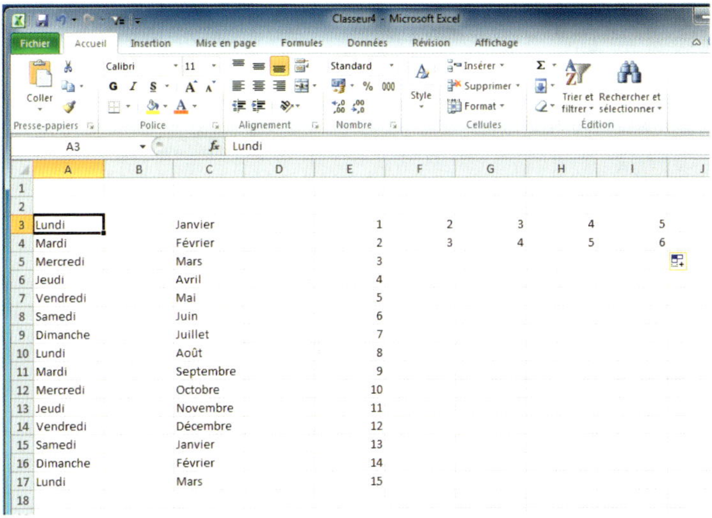

Figure 2.14

Insérer des lignes et des colonnes

1. Sélectionnez le numéro des lignes ou l'en-tête des colonnes à côté desquelles vous voulez insérer de nouvelles lignes ou colonnes. Excel met en évidence les lignes ou les colonnes, comme le montre la Figure 2.15.
2. Cliquez sur Accueil > Insérer dans le groupe Cellules. Excel insère le même nombre de lignes ou de colonnes sélectionnées dans l'étape 1. Les données des colonnes sélectionnées et les colonnes situées à droite se décalent vers la droite. Les données des lignes sélectionnées et les lignes situées dessous se décalent vers le bas.

Insérer des cellules

1. Sélectionnez la plage de cellules dans laquelle vous voulez insérer des cellules vierges. Assurez-vous de sélectionner le même nombre de cellules que celui que vous voulez insérer. Excel met en évidence la plage sélectionnée.
2. Dans le groupe Cellules de l'onglet Accueil, cliquez sur la flèche du bouton Insérer. Un menu d'options s'affiche.
3. Sélectionnez Insérer des cellules. La boîte de dialogue Insertion de cellule, illustrée dans la Figure 2.16, s'ouvre.
4. Sélectionnez une option et cliquez sur OK :
   - **Décaler les cellules vers la droite** : sélectionnez cette option si vous voulez que les données des cellules de la ligne se décalent vers la droite. Excel ne décale pas les données des cellules situées à gauche de la sélection.
   - **Décaler les cellules vers le bas** : sélectionnez cette option si vous voulez que les données des cellules de cette colonne, situées sous la sélection, se décalent vers le bas. Excel ne décale pas les données des cellules situées au-dessus de la sélection.
   - **Ligne entière** : sélectionnez cette option si vous voulez insérer une nouvelle ligne et décaler les données vers le bas.
   - **Colonne entière** : sélectionnez cette option si vous voulez insérer une nouvelle colonne et décaler les données vers la droite.

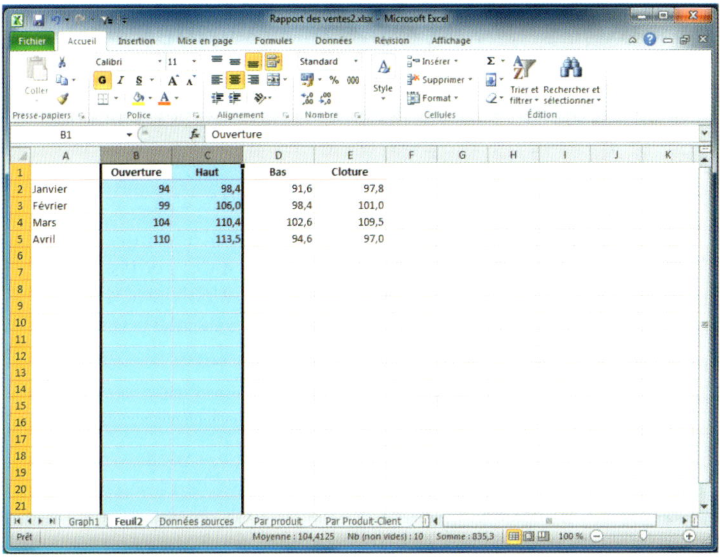

Figure 2.15

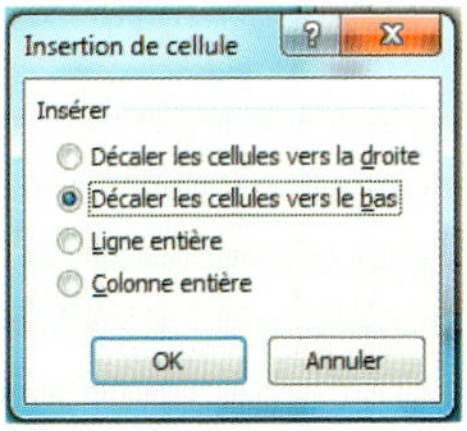

Figure 2.16

Supprimer des lignes et des colonnes

1. Sélectionnez le numéro des lignes ou l'en-tête des colonnes à supprimer. Excel met en évidence les lignes ou les colonnes (voir Figure 2.17).
2. Cliquez sur Accueil > Supprimer dans le groupe Cellules. Excel supprime les données des lignes ou des colonnes et décale les données existantes vers le haut ou la gauche. Ceci permet de combler le vide laissé par les lignes ou les colonnes supprimées.

Vous pouvez aussi effectuer un clic droit sur le numéro de ligne ou l'en-tête de colonne et cliquer sur Supprimer dans le menu contextuel.

Supprimer des cellules

1. Sélectionnez les cellules à supprimer.
2. Dans le groupe Cellules de l'onglet Accueil, cliquez sur la flèche du bouton Supprimer. Un menu d'options s'affiche.
3. Sélectionnez Supprimer les cellules. La boîte de dialogue Supprimer s'ouvre, comme le montre la Figure 2.18.
4. Sélectionnez une option et cliquez sur OK :
   - **Décaler les cellules vers la gauche** : sélectionnez cette option si vous voulez que les données de la ligne se décalent vers la gauche.
   - **Décaler les cellules vers le haut** : sélectionnez cette option si vous voulez que les données des cellules situées sous la sélection, dans la même colonne, se décalent vers le haut.
   - **Ligne entière** : sélectionnez cette option si vous voulez supprimer la ligne active et décaler les données vers le haut.
   - **Colonne entière** : sélectionnez cette option si vous voulez supprimer la colonne active et décaler les données vers la gauche.

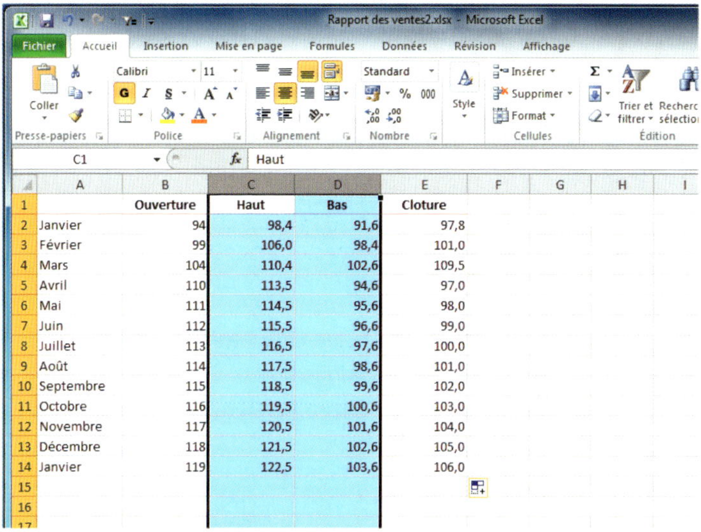

	A	B	C	D	E
1		Ouverture	Haut	Bas	Cloture
2	Janvier	94	98,4	91,6	97,8
3	Février	99	106,0	98,4	101,0
4	Mars	104	110,4	102,6	109,5
5	Avril	110	113,5	94,6	97,0
6	Mai	111	114,5	95,6	98,0
7	Juin	112	115,5	96,6	99,0
8	Juillet	113	116,5	97,6	100,0
9	Août	114	117,5	98,6	101,0
10	Septembre	115	118,5	99,6	102,0
11	Octobre	116	119,5	100,6	103,0
12	Novembre	117	120,5	101,6	104,0
13	Décembre	118	121,5	102,6	105,0
14	Janvier	119	122,5	103,6	106,0

Figure 2.17

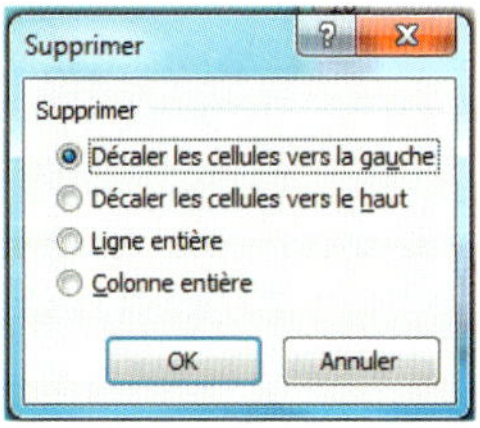

Figure 2.18

Nommer une plage de cellules

1. Sélectionnez les cellules que vous souhaitez nommer et cliquez sur Formules > Définir un nom dans le groupe Noms définis. La boîte de dialogue Nouveau Nom apparaît (voir Figure 2.19).
2. Dans la zone de nom, entrez le nom de la plage. Il peut comporter jusqu'à 255 caractères. Les noms de plage ne sont pas sensibles à la casse mais doivent respecter les conventions suivantes :
   - Le premier caractère doit être une lettre, un tiret bas ou une barre oblique inverse.
   - Les espaces ne sont pas tolérées.
   - Impossible d'utiliser une référence de cellule. Par exemple, une plage ne peut pas être nommée AB32.
3. Cliquez sur OK.

Entrez un nom de plage dans la zone de nom, située à gauche de la barre de formule. Vous pouvez accéder rapidement à une plage nommée en cliquant sur la flèche pointant vers le bas de la zone de nom et en sélectionnant le nom de la plage.

Vous pouvez utiliser des noms de plage dans une formule. Par exemple, dans la formule =F6*Taux, Taux est le nom d'une plage de cellules.

Utiliser des plages nommées

1. Cliquez sur la flèche pointant vers le bas de la zone de nom. Une liste de noms de plages apparaît, comme le montre la Figure 2.20.
2. Sélectionnez le nom de la plage que vous voulez atteindre. Excel met en surbrillance les cellules nommées.

Vous pouvez également cliquer sur Accueil > Rechercher et sélectionner > Atteindre. Double-cliquez sur le nom de la plage que vous voulez atteindre.

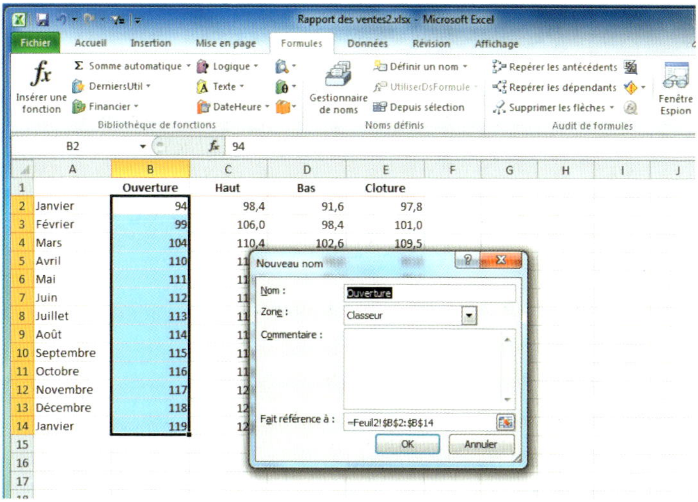

Figure 2.19

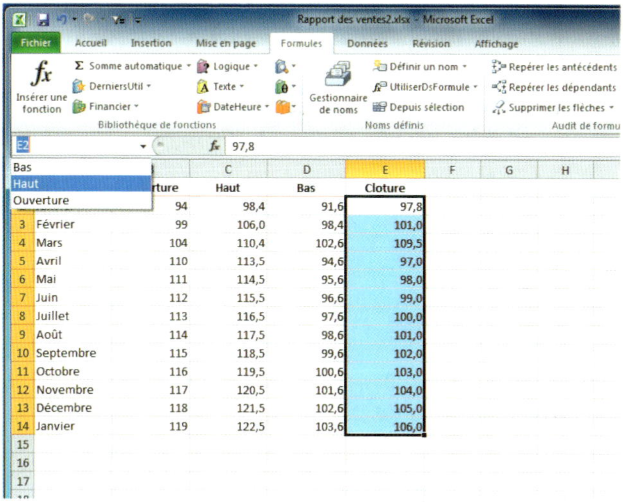

Figure 2.20

Gérer des plages nommées

1. Cliquez sur Formule > Gestionnaire de noms dans le groupe Noms définis. La boîte de dialogue Gestionnaire de noms s'ouvre, comme le montre la Figure 2.21.

   Excel ajoute automatiquement des tables dans le Gestionnaire de noms. Reportez-vous au Chapitre 7 pour plus d'informations.

2. Appliquez l'une des options suivantes :

   - Cliquez sur le bouton Nouveau qui ouvre la boîte de dialogue Nouveau nom. Vous pouvez y définir une plage nommée et préciser les cellules auxquelles elle fait référence.

     Plutôt que de taper la référence de la plage de cellules, cliquez sur le bouton Masquer qui réduit la boîte de dialogue Nouveau nom. Utilisez ensuite la souris pour sélectionner directement les cellules souhaitées dans la feuille de calcul. Appuyez sur Entrée ou sur le bouton Masquer pour rétablir la boîte de dialogue Nouveau nom.

   - Sélectionnez une plage nommée existante et cliquez sur le bouton Modifier. La boîte de dialogue Modifier le nom s'ouvre, comme le montre la Figure 2.22. Dans cette boîte de dialogue, vous pouvez modifier le nom ou la référence de la plage de cellules.
   - Sélectionnez une plage nommée existante et cliquez sur le bouton Supprimer. Un message de confirmation vous invite à confirmer la suppression de la plage nommée.

     Si vous disposez d'un grand nombre de plages nommées, cliquez sur le bouton Filtrer et sélectionnez les critères qui vous conviennent.

3. Cliquez sur le bouton Fermer pour fermer la boîte de dialogue Gestionnaire de noms.

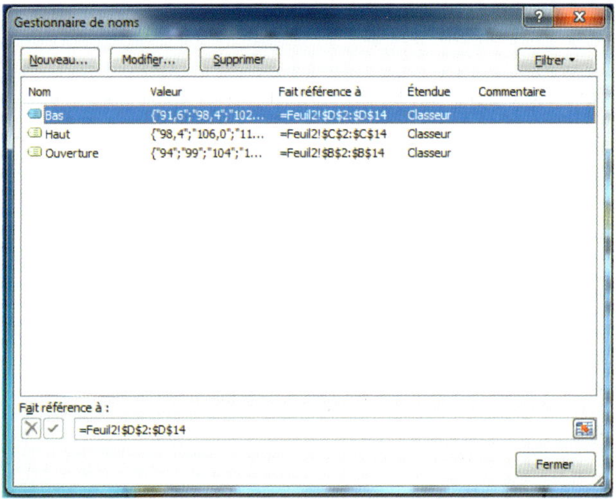

Figure 2.21

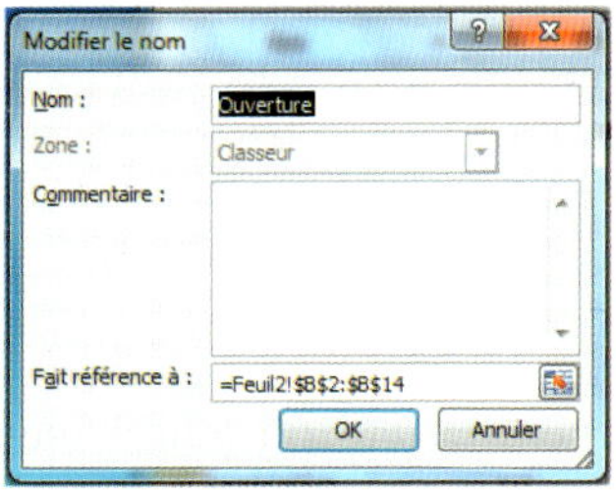

Figure 2.22

Valider des données

1. Sélectionnez la ou les cellules qu'Excel doit valider. Cliquez sur Données > Validation des données dans le groupe Outils de données. La boîte de dialogue Validation des données apparaît.
2. Dans l'onglet Options, développez la liste Autoriser et sélectionnez un type de validation :
   - **Valeurs telles que Nombre entier ou Décimal**. Vous spécifiez les limites inférieures et supérieures des valeurs autorisées (voir Figure 2.23).
   - **Listes.** Vous définissez une liste, une plage de cellules dans la feuille de calcul ou une plage nommée.

     Quand vous définissez une liste, si vous voulez que les choix possibles apparaissent lorsque la cellule est sélectionnée, cochez la case Liste déroulante dans la cellule.
   - **Date ou heure.** Vous précisez une plage ou des limites telles que Supérieure à ou Inférieure à ou même une date spécifique.
   - **Longueur du texte.** Le nombre de caractères ne doit pas dépasser la limite que vous spécifiez.
3. Si nécessaire, affichez la liste déroulante Données et sélectionnez des critères tels que Compris entre, Supérieur à, etc.
4. Sélectionnez les critères optionnels (tels que des valeurs minimales et maximales) ou spécifiez un emplacement. Entrez des valeurs ou des références de cellules. Placez une valeur précédée du signe égal (=) pour spécifier une plage nommée.
5. Dans l'onglet Message de saisie, vous pouvez saisir un commentaire à afficher quand quelqu'un clique dans la cellule validée.
6. Dans l'onglet Alerte d'erreur, développez la liste déroulante Style et indiquez si Excel doit simplement vous avertir ou stopper directement la saisie de données non valides (voir Figure 2.24).
7. Cliquez sur OK.

Dans l'onglet Alerte d'erreur de la boîte de dialogue Validation des données, vous pouvez personnaliser les messages d'erreur qu'Excel affiche lors de la saisie de données non valides.

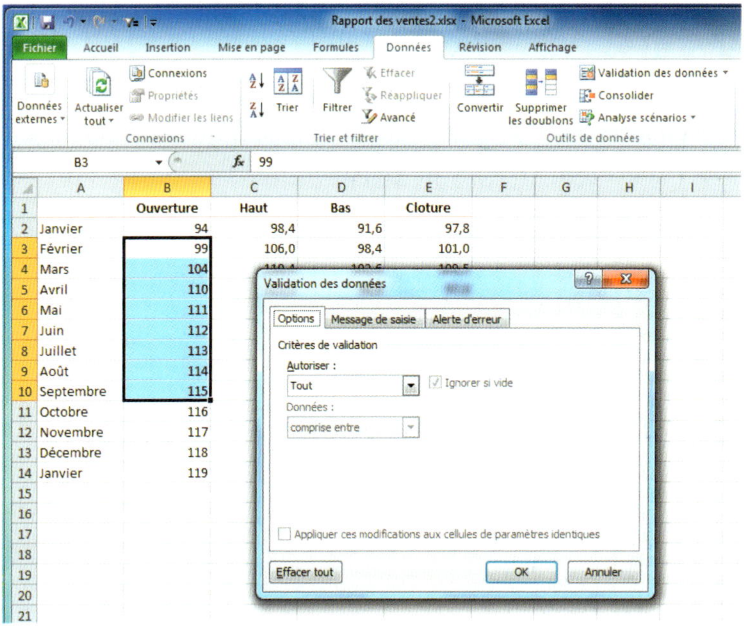

Figure 2.23

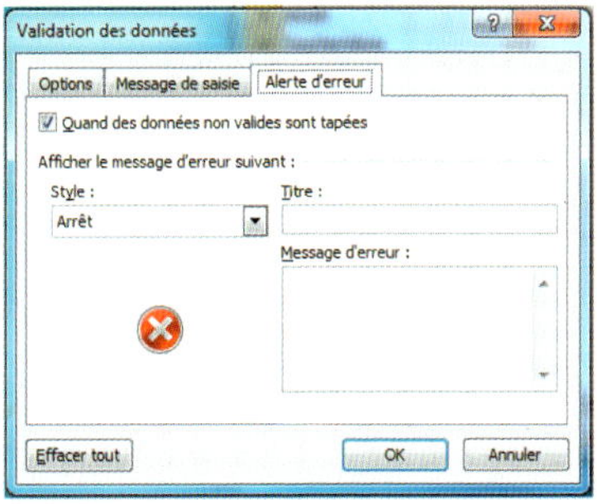

Figure 2.24

Entrer des données dans des cellules validées

1. Cliquez dans la cellule pour laquelle vous avez défini des critères de validation et saisissez-y des données.
2. Appuyez sur la touche Entrée. L'une de ces deux actions se produit :
   - **Si les données respectent les critères de validation**, Excel accepte la saisie et passe à la cellule située dessous.
   - **Si les données ne respectent pas les critères de validation**, Excel affiche un message d'erreur identique à celui de la Figure 2.25.
3. Selon les critères que vous avez définis dans l'onglet Alerte d'erreur de la boîte de dialogue Validation des données (voir section précédente), sélectionnez l'une de ces options :
   - **Arrêt** : cliquez sur Réessayer ou Annuler.
   - **Avertissement** : cliquez sur Oui, Non ou Annuler.
   - **Informations** : cliquez sur OK ou Annuler.

Rechercher des cellules à l'aide de la validation des données

1. Pour qu'Excel mette en évidence toutes les cellules soumises à des critères de validation, utilisez l'une des méthodes suivantes, illustrées dans la Figure 2.26 :
   - Cliquez sur Accueil > Rechercher et sélectionner > Validation données dans le groupe Edition (voir Figure 2.26).
   - Cliquez sur Accueil > Rechercher et sélectionner > Sélectionner les cellules dans le groupe Edition. Activez les options Validation des données et Toutes puis cliquez sur OK.
2. Cliquez dans une cellule pour désélectionner les cellules mises en évidence.

Pour supprimer la validation des données, cliquez sur Données > Validation des données dans le groupe Outils de données. Dans la boîte de dialogue Validation des données, cliquez sur le bouton Effacer tout puis sur OK.

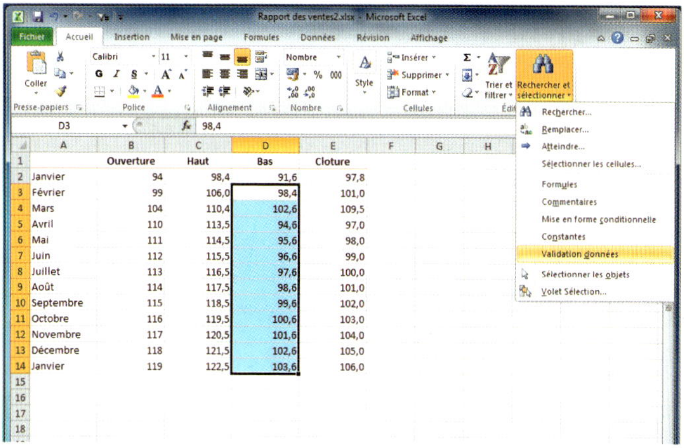

Figure 2.26

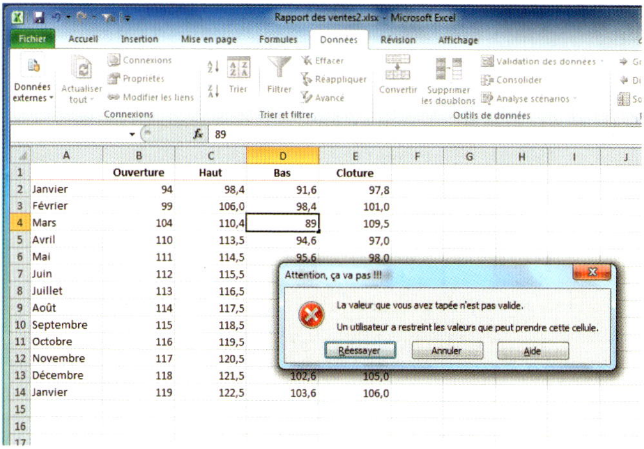

Figure 2.25

Chapitre 3

Créer des formules

Ce chapitre est consacré aux mathématiques. Grâce à Excel, vous pouvez créer des formules pour effectuer toutes sortes de calculs. Il peut s'agir d'opérations simples, comme 2 + 3 ou bien plus complexes, comme le calcul d'amortissement. Ce chapitre traite uniquement des calculs les plus simples.

Il arrive malheureusement que ces formules renvoient des erreurs. Dans certains cas, elles résultent d'une simple erreur de frappe, facile à identifier et à corriger. Dans d'autres cas, les erreurs sont difficiles à détecter mais Excel dispose d'outils vous aidant à repérer les erreurs dans les formules.

Ce chapitre traite principalement des tâches suivantes :

- Créer des formules simples et composées en les saisissant dans une cellule.
- Additionner ou calculer la moyenne des valeurs d'une ligne ou d'une colonne.
- Appliquer une formule de tableau.
- Créer des plages de cellules séparées par un double point pour sélectionner des cellules voisines ou par un point pour spécifier des cellules éloignées.
- Identifier les erreurs dans les formules et rechercher les antécédents et les dépendants.

Créer des formules simples avec des opérateurs

1. Entrez des valeurs dans deux cellules différentes. Notez que les formules n'utilisent pas forcément des références de cellules mais peuvent travailler avec des valeurs.
2. Dans la cellule où vous voulez effectuer le calcul des deux valeurs, entrez le signe égal (=). Toutes les formules d'Excel commencent par un signe égal.
3. Cliquez dans la première cellule ou entrez sa référence ou saisissez la première valeur que vous souhaitez inclure dans la formule. Dans l'exemple de la Figure 3.1, j'additionne deux références (B2 et C2).

   Excel affiche une bordure colorée autour de la cellule dont la référence a été saisie.

4. Saisissez un opérateur. Vous avez le choix entre les opérateurs suivants :
   - Le signe plus (+), pour additionner
   - Le signe moins (-), pour soustraire
   - L'astérisque (*) pour multiplier
   - La barre oblique (/) pour diviser
   - Le symbole du pourcentage (%)
   - Le symbole de la puissance (^)
5. Saisissez la référence de la seconde cellule ou la seconde valeur que vous souhaitez inclure dans la formule.
6. Appuyez sur la touche Entrée. Excel affiche le résultat du calcul dans la cellule sélectionnée (voir Figure 3.2).

   Les formules peuvent contenir plusieurs références. Par exemple =B5+B6+B7+B8 est une formule tout à fait correcte. Les formules ayant plusieurs opérateurs sont appelées des formules composées.

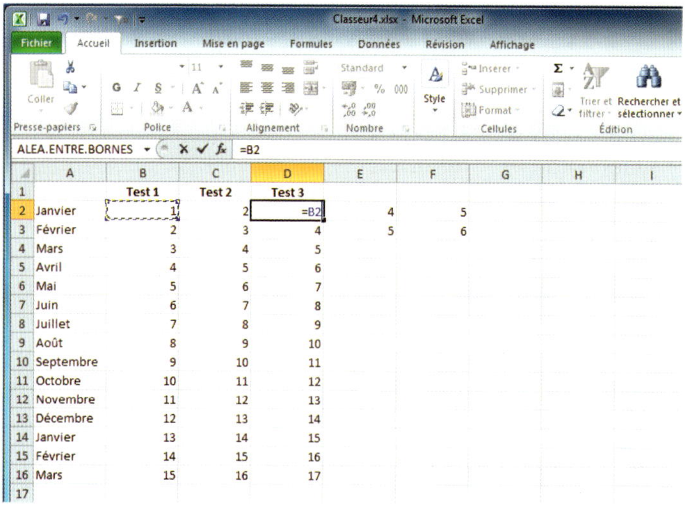

Figure 3.1

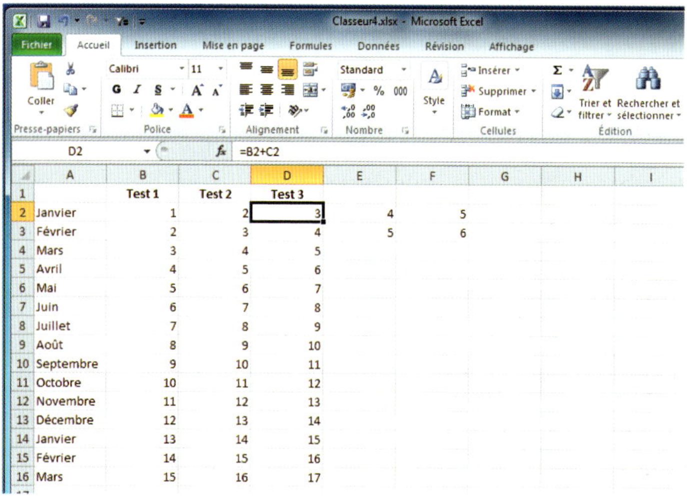

Figure 3.2

Créer des formules composées

1. Entrez des valeurs dans trois cellules ou plus et sélectionnez la cellule dans laquelle vous voulez insérer la formule.
2. Tapez le signe égal (=) et entrez la première référence ou cliquez directement sur la cellule.
3. Saisissez le premier opérateur et entrez la deuxième référence ou cliquez sur la cellule.
4. Saisissez le deuxième opérateur et entrez la troisième référence ou cliquez sur la cellule.

Les formules composées ne se limitent pas à trois références. De plus, vous pouvez utiliser une référence plusieurs fois dans une formule composée.

5. Appuyez sur la touche Entrée. Excel affiche le résultat du calcul dans la cellule sélectionnée. La formule apparaît dans la barre de formule (voir Figure 3.3).

S'il vous reste quelques souvenirs de vos cours de mathématiques, vous devriez vous rappeler de la règle des priorités (ou ordre de précédence). Dans une formule composée, Excel effectue la multiplication et la division avant l'addition et la soustraction. Ceci signifie que vous devez inclure des parenthèses dans une formule pour marquer les éléments à calculer en priorité. Par exemple, 3+5*2 renvoie 13 tandis que (3+5)*2 renvoie 16 (Figure 3.4).

Vous pouvez inclure des plages nommées dans vos formules. Par exemple, dans la formule =D23*COMMISSION, COMMISSION correspond à un nom de plage. Reportez-vous à la section sur les plages nommées du Chapitre 2.

Les formules composées peuvent contenir plusieurs combinaisons de parenthèses, d'opérateurs et de références. Soit la formule ((B5+C5)/2)*Taxe. Cette formule additionne B5 et C5, divise le résultat par 2 puis multiplie ce nouveau résultat par la valeur de la cellule nommée Taxe.

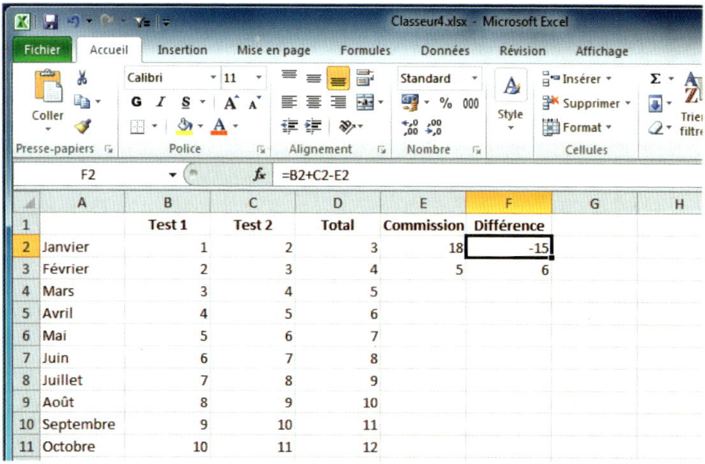

Figure 3.3

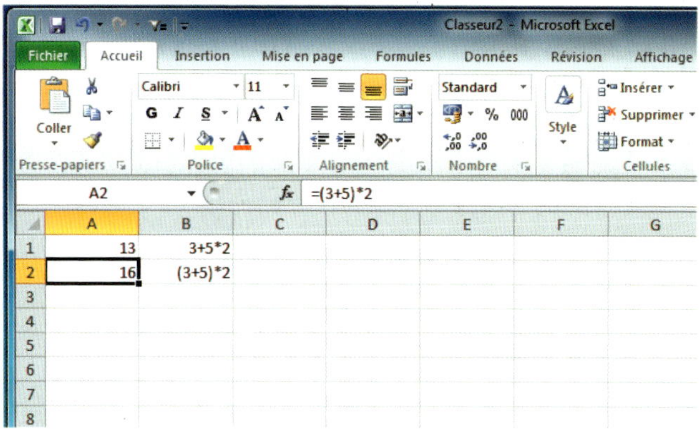

Figure 3.4

Additionner des valeurs grâce à la somme automatique

1. Cliquez dans la cellule située sous une liste de valeurs.
2. Cliquez sur Formules > Somme automatique dans le groupe Bibliothèque de fonctions. Excel place un rectangle de sélection (pointillés) autour des cellules situées au-dessus de la cellule active (voir Figure 3.5).

   Si les cellules situées au-dessus de la cellule active ne contiennent pas de valeurs, Excel sélectionne les cellules à gauche de la cellule active. Pour additionner une autre plage de cellules, sélectionnez-la.

3. Appuyez sur la touche Entrée pour afficher le total des valeurs des cellules sélectionnées.

   La barre de formule affiche la formule. Elle commence par le signe égal suivi de SOMME. Les cellules sélectionnées apparaissent entre parenthèses : la première et la dernière cellule sont séparées par un double point.

Calculer une moyenne

1. Après avoir sélectionné la cellule située sous une liste de valeurs, cliquez sur la flèche du bouton Somme automatique. Excel affiche une liste d'options de calcul (voir Figure 3.6), notamment :
   - **Moyenne** : sdditionne un ensemble de valeurs et divise le résultat par le nombre de valeurs.
   - **NB** : compte le nombre de cellules d'une plage spécifique qui contient des nombres.
   - **Max.** : détermine la valeur la plus élevée d'une plage spécifique.
   - **Min.** : détermine la valeur la moins élevée d'une plage spécifique.

2. Sélectionnez Moyenne. Un rectangle de sélection entoure la plage de cellules. Si nécessaire, sélectionnez une autre plage de cellules.
3. Appuyez sur Entrée. La cellule sélectionnée affiche la moyenne de la plage de cellules.

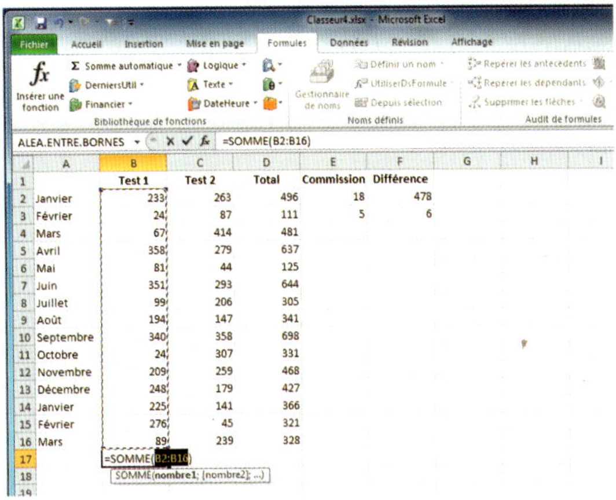

Figure 3.5

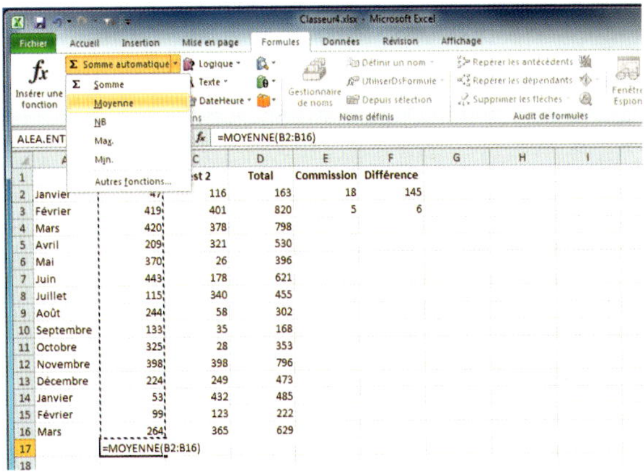

Figure 3.6

Copier des formules grâce au remplissage automatique

1. Placez le pointeur de la souris sur la poignée de remplissage automatique, dans le coin inférieur droit d'une cellule contenant une formule. Le pointeur prend la forme d'une croix noire.
2. Glissez la poignée de remplissage automatique pour sélectionner les cellules dans lesquelles vous voulez copier la formule (voir Figure 3.7). La méthode de remplissage automatique est idéale pour copier des formules dans des cellules voisines.

Les formules copiées sont légèrement différentes des formules d'origine en raison du changement relatif de position. Par exemple, si vous copiez la formule B23+C23 de la cellule D23 dans la cellule suivante (D24), Excel modifie automatiquement la formule. Elle devient donc B24+C24. Si vous ne voulez pas que la formule copiée soit modifiée, vous devez transformer la formule d'origine en une formule avec des références absolues. Consultez la section « Définir une référence absolue », plus loin dans ce chapitre.

Modifier une formule

1. Double-cliquez dans la cellule qui contient la formule que vous souhaitez modifier. La cellule s'élargit pour afficher la formule à la place du résultat (voir Figure 3.8). Un point d'insertion apparaît également.

Vous pouvez aussi appuyer sur la touche F2 pour afficher la formule et la modifier.

2. Utilisez les flèches pour atteindre le caractère à modifier.
3. Utilisez la touche d'effacement arrière pour supprimer le ou les caractère(s) indésirable(s) et tapez les caractères souhaités.
4. Appuyez sur Entrée.

Appuyez sur Suppr pour supprimer l'intégralité de la formule et la ressaisir.

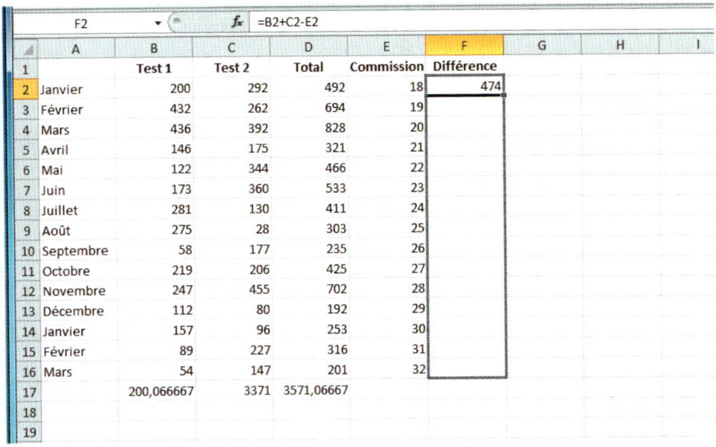

F2 =B2+C2-E2

	A	B	C	D	E	F
1		Test 1	Test 2	Total	Commission	Différence
2	Janvier	200	292	492	18	474
3	Février	432	262	694	19	
4	Mars	436	392	828	20	
5	Avril	146	175	321	21	
6	Mai	122	344	466	22	
7	Juin	173	360	533	23	
8	Juillet	281	130	411	24	
9	Août	275	28	303	25	
10	Septembre	58	177	235	26	
11	Octobre	219	206	425	27	
12	Novembre	247	455	702	28	
13	Décembre	112	80	192	29	
14	Janvier	157	96	253	30	
15	Février	89	227	316	31	
16	Mars	54	147	201	32	
17		200,066667	3371	3571,06667		
18						
19						

Figure 3.7

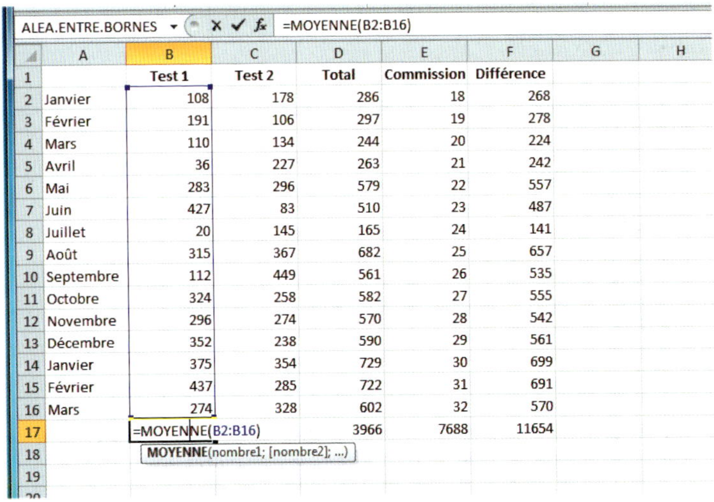

ALEA.ENTRE.BORNES =MOYENNE(B2:B16)

	A	B	C	D	E	F
1		Test 1	Test 2	Total	Commission	Différence
2	Janvier	108	178	286	18	268
3	Février	191	106	297	19	278
4	Mars	110	134	244	20	224
5	Avril	36	227	263	21	242
6	Mai	283	296	579	22	557
7	Juin	427	83	510	23	487
8	Juillet	20	145	165	24	141
9	Août	315	367	682	25	657
10	Septembre	112	449	561	26	535
11	Octobre	324	258	582	27	555
12	Novembre	296	274	570	28	542
13	Décembre	352	238	590	29	561
14	Janvier	375	354	729	30	699
15	Février	437	285	722	31	691
16	Mars	274	328	602	32	570
17		=MOYENNE(B2:B16)		3966	7688	11654
18		MOYENNE(nombre1; [nombre2]; ...)				
19						

Figure 3.8

Définir une référence absolue

1. Pour empêcher toute modification de la référence d'une cellule dans une formule lorsque vous la copiez dans une autre cellule, vous allez verrouiller la cellule en une référence absolue à l'aide de l'une de ces méthodes :

   - **Verrouiller la référence d'une cellule** : saisissez le signe du dollar ($) devant la référence de la colonne et de la ligne (G1). Si la formule d'origine de la cellule E5 est =D5*G1 et que vous copiez cette formule dans la cellule E6, la formule copiée est =D6*G1 et non D6*G2 qui serait le cas sans référence absolue (voir Figure 3.9).
   - **Verrouiller la référence d'une colonne ou d'une ligne** : saisissez le signe du dollar ($) devant la référence de la colonne ($G1) ou de la ligne (G$1).

2. Copiez la formule dans d'autres cellules, si nécessaire. Notez que la référence absolue de la formule d'origine reste inchangée dans les formules copiées.

Copier des valeurs grâce au collage spécial

1. Sélectionnez une cellule (ou une plage de cellules) contenant une formule et cliquez sur Accueil > Copier dans le groupe Presse-papiers. Un rectangle de sélection entoure la ou les cellule(s) sélectionnée(s).
2. Sélectionnez la cellule dans laquelle vous voulez insérer la copie puis cliquez sur la flèche située sous le bouton Coller dans l'onglet Accueil.
3. Cliquez sur Collage spécial. La boîte de dialogue Collage spécial s'ouvre, comme le montre la Figure 3.10.
4. Cochez la case Valeurs.
5. Cliquez sur OK et appuyez sur Echap pour annuler le rectangle de sélection. Excel colle le résultat de la formule et non la formule. Si la formule d'origine est modifiée, cette valeur reste inchangée.

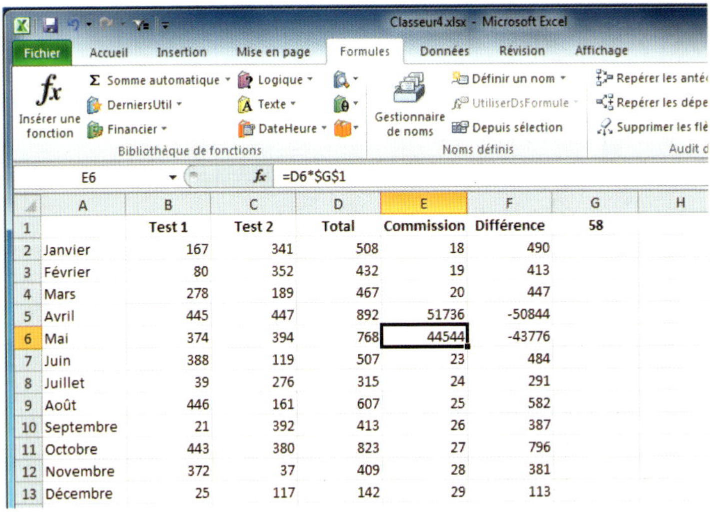

	A	B	C	D	E	F	G	H
1		Test 1	Test 2	Total	Commission	Différence	58	
2	Janvier	167	341	508	18	490		
3	Février	80	352	432	19	413		
4	Mars	278	189	467	20	447		
5	Avril	445	447	892	51736	-50844		
6	Mai	374	394	768	44544	-43776		
7	Juin	388	119	507	23	484		
8	Juillet	39	276	315	24	291		
9	Août	446	161	607	25	582		
10	Septembre	21	392	413	26	387		
11	Octobre	443	380	823	27	796		
12	Novembre	372	37	409	28	381		
13	Décembre	25	117	142	29	113		

Figure 3.9

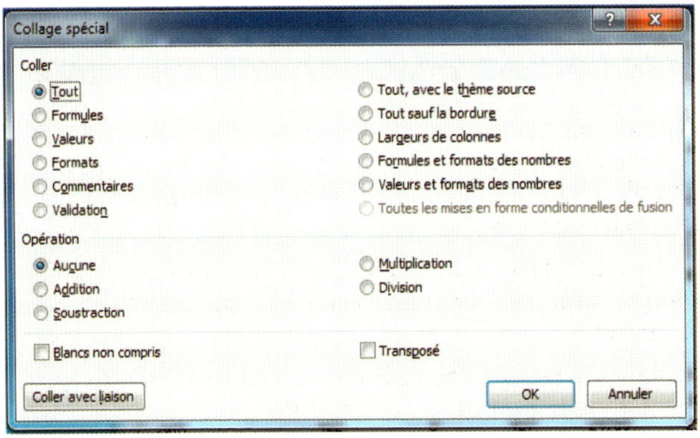

Figure 3.10

Appliquer une formule de tableau

1. Définissez les données du tableau.

   Un tableau est une plage de cellules. Une formule de tableau est une formule unique qui renvoie des résultats dans plusieurs cellules.

2. Sélectionnez les cellules dans lesquelles vous voulez appliquer la formule de tableau.

   Assurez-vous de sélectionner le bon nombre de cellules. Si vous en sélectionnez trop peu, Excel n'affiche pas toutes les valeurs. Si vous en sélectionnez trop, Excel affiche #N/A dans les cellules pour lesquelles aucune valeur n'existe.

3. Tapez la formule ou utilisez la souris pour sélectionner les cellules. Commencez par le signe égal et indiquez les plages du tableau. Par exemple, dans la Figure 3.11, je veux diviser le volume par la distance et applique la formule C5:C40/D5:D40. Séparez la première et la dernière cellule de chaque plage par un double-point.

   Vous pouvez utiliser des fonctions Excel dans une formule de tableau. Reportez-vous au Chapitre 4 pour plus d'informations sur les fonctions Excel.

4. Appuyez sur Ctrl+Maj+Entrée. Excel affiche la formule entre accolades dans la barre de formule, comme le montre la Figure 3.12. Toutes les cellules sélectionnées utilisent la même formule.

   Si vous appuyez sur Entrée au lieu de la combinaison Ctrl+Maj+Entrée, Excel applique la formule de tableau uniquement à la première cellule sélectionnée.

   L'utilisation d'une formule de tableau vous permet d'appliquer le même calcul à toutes les cellules. Si vous modifiez une valeur du tableau, Excel met à jour toutes les cellules de la formule.

Il est impossible d'ajouter ou de supprimer des lignes ou des colonnes du tableau. Pour supprimer une formule de tableau, vous devez sélectionner toutes les cellules contenant la formule et appuyer sur Suppr. Excel ne vous permet pas de supprimer une ou plusieurs formules de tableau.

ALEA.ENTRE.BORNES =C5:C40/D5:D40

	A	B	C	D	E	F	G
1		Test 1	Volume	Distance	Résultat	-58	
2	Janvier	139	443	582	=C5:C40/D5:D40		
3	Février	157	159	316			
4	Mars	134	272	406			
5	Avril	22	73	95			
6	Mai	310	184	494			
7	Juin	418	370	788			
8	Juillet	190	368	558			
9	Août	281	45	326			
10	Septembre	277	248	525			
11	Octobre	152	196	348			
12	Novembre	452	156	608			
13	Décembre	68	321	389			
14	Janvier	334	214	548			
15	Février	65	163	228			
16	Mars	178	182	360			
17		211,8	368	579,8			

Figure 3.11

E3 {=C6:C41/D6:D41}

	A	B	C	D	E	F
1		Test 1	Volume	Distance	Résultat	-58
2	Janvier	186	245	431	0,974025974	
3	Février	81	353	434	0,676136364	
4	Mars	77	237	314	0,907834101	
5	Avril	10	375	385	0,57381258	
6	Mai	114	238	352	0,37027027	
7	Juin	20	197	217	0,290556901	
8	Juillet	332	447	779	0,613480055	
9	Août	233	137	370	0,573109244	
10	Septembre	293	120	413		
11	Octobre	281	446	727		
12	Novembre	254	341	595		
13	Décembre	421	32	453		
14	Janvier	109	152	261		
15	Février	178	325	503		

Figure 3.12

Corriger des erreurs de formule

1. Cliquez sur Formules > Vérification des erreurs dans le groupe Audit de formules. Si Excel trouve d'éventuelles erreurs dans votre feuille de calcul, il sélectionne la cellule contenant l'erreur et affiche la boîte de dialogue Vérification des erreurs. Si la feuille de calcul ne contient aucune erreur, Excel affiche un message indiquant que la vérification des erreurs est terminée. Voici quelques types d'erreur qu'Excel peut relever :

    - **La formule omet des cellules dans la région** : ce message signifie qu'une formule fait référence à une plage de cellules proche de nombres. Contrôlez la formule pour vérifier si vous n'avez pas oublié d'inclure une référence dans la formule.

    - **DIV/0!** : un nombre est divisé par zéro. Ce message signifie que la formule essaie de faire une division avec une cellule vide ou une cellule contenant un zéro. Vérifiez que toutes les cellules référencées pour la division aient bien une valeur supérieure à 0 Figure 3.13).

    - **#VALEUR!** : ce message signifie que la formule fait référence à une référence de cellule invalide. Par exemple, une cellule contient du texte alors que la formule nécessite une valeur. Vous pouvez également rencontrer ce type d'erreur si vous supprimez une valeur dans une cellule qui était utilisée dans une formule. Recherchez et corrigez la référence de la cellule invalide.

    - **#NOM?** : ce message apparaît lorsqu'Excel ne reconnaît pas le texte contenu dans une formule, peut-être en raison d'une faute de frappe dans le nom d'une plage. Vérifiez que le nom existe et qu'il est bien orthographié. Contrôlez également l'orthographe du nom de la fonction.

    - **Référence circulaire** : ce message signifie que la formule contenue dans la cellule fait référence à elle-même. Recherchez la référence circulaire et modifiez la formule afin qu'elle ne se réfère plus à elle-même. La Figure 3.14 illustre une référence circulaire.

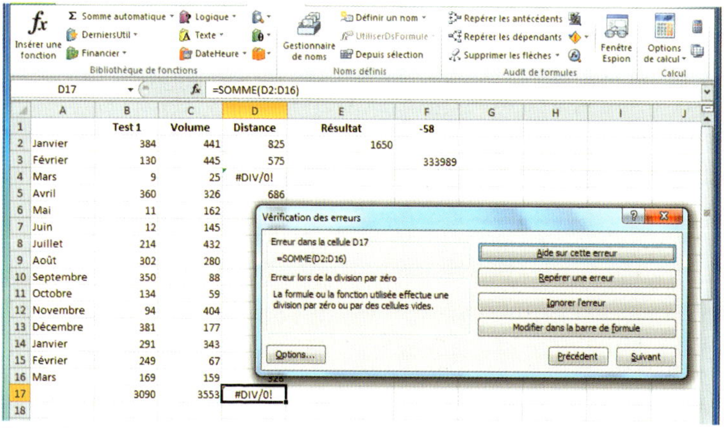

Figure 3.13

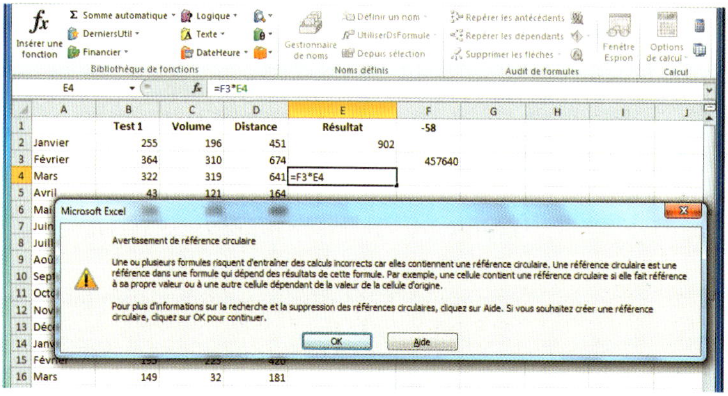

Figure 3.14

- **Nombre stocké sous forme de texte** : ce message signifie que le contenu d'une cellule ressemble à une valeur mais est considéré comme du texte. Vérifiez que vous n'avez pas enregistré la valeur sous forme de texte.
- **#N/A** : cette erreur survient quand Excel requiert une valeur indisponible dans une formule.
- **#NUL!** : cette erreur se produit quand une formule tente d'utiliser l'intersection de deux plages qui n'en ont pas. Par exemple, si vous entrez =C5 C6 au lieu de =C5+C6 (en insérant une espace à la place du signe plus), Excel renvoie #NUL!. Il suffit alors de remplacer l'espace par le signe approprié, en l'occurrence le signe plus (voir Figure 3.15).
- **#NOMBRE!** : cette erreur est détectée quand vous entrez une formule et utilisez un argument illogique, comme la racine carrée d'un nombre négatif. Par exemple, si vous saisissez =RACINE(81), Excel renvoie 9 mais si vous tapez =RACINE(-81), Excel renvoie #NOMBRE!.
- **#REF!** : cette erreur survient dès qu'une référence de cellule devient invalide. Par exemple, vous entrez une valeur dans la cellule A1 et vous créez une formule y faisant référence dans la cellule C2. Cela ne pose pas de problème sauf si vous tentez de copier la formule de la cellule C2 dans la cellule C1 située au-dessus. Dans ce cas, Excel renvoie #REF! car il considère qu'aucune cellule n'est plus haute que A1. La Figure 3.16 vous propose un exemple.

2. Selon le type d'erreur, exécutez l'une des actions suivantes :
   - Cliquez dans la cellule et modifiez la formule si nécessaire. Cliquez sur Reprendre lorsque vous avez terminé.
   - Cliquez sur Ignorer l'erreur pour passer à un éventuel autre problème.
   - Si elle est proposée, cliquez sur l'option permettant d'ouvrir la boîte de dialogue Vérification des erreurs pour vous aider à résoudre le problème.
3. Cliquez sur Suivant pour passer à un autre problème. Lorsque la vérification des erreurs est terminée, Excel affiche un message. Cliquez sur OK pour fermer le message.

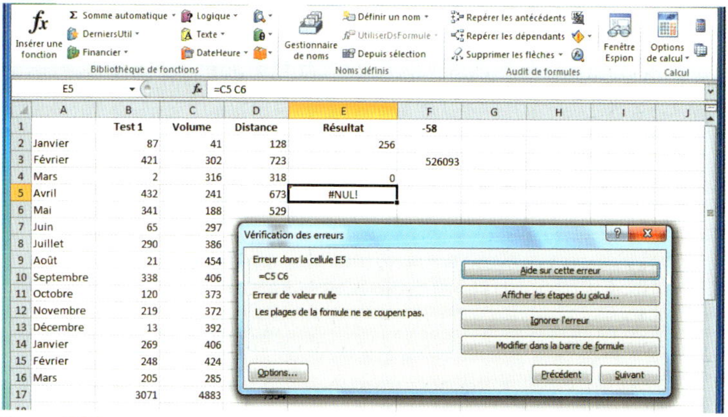

Figure 3.15

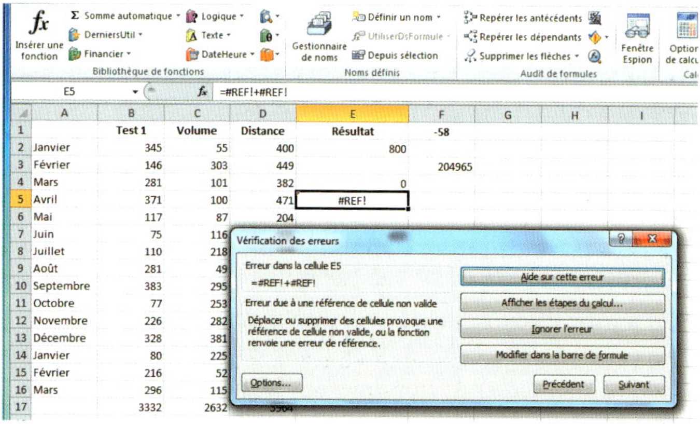

Figure 3.16

Pour vous aider à déterminer la nature ou l'origine du problème, certains messages d'erreur disposent d'un bouton Afficher les étapes du calcul qui permet d'analyser la formule.

Afficher les formules dans les cellules

1. Cliquez sur Formules > Afficher les formules dans le groupe Audit des formules. Excel affiche les formules dans les cellules au lieu des résultats. Reportez-vous à la Figure 3.17.

   Quel outil pratique pour corriger les erreurs !

2. Cliquez une nouvelle fois sur Formules > Afficher les formules pour masquer les formules et réafficher les résultats dans les cellules.

Repérer les antécédents et les dépendants d'une formule

1. Sélectionnez une cellule qui contient une formule ou une cellule qui est référencée dans une ou plusieurs formules.
2. Cliquez sur Formules > Repérer les antécédents ou Repérer les dépendants dans le groupe Audit de formules. Excel affiche une ou plusieurs flèches bleues pointant sur les antécédents ou les dépendants, comme le montre la Figure 3.18.

   Les cellules dépendantes sont celles qui sont désignées par une formule dans une autre cellule. Les cellules antécédentes contiennent des formules qui font référence à d'autres cellules.

3. Cliquez sur Formules > Supprimer les flèches dans le groupe Audit de formules. La ou les flèche(s) bleue(s) disparai(ssen)t.

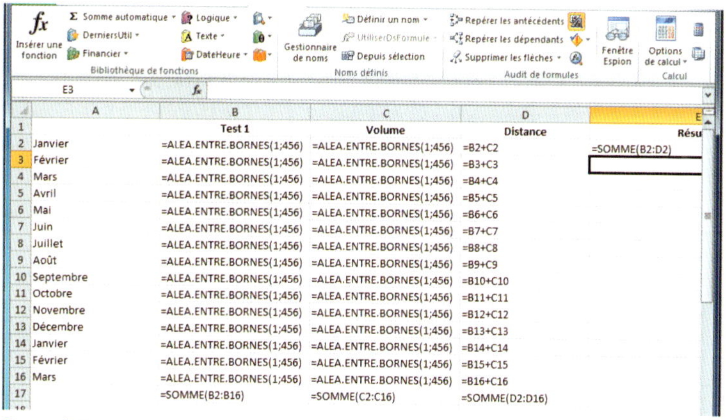

Figure 3.17

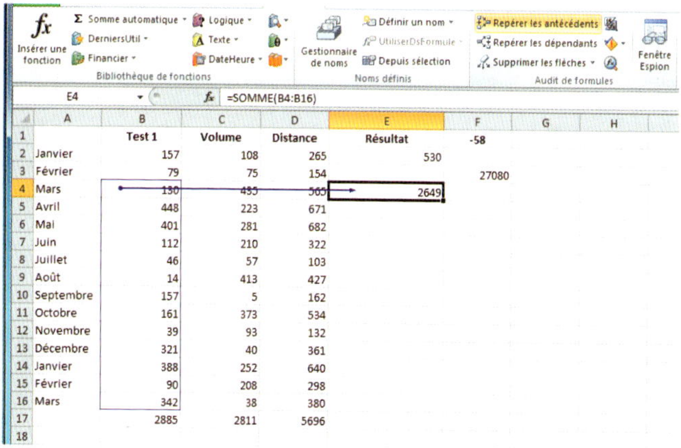

Figure 3.18

Chapitre

4

Utiliser les fonctions Excel

Excel inclut près de 400 calculs intégrés ou fonctions, classées en 12 catégories. Les fonctions contiennent des arguments placés entre parenthèses après le nom de la fonction. Les arguments sont les détails que vous spécifiez à Excel pour indiquer les valeurs à calculer dans la fonction. Certaines fonctions nécessitent plusieurs arguments pour fonctionner correctement. Ne vous inquiétez pas car Excel met à votre disposition un Assistant Fonction qui vous guide tout au long du processus.

Excel classe les fonctions selon les catégories suivantes : Finances, Date & Heure, Math & Trigo, Statistiques, Recherche & Matrices, Base de données, Texte, Logique, Informations, Ingénierie, Cube et Compatibilité. Par exemple, la fonction SOMME figure dans la catégorie Math & Trigo tandis que MOYENNE, NB, MAX et MIN sont des fonctions de la catégorie Statistiques. Les fonctions qui calculent un investissement appartiennent à la catégorie Finances. Dans ce chapitre, vous allez découvrir comment :

- Créer une fonction avec l'Assistant Fonction.
- Saisir une fonction et ses arguments.
- Analyser des données avec les fonctions d'Excel.

Créer une formule avec l'Assistant Fonction

1. Sélectionnez la cellule dans laquelle vous voulez entrer la fonction.
2. Cliquez sur Formules > Insérer une fonction dans le groupe Bibliothèque de fonctions. La boîte de dialogue Insérer une fonction s'ouvre.
3. Sélectionnez une catégorie de fonctions dans la liste déroulante Ou sélectionnez une catégorie (voir Figure 4.1).
4. Sélectionnez le nom d'une fonction dans la liste Sélectionnez une fonction. Une brève description de la fonction et de ses arguments s'affiche sous la liste des fonctions.
5. Cliquez sur OK. La boîte de dialogue Arguments de la fonction s'ouvre. Son contenu dépend de la fonction sélectionnée. La Figure 4.2 représente celle de la fonction VPM qui calcule le montant d'un investissement à remboursements et taux d'intérêt constants.

Pour plus de détails sur la fonction VPM, reportez-vous à la section « Calculer un investissement », proposée à la fin de ce chapitre.

6. Entrez le premier argument ou la référence de cellule ou cliquez directement sur la cellule dans la feuille de calcul. Si vous cliquez sur la cellule, Excel place un rectangle de sélection (pointillés) autour de la cellule sélectionnée.
7. Appuyez sur la touche de tabulation pour passer au prochain argument et entrez ou sélectionnez l'argument.
8. Répétez l'étape 7 si nécessaire.
9. Cliquez sur OK. Excel calcule et affiche le résultat dans la cellule sélectionnée et affiche la formule dans la barre de formule.

Les arguments en gras sont obligatoires tandis que ceux qui ne le sont pas sont facultatifs.

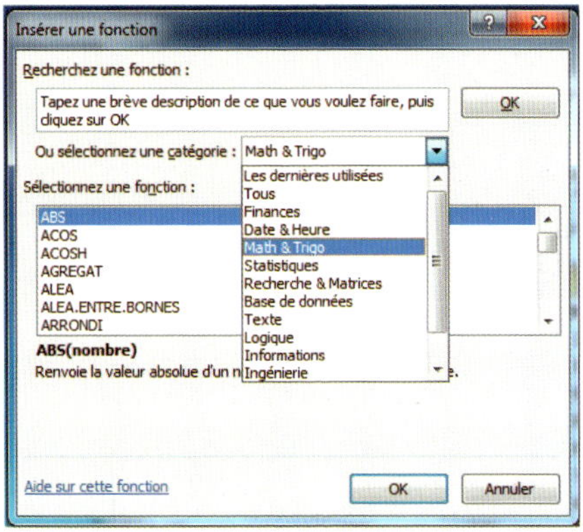

Figure 4.1

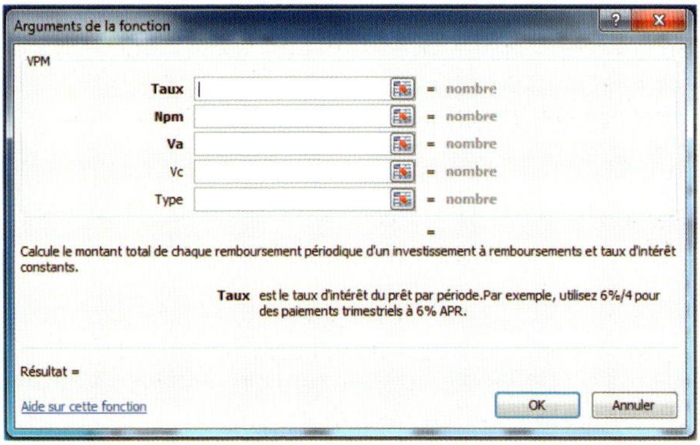

Figure 4.2

Saisir manuellement une fonction SI

1. Sélectionnez la cellule dans laquelle vous voulez afficher le résultat de la fonction et tapez le signe égal puis le terme SI.

   Vous pouvez utiliser l'Assistant Fonction pour vous aider à créer une instruction SI.

   Excel considère une instruction SI comme une fonction logique contenant trois arguments. Le premier argument détermine si une condition spécifique est remplie. Si la condition est vérifiée (ou VRAI), la fonction renvoie la valeur spécifiée dans le deuxième argument mais si la condition n'est pas vérifiée (ou FAUX), elle renvoie les valeurs spécifiées dans le troisième argument.

2. Ouvrez une parenthèse.
3. Commencez par le premier argument en référençant la cellule à vérifier. Par exemple, si vous souhaitez vérifier que la valeur de la cellule B2 est supérieure à 100, entrez B2.
4. Entrez un opérateur comme égal (=), supérieur à (>) ou inférieur à (<) et tapez la valeur ou la référence de la cellule que vous voulez comparer.
5. Entrez un point-virgule avant de saisir le deuxième argument.
6. Saisissez ce que vous souhaitez qu'Excel fasse si le premier argument est VRAI. Si vous voulez afficher une valeur ou la valeur d'une cellule, entrez cette valeur ou cette référence de cellule. Si vous voulez qu'Excel affiche du texte, saisissez le texte entre guillemets (voir Figure 4.3).
7. Entrez un point-virgule avant de saisir le troisième et dernier argument.
8. Saisissez ce que vous souhaitez qu'Excel fasse si le premier argument est FAUX. Comme précédemment, entrez la valeur, la référence de la cellule ou le texte que vous voulez qu'Excel affiche.

9. Appuyez sur la touche Entrée. Excel affiche le résultat de l'analyse dans la cellule sélectionnée. Dans la Figure 4.4, vous pouvez constater que le résultat de la cellule C2 est NON car le score est inférieur à 100. Notez que la formule a été copiée dans d'autres cellules et qu'elle renvoie la réponse OUI, notamment dans la cellule C4.

Les arguments d'une instruction SI peuvent également contenir des formules.

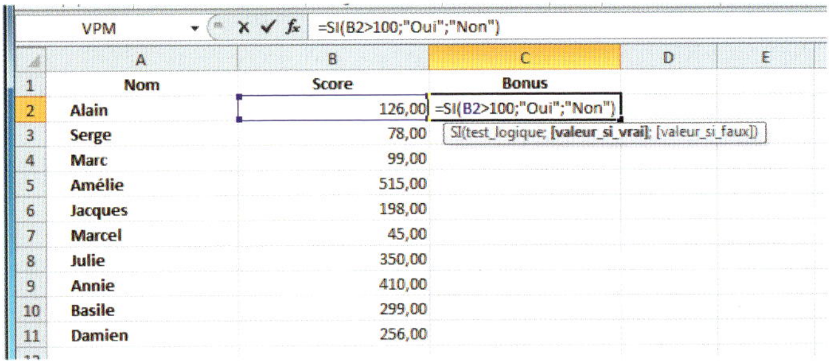

VPM =SI(B2>100;"Oui";"Non")

	A	B	C	D	E
1	Nom	Score	Bonus		
2	Alain	126,00	=SI(B2>100;"Oui";"Non")		
3	Serge	78,00	SI(test_logique; **[valeur_si_vrai]**; [valeur_si_faux])		
4	Marc	99,00			
5	Amélie	515,00			
6	Jacques	198,00			
7	Marcel	45,00			
8	Julie	350,00			
9	Annie	410,00			
10	Basile	299,00			
11	Damien	256,00			

Figure 4.3

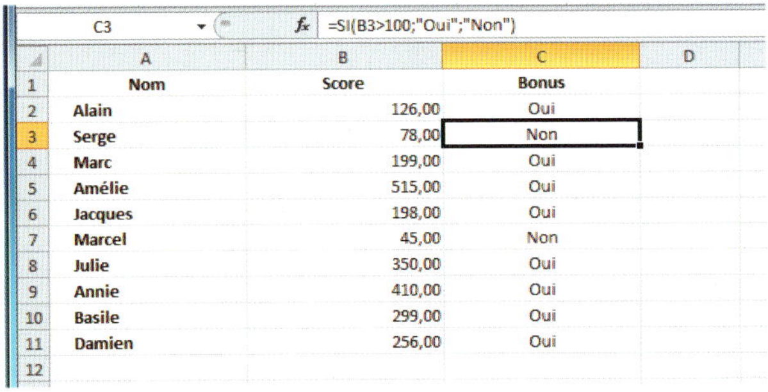

C3 =SI(B3>100;"Oui";"Non")

	A	B	C	D
1	Nom	Score	Bonus	
2	Alain	126,00	Oui	
3	Serge	78,00	Non	
4	Marc	199,00	Oui	
5	Amélie	515,00	Oui	
6	Jacques	198,00	Oui	
7	Marcel	45,00	Non	
8	Julie	350,00	Oui	
9	Annie	410,00	Oui	
10	Basile	299,00	Oui	
11	Damien	256,00	Oui	
12				

Figure 4.4

Créer des fonctions texte

1. Sélectionnez la cellule dans laquelle vous voulez afficher le résultat de la fonction et cliquez sur Formules > Texte dans le groupe Bibliothèque de fonctions. Choisissez l'une des fonctions suivantes :
   - **GAUCHE** : affiche un nombre spécifique de caractères en partant du début d'une chaîne de texte.
   - **DROITE** : renvoie un nombre spécifique de caractères en partant de la fin d'une chaîne de texte.
   - **STXT** : extrait un nombre spécifique de caractères d'une chaîne de texte en partant de la position indiquée.
   - **NBCAR** : détermine le nombre de caractères d'une cellule contenant du texte.
2. Sélectionnez la cellule contenant le texte à analyser.
3. Complétez éventuellement la boîte de dialogue Arguments de la fonction et cliquez sur OK. La Figure 4.5 propose quelques exemples de résultats.

Modifier la casse du texte d'une cellule

1. Sélectionnez la cellule dans laquelle vous voulez afficher le résultat de la fonction, cliquez sur Formules > Texte et sélectionnez l'une des fonctions suivantes :
   - **MAJUSCULE** : le contenu de la cellule référencée est mis en majuscules.
   - **MINUSCULE** : le contenu de la cellule référencée est mis en minuscules.
   - **NOMPROPRE** : la première lettre de chaque mot contenu dans la cellule référencée est mise en majuscule.
2. Sélectionnez la cellule à modifier et cliquez sur OK. La Figure 4.6 propose quelques exemples de résultats.

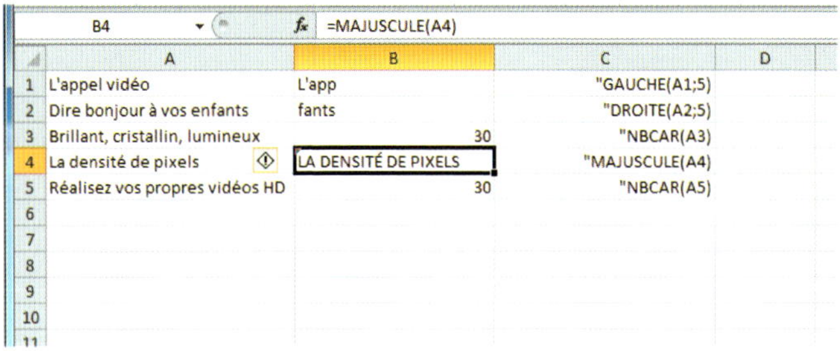

B4 =MAJUSCULE(A4)

	A	B	C	D
1	L'appel vidéo	L'app	"GAUCHE(A1;5)	
2	Dire bonjour à vos enfants	fants	"DROITE(A2;5)	
3	Brillant, cristallin, lumineux	30	"NBCAR(A3)	
4	La densité de pixels	LA DENSITÉ DE PIXELS	"MAJUSCULE(A4)	
5	Réalisez vos propres vidéos HD	30	"NBCAR(A5)	
6				
7				
8				
9				
10				

Figure 4.5

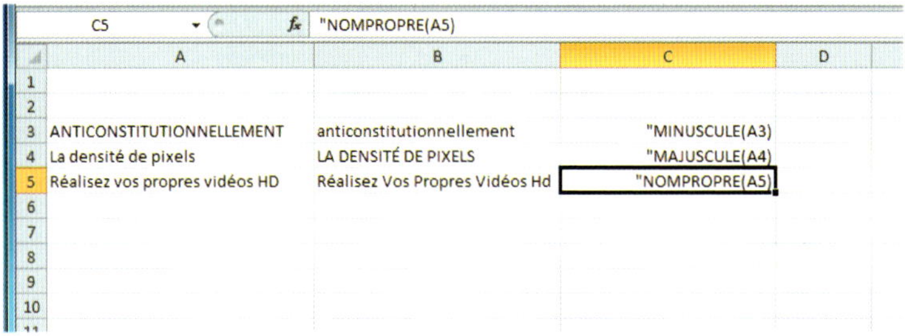

C5 "NOMPROPRE(A5)

	A	B	C	D
1				
2				
3	ANTICONSTITUTIONNELLEMENT	anticonstitutionnellement	"MINUSCULE(A3)	
4	La densité de pixels	LA DENSITÉ DE PIXELS	"MAJUSCULE(A4)	
5	Réalisez vos propres vidéos HD	Réalisez Vos Propres Vidéos Hd	"NOMPROPRE(A5)	
6				
7				
8				
9				
10				

Figure 4.6

Utiliser des fonctions pour calculer des jours

1. Sélectionnez la cellule dans laquelle vous voulez afficher le résultat de la fonction et cliquez sur Formules > DateHeure.
2. Sélectionnez ND.JOURS.OUVRES qui calcule le nombre de jours ouvrés (hors week-ends) compris entre deux dates que vous spécifiez. La boîte de dialogue Arguments de la fonction s'ouvre.
3. Dans la zone Date_départ, sélectionnez la cellule contenant la date à partir de laquelle vous voulez effectuer le calcul.
4. Dans la zone Date_fin, sélectionnez la cellule contenant la date jusqu'à laquelle vous voulez effectuer le calcul. Date_fin doit évidemment être ultérieure à Date_début sinon la fonction renvoie une valeur négative.

   N'hésitez pas à renseigner la zone Jours_fériés pour indiquer d'éventuels congés ou jours fériés survenant durant la période.

5. Cliquez sur OK. Excel calcule le nombre de jours ouvrés entre les deux dates spécifiées, comme le montre la Figure 4.7.

   AUJOURD'HUI et MAINTENANT, deux autres fonctions de la catégorie Date & Heure, affichent respectivement la date du jour ainsi que la date et l'heure du jour. Elles ne nécessitent donc pas d'argument.

Convertir une date au format texte en valeur

1. Sélectionnez la cellule dans laquelle vous voulez afficher le résultat de la fonction et cliquez sur Formules > DateHeure > DATEVAL. La boîte de dialogue Arguments de la fonction s'ouvre. Elle exige un seul argument.
2. Sélectionnez la cellule contenant la date au format texte.

3. Cliquez sur OK. Excel affiche la date sous forme de valeur, comme le montre la Figure 4.8. Mettez-la en forme si nécessaire.

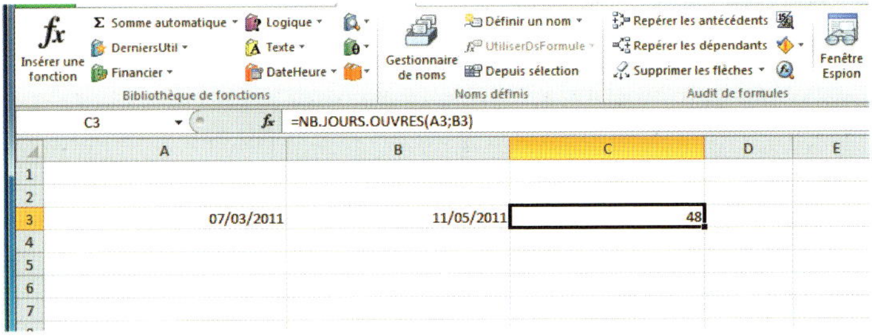

Figure 4.7

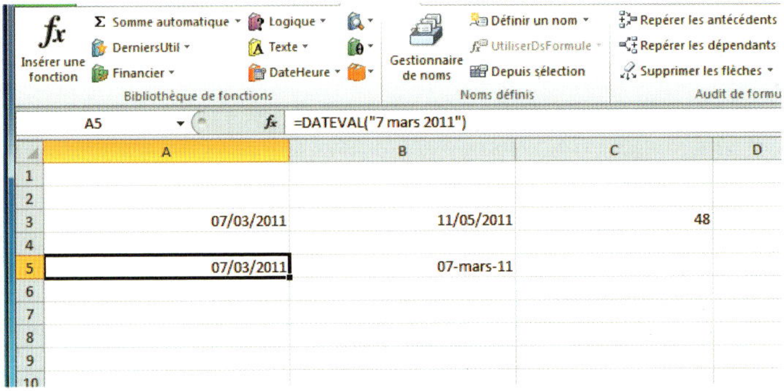

Figure 4.8

Compter le nombre de cellules contenant des données

1. Sélectionnez la cellule dans laquelle vous voulez afficher le résultat de la fonction et cliquez sur Formules > Plus de fonctions > Statistiques > NBVAL dans le groupe Bibliothèque de fonctions.

   Si vous voulez compter des valeurs numériques, utilisez la fonction NB au lieu de NBVAL. Pour compter le nombre de cellules vides, appliquez la fonction NB.VIDE.

2. Sélectionnez la plage à analyser et cliquez sur OK. Excel compte le nombre d'entrées. Dans la Figure 4.9, la fonction compte 372 entrées dans les cellules A3 à A374.

Arrondir des valeurs avec les fonctions mathématiques

1. Sélectionnez la cellule dans laquelle vous voulez afficher le résultat de la fonction, cliquez sur Formules > Maths et trigonométrie dans le groupe Bibliothèque de fonctions et sélectionnez l'une des fonctions suivantes :
   - **ARRONDI** : arrondit une valeur au nombre de décimales indiqué.
   - **ARRONDI.SUP** : arrondit une valeur par excès au nombre de décimales indiqué.
   - **ARRONDI.INF** : arrondit une valeur par défaut au nombre de décimales indiqué.
2. Dans la zone Nombre de la boîte de dialogue Arguments de la fonction, sélectionnez ou entrez la cellule à analyser.
3. Dans la zone No_chiffres, saisissez le nombre de décimales souhaité pour arrondir. Entrez zéro si vous voulez obtenir un entier. Si vous voulez arrondir la valeur à gauche de la virgule, entrez une valeur négative.

4. Cliquez sur OK. Les résultats s'affichent dans votre feuille de calcul (voir Figure 4.10).

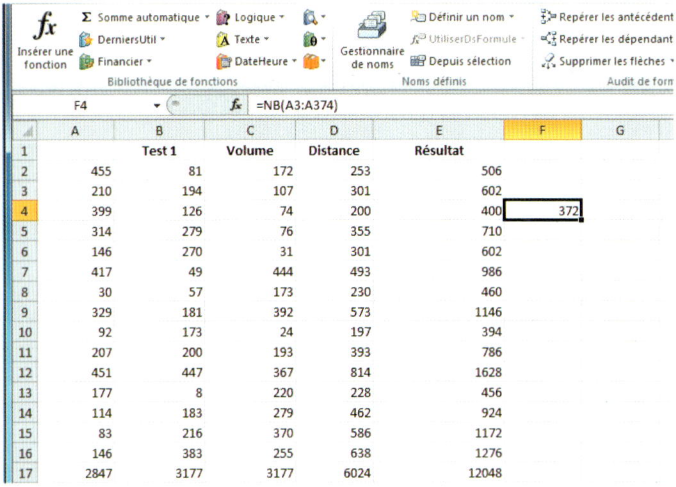

Figure 4.9

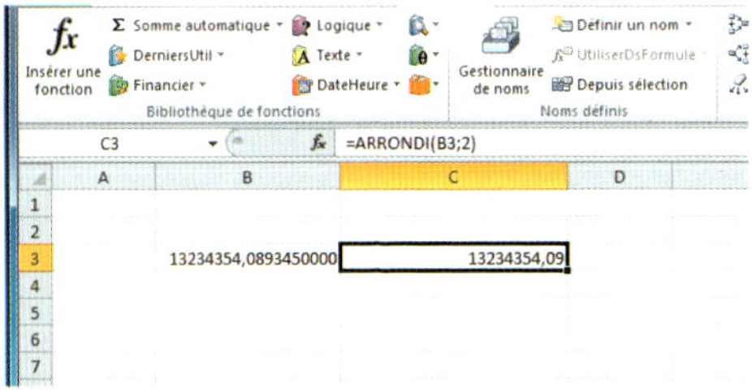

Figure 4.10

Localiser des données avec les fonctions de recherche

1. Préparez votre feuille de calcul en y intégrant des listes sous forme de colonnes. Vous disposez, par exemple, d'une liste de titres de morceaux de musique et d'artistes et recherchez le nom de l'artiste pour un titre spécifique. Le titre du morceau figure dans la première colonne, le nom de l'artiste dans la deuxième et éventuellement la date d'enregistrement dans la troisième. Vous pouvez créer autant de colonnes que vous le souhaitez.
2. Classez les données par colonnes et sélectionnez la cellule dans laquelle vous voulez afficher le résultat de la fonction.
3. Cliquez sur Formules > Recherche et référence > RECHERCHEV dans le groupe Bibliothèque de fonctions. La boîte de dialogue Arguments de la fonction s'ouvre.

Pour rechercher une valeur dans une colonne, utilisez la fonction RECHERCHEV. Pour rechercher une valeur dans une ligne, utilisez la fonction RECHERCHEH.

4. Dans la zone Valeur_cherchée, sélectionnez la cellule contenant la valeur recherchée. Dans l'exemple, il s'agit de la cellule E3.
5. Dans la zone Table_matrice, sélectionnez la plage contenant toutes les valeurs, à l'exception de la ligne d'en-tête.

Créez une plage nommée pour les données et utilisez son nom dans la fonction RECHERCHEV (voir Chapitre 2).

6. Dans la zone No_index_col, entrez la colonne contenant la valeur que vous voulez trouver. La colonne la plus à gauche correspond à 1. Dans l'exemple, si vous recherchez l'artiste, vous devez effectuer la recherche dans la colonne 2. Si vous recherchez l'année, vous devez lancer la recherche dans la colonne 3. Consultez la Figure 4.11.
7. Cliquez sur OK. Excel affiche le résultat de la formule dans la cellule sélectionnée et la formule dans la barre de formule, comme le montre la Figure 4.12.

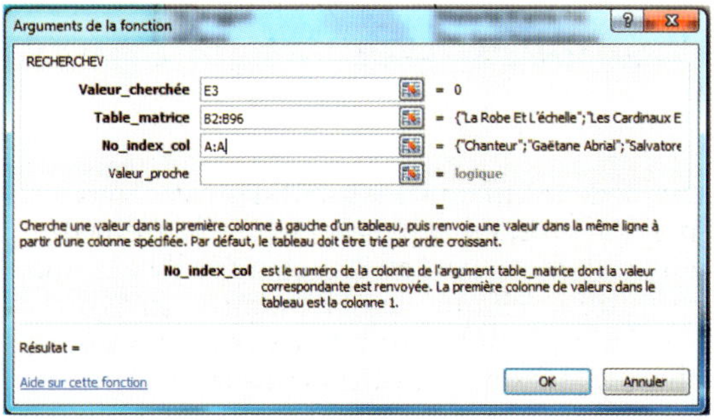

Figure 4.11

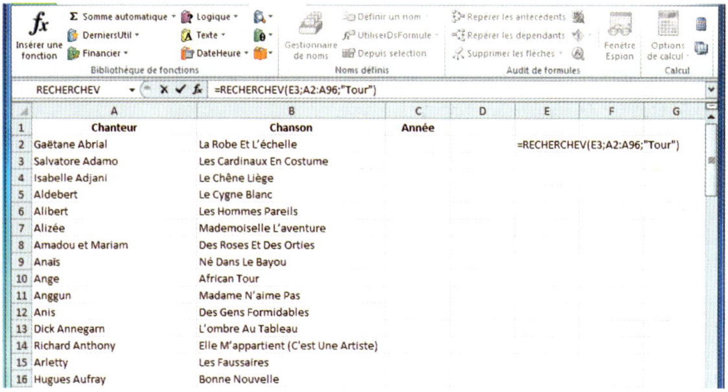

Figure 4.12

Utiliser la fonction MODE

La fonction MODE affiche la valeur la plus fréquente de la plage spécifiée.

1. Sélectionnez la cellule dans laquelle vous voulez afficher le résultat de la fonction et cliquez sur Formules > Plus de fonctions > Compatibilité > MODE, dans le groupe Bibliothèque de fonctions. La boîte de dialogue Arguments de la fonction s'ouvre.
2. Sélectionnez la plage à analyser et cliquez sur OK. Excel affiche le résultat. Dans la Figure 4.13, le résultat est 12. Il s'agit de la valeur la plus utilisée dans la plage de données.

Si vous préférez, vous pouvez saisir la fonction manuellement. Dans la cellule dans laquelle vous voulez que le résultat s'affiche, tapez =MODE(A1:A32) et remplacez A1:A32 par la plage à analyser.

Supprimer des espaces indésirables avec la fonction SUPPRESPACE

La fonction SUPPRESPACE est très pratique si vous travaillez avec des données importées d'un autre programme.

1. Sélectionnez la cellule dans laquelle vous voulez afficher le résultat de la fonction et cliquez sur Formules > Texte > SUPPRESPACE dans le groupe Bibliothèque de fonctions. La boîte de dialogue Arguments de la fonction s'ouvre.
2. Sélectionnez la cellule contenant le texte avec des espaces à supprimer.
3. Cliquez sur OK. Excel affiche le résultat de la formule dans la cellule sélectionnée dans l'étape 1. La Figure 4.14 présente des données avant et après l'application de la fonction SUPPRESPACE.

SUPPRESPACE remplace deux espaces (ou plus) par une seule. Si certains mots du texte contiennent une espace, SUPPRESPACE ne la supprime pas.

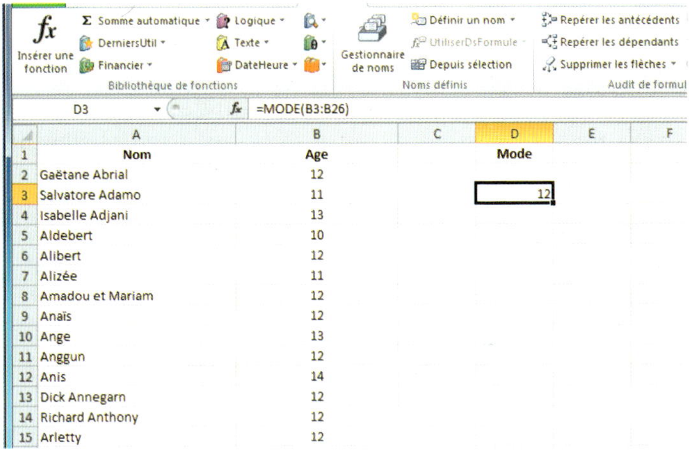

Figure 4.13

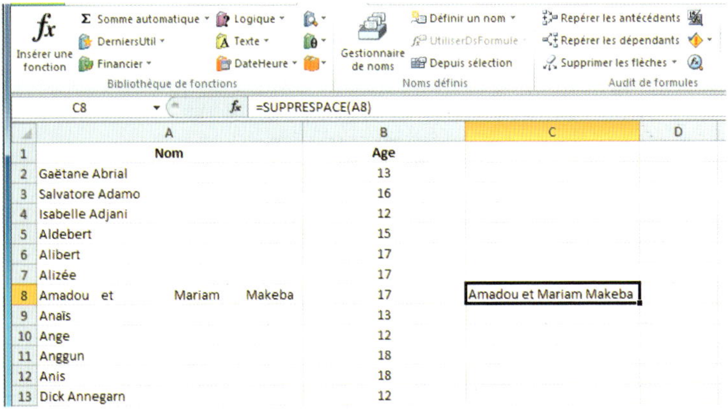

Figure 4.14

Estimer la future valeur d'un investissement

1. Préparez votre feuille de calcul de sorte à ce qu'elle affiche des données pour trois arguments, comme dans la Figure 4.15 :
   - Montant du remboursement (entrez une valeur négative car vous déboursez l'argent pour l'investissement).
   - Taux d'intérêt.
   - Nombre de périodes de remboursement.

   Exprimez tous les montants pour une même période, par mois ou par année.

2. Sélectionnez la cellule dans laquelle vous voulez afficher le résultat de la fonction et cliquez sur Formules > Financier > VC dans le groupe Bibliothèque de fonctions. La boîte de dialogue Arguments de la fonction s'ouvre.
3. Dans la zone Taux, sélectionnez la cellule contenant le taux d'intérêt.
4. Dans la zone Npm, sélectionnez la cellule contenant le nombre de périodes.
5. Dans la zone Vpm, sélectionnez la cellule contenant le montant par période que vous prévoyez de rembourser.
6. Cliquez sur OK. Excel calcule le résultat, comme le montre la Figure 4.16. Dans l'exemple, un investissement annuel de 3000 € représente 67225,99 € sur 15 ans avec un taux d'intérêt de 5,5%.

   Si vous préférez, vous pouvez saisir la fonction manuellement. Dans la cellule dans laquelle vous voulez que le résultat s'affiche, tapez =VC(taux;npm;vpm) et remplacez taux par le taux d'intérêt ou la cellule le contenant, npm par le nombre de périodes et vpm par le montant du remboursement par période.

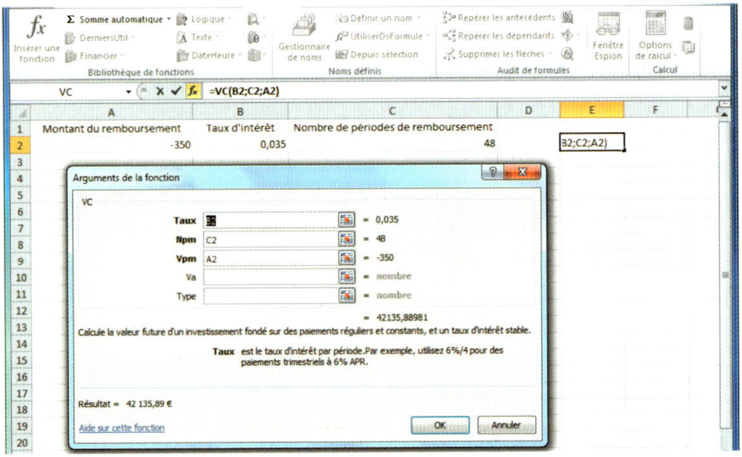

Figure 4.15

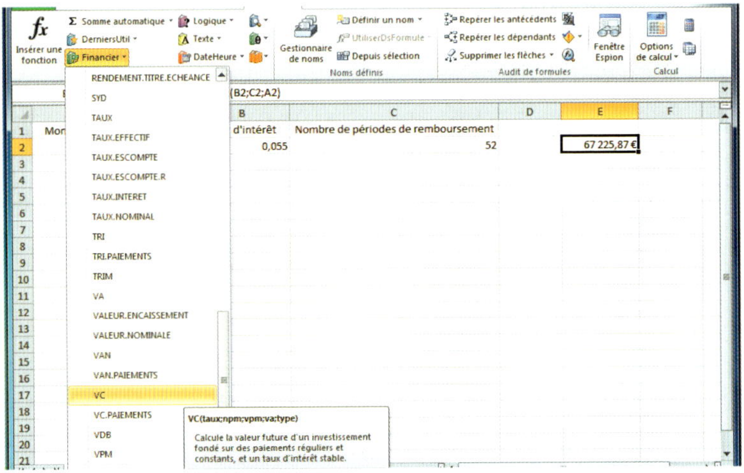

Figure 4.16

Calculer le montant des remboursements d'un investissement

Utilisez la fonction VPM pour calculer le montant du remboursement périodique d'un investissement tel une maison ou une voiture.

1. Créez une feuille de calcul contenant les principaux montants, le taux d'intérêt et le nombre de périodes de remboursement.

Exprimez tous les montants pour une même période, par mois ou par année.

2. Sélectionnez la cellule dans laquelle vous voulez afficher le résultat de la fonction et cliquez sur Formules > Financier > VPM dans le groupe Bibliothèque de fonctions. La boîte de dialogue Arguments de la fonction s'ouvre.
3. Dans la zone Taux, sélectionnez la cellule contenant le taux d'intérêt. Si vous entrez la valeur annuelle et que vous souhaitez effectuer un remboursement mensuel, tapez /12 après la référence de la cellule.
4. Dans la zone Npm, sélectionnez la cellule contenant le nombre de périodes. Si vous entrez la valeur en années et que vous souhaitez effectuer un remboursement mensuel, tapez *12 après la référence de la cellule (voir Figure 4.17).
5. Dans la zone Va, entrez le montant de l'investissement.
6. Cliquez sur OK. Excel calcule le montant des remboursements. La Figure 4.18 montre qu'un investissement de 200000 € sur 30 ans avec un taux d'intérêt de 5,5% revient à effectuer des remboursements mensuels de 1135,58 €.

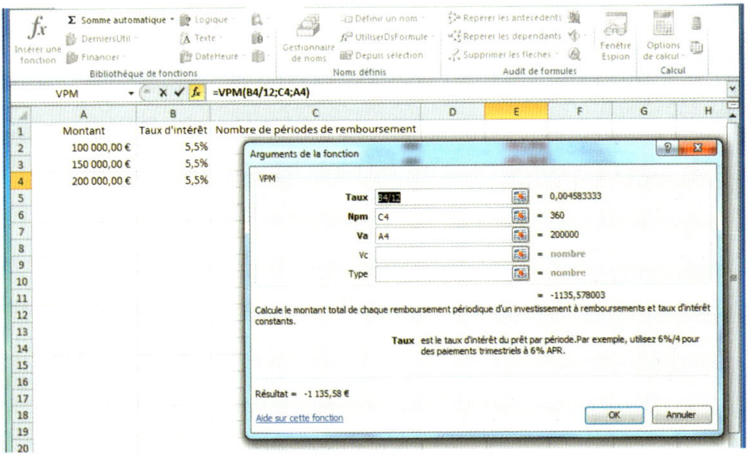

Figure 4.17

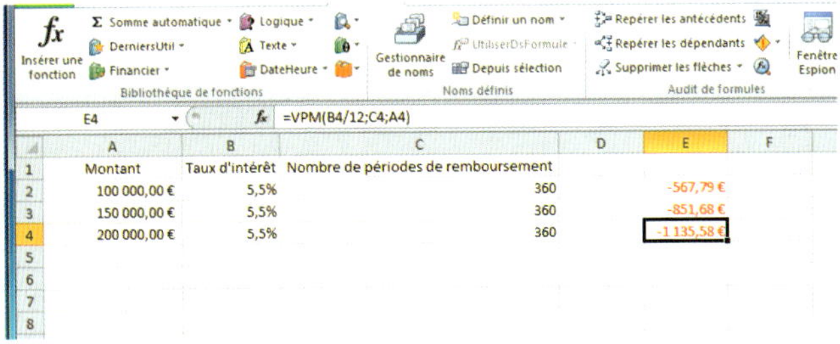

Figure 4.18

Chapitre

5

Protéger les données Excel

Les feuilles de calcul contiennent souvent des données numériques confidentielles telles que des données financières ou des fiches de paie. Dans le monde électronique actuel, il est préférable de protéger ses données des regards indiscrets. Fort heureusement, Excel dispose d'un grand nombre d'outils de sécurité qui permettent notamment d'utiliser une protection par mot de passe, de masquer les zones sensibles d'une feuille de calcul ou de verrouiller des données pour empêcher toute modification.

Dans ce chapitre, vous allez découvrir comment sécuriser les classeurs Excel. Je vous présente plusieurs méthodes de protection, qui vous permettent de:

- Masquer l'intégralité ou une partie d'un classeur.
- Spécifier que les utilisateurs peuvent lire un fichier sans le modifier.
- Restreindre l'accès à des plages de feuille de calcul.
- Marquer un fichier comme final pour le protéger de toute modification.
- Attribuer des mots de passe pour ouvrir ou modifier un classeur.
- Supprimer les données confidentielles d'un classeur avant de l'envoyer à d'autres utilisateurs.

Masquer rapidement un classeur ouvert

1. Cliquez sur Affichage > Masquer la fenêtre dans le groupe Fenêtre. Excel masque le classeur actif, laissant le programme ouvert et visible. Si un autre classeur est ouvert, vous le voyez tandis que le classeur masqué reste invisible.

   Appuyez sur les touches Windows+M pour réduire rapidement tous les éléments ouverts et afficher le bureau Windows.

2. Cliquez sur Affichage > Afficher la fenêtre dans le groupe Fenêtre. Excel affiche alors la boîte de dialogue Afficher répertoriant tous les classeurs masqués, comme le montre la Figure 5.1.

   Si aucun classeur n'est masqué, le bouton Afficher la fenêtre n'est pas disponible.

3. Sélectionnez le classeur que vous voulez afficher et cliquez sur OK.

Définir un fichier en lecture seule

1. Cliquez sur Fichier > Enregistrer sous. La boîte de dialogue Enregistrer sous s'ouvre.
2. Si nécessaire, sélectionnez l'emplacement du fichier dans la liste déroulante et entrez un nom de fichier.
3. Cliquez sur le bouton Outils. Un menu déroulant apparaît.
4. Sélectionnez Options générales. La boîte de dialogue Options générales s'ouvre, comme le montre la Figure 5.2.
5. Cochez la case Lecture seule recommandée.
6. Cliquez sur OK puis sur Enregistrer.

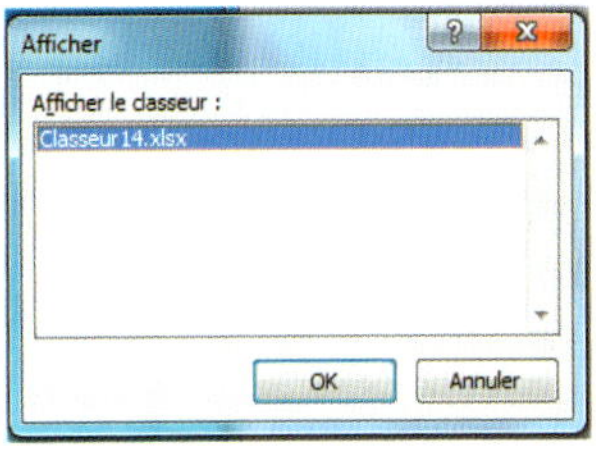

Figure 5.1

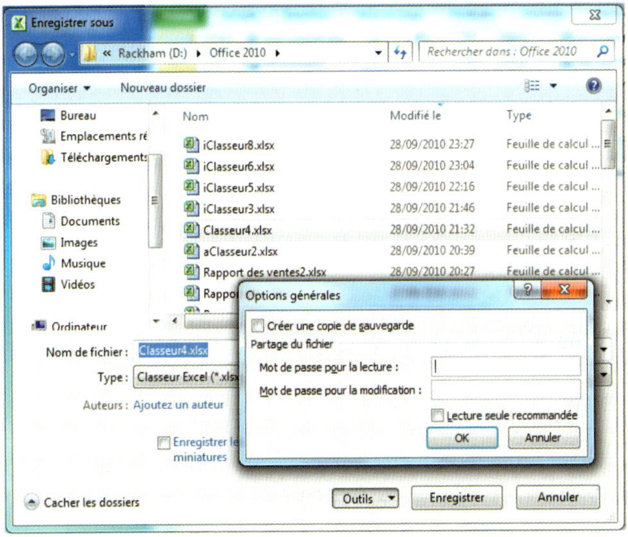

Figure 5.2

Ouvrir un fichier en lecture seule

1. Cliquez sur Fichier > Ouvrir. La boîte de dialogue Ouvrir s'affiche.
2. Localisez et sélectionnez le fichier préalablement enregistré en lecture seule et cliquez sur Ouvrir. Un message apparaît, comme le montre la Figure 5.3.
3. Cliquez sur le bouton Oui. Le fichier s'ouvre.
4. Pour enregistrer les éventuelles modifications apportées au fichier, il vous suffit de cliquer sur Fichier > Enregistrer sous et de spécifier un autre nom de fichier.

Marquer un classeur comme final

1. Cliquez sur Fichier > Informations. Dans la section Autorisations, cliquez sur le bouton Protéger le classeur puis sur Marquer comme final. Un message apparaît.

La fonctionnalité Marquer comme final permet d'empêcher toute modification accidentelle et n'est pas permanente.

2. Cliquez sur OK. Un autre message s'affiche.
3. Cliquez une nouvelle fois sur OK puis sur Fichier pour basculer dans la feuille de calcul. Le fichier s'affiche en lecture seule et est marqué comme final au moyen d'un avertissement placé en haut de la feuille de calcul, comme dans la Figure 5.4. La plupart des fonctionnalités du Ruban ne sont pas disponibles.
4. Si vous devez modifier le classeur, cliquez sur le bouton Modifier quand même. Le fichier n'est plus en lecture seule et vous pouvez effectuer toutes les modifications souhaitées.
5. Pour marquer une nouvelle fois le fichier comme final, répétez les étapes 1 à 3.

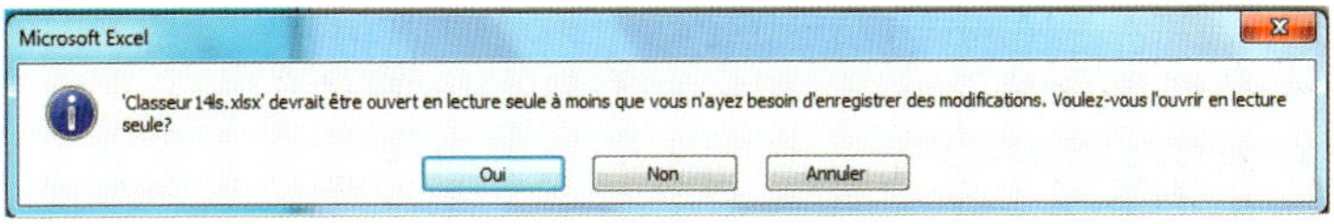

Figure 5.3

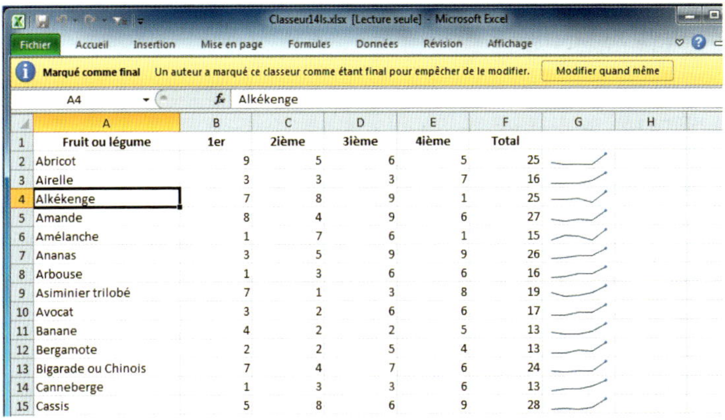

	A	B	C	D	E	F	G	H
1	Fruit ou légume	1er	2ième	3ième	4ième	Total		
2	Abricot	9	5	6	5	25		
3	Airelle	3	3	3	7	16		
4	Alkékenge	7	8	9	1	25		
5	Amande	8	4	9	6	27		
6	Amélanche	1	7	6	1	15		
7	Ananas	3	5	9	9	26		
8	Arbouse	1	3	6	6	16		
9	Asiminier trilobé	7	1	3	8	19		
10	Avocat	3	2	6	6	17		
11	Banane	4	2	2	5	13		
12	Bergamote	2	2	5	4	13		
13	Bigarade ou Chinois	7	4	7	6	24		
14	Canneberge	1	3	3	6	13		
15	Cassis	5	8	6	9	28		

Figure 5.4

Masquer des lignes et des colonnes

1. Sélectionnez l'en-tête de la ligne ou de la colonne que vous voulez masquer. Appuyez sur Ctrl pour sélectionner plusieurs lignes ou colonnes.
2. Cliquez sur Accueil > Format > Masquer & afficher dans le groupe Cellules. Un menu d'options apparaît.

   Vous ne pouvez pas masquer des cellules sélectionnées. Cette fonctionnalité ne s'applique qu'aux lignes et colonnes entières.

3. Sélectionnez Masquer les lignes ou Masquer les colonnes. Dans la Figure 5.5, les colonnes C, D, E et F sont masquées et semblent avoir disparues.
4. Pour réafficher des lignes ou des colonnes, sélectionnez les lignes ou les colonnes placées avant et après les lignes ou les colonnes masquées.
5. Cliquez sur Accueil > Format > Masquer & afficher et sélectionnez Afficher les lignes ou Afficher les colonnes.

   Vous pouvez aussi masquer l'ensemble de la feuille de calcul. Consultez le Chapitre 9 pour en savoir plus.

Déverrouiller des cellules

1. Sélectionnez les cellules que les utilisateurs doivent pouvoir modifier.
2. Cliquez sur Accueil > Format > Verrouiller la cellule dans le groupe Cellules (voir Figure 5.6). Comme Excel verrouille toutes les cellules par défaut dans une feuille de calcul protégée, la sélection de cette option désactive le verrouillage. La fonction de verrouillage/déverrouillage ne prend effet que lorsque vous protégez et enregistrez la feuille de calcul. Reportez-vous à la prochaine section.

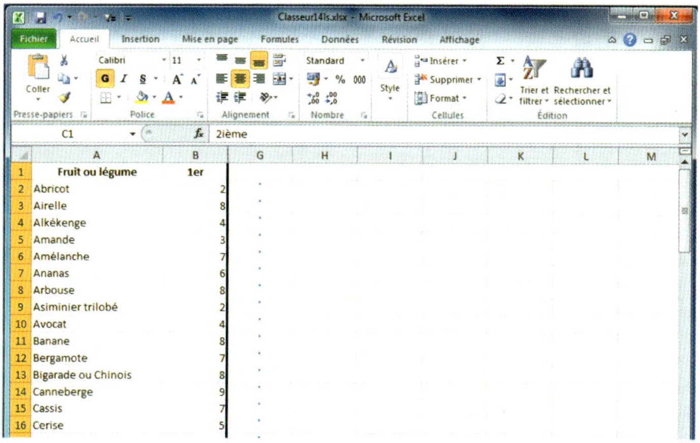

Figure 5.5

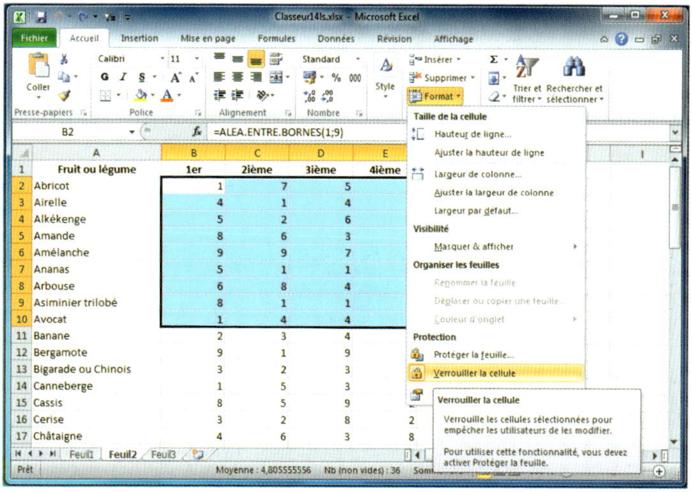

Figure 5.6

Protéger une feuille de calcul

1. Cliquez sur Révision > Protéger la feuille dans le groupe Modifications. La boîte de dialogue Protéger la feuille s'ouvre, comme le montre la Figure 5.7.

   Il est pertinent de protéger une feuille de calcul afin d'empêcher toute modification accidentelle des formules.

2. Assurez-vous que la case Protéger la feuille et le contenu des cellules verrouillées est bien cochée.

3. Vous pouvez, si vous le souhaitez, entrer un mot de passe dans la zone Mot de passe pour ôter la protection de la feuille. Pour des raisons de confidentialité, seule une série de points s'affiche. Notez que les mots de passe sont sensibles à la casse.

4. Dans la liste Autoriser tous les utilisateurs de cette feuille à, cochez les options qui permettent aux utilisateurs de modifier la feuille sans avoir à ôter la protection.

   Décocher l'option Sélectionner les cellules verrouillées empêche les utilisateurs non autorisés de cliquer dans la cellule verrouillée. N'oubliez pas que toutes les cellules sont considérées comme verrouillées, à moins que vous ne les ayez déverrouillées, comme nous le verrons dans la section suivante.

5. Cliquez sur OK.

6. Si vous avez généré un mot de passe, la boîte de dialogue Confirmer le mot de passe apparaît. Retapez le mot de passe puis cliquez sur OK.

   Notez que l'option Protéger la feuille est remplacée par Oter la protection de la feuille.

7. Dans la feuille de calcul protégée, tentez de modifier la valeur d'une cellule verrouillée. Excel affiche le message d'erreur illustré dans la Figure 5.8.

8. Pour ôter la protection de la feuille de calcul, cliquez sur Révision > Oter la protection de la feuille dans le groupe Modifications.

9. Entrez le mot de passe si vous y êtes invité.

Excel dispose également d'un bouton Protéger le classeur qui protège non seulement la feuille de calcul active mais aussi toutes les feuilles de calcul du classeur.

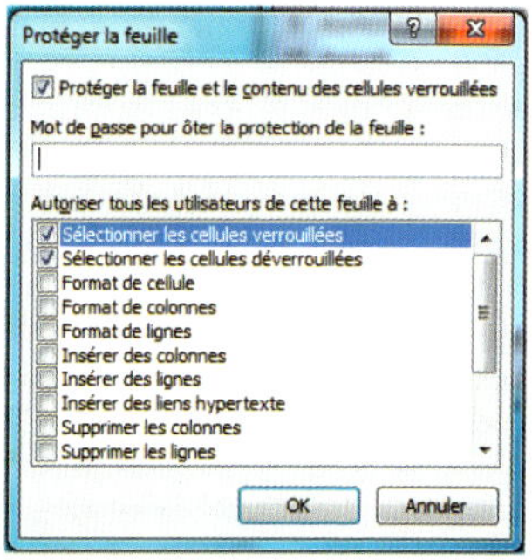

Figure 5.7

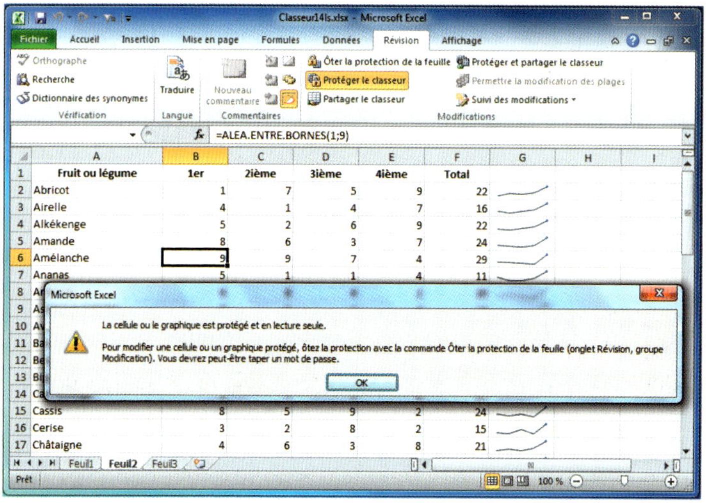

Figure 5.8

Restreindre la saisie de données

1. Dans une feuille de calcul non protégée, cliquez sur Révision > Permettre la modification des plages dans le groupe Modifications. La boîte de dialogue Permettre la modification des plages s'ouvre.
2. Cliquez sur Nouvelle. La boîte de dialogue Nouvelle plage s'affiche, comme le montre la Figure 5.9.
3. Dans la zone Titre, entrez un nom court et descriptif comme PRIX ou QTE livrée que vous attribuez à la zone de saisie.
4. Dans la zone Fait référence aux cellules, saisissez la plage de cellules que vous autorisez à modifier. Commencez par taper le signe égal (=).

   Vous pouvez aussi cliquer sur le bouton Réduire, sélectionner la plage dans la feuille de calcul et appuyer sur Entrée pour rebasculer dans la boîte de dialogue.

5. Si vous le souhaitez, entrez un mot de passe dans la zone Mot de passe de la plage. L'utilisateur devra le saisir pour avoir accès à la plage de cellules. Sans mot de passe, tout utilisateur peut saisir des données dans la plage.
6. Cliquez sur OK. La boîte de dialogue Confirmer le mot de passe s'ouvre.
7. Entrez le mot de passe puis cliquez sur OK. La boîte de dialogue Permettre la modification des plages apparaît avec la nouvelle plage créée (voir Figure 5.10).

   Sélectionnez un nom de plage et cliquez sur le bouton Modifier pour modifier les détails ou cliquez sur Supprimer pour supprimer l'accès à la plage.

8. Différentes options s'offrent à vous :
   - Cliquez sur Protéger la feuille pour afficher la boîte de dialogue Protéger la feuille. Reportez-vous à la section précédente éProtéger une feuille de calcul ».
   - Cliquez sur Appliquer pour ajouter la nouvelle plage de cellules.

- Cliquez sur OK pour accepter les modifications et fermer la boîte de dialogue sans protéger la feuille de calcul.

Excel n'active pas la restriction tant que vous ne protégez pas la feuille de calcul.

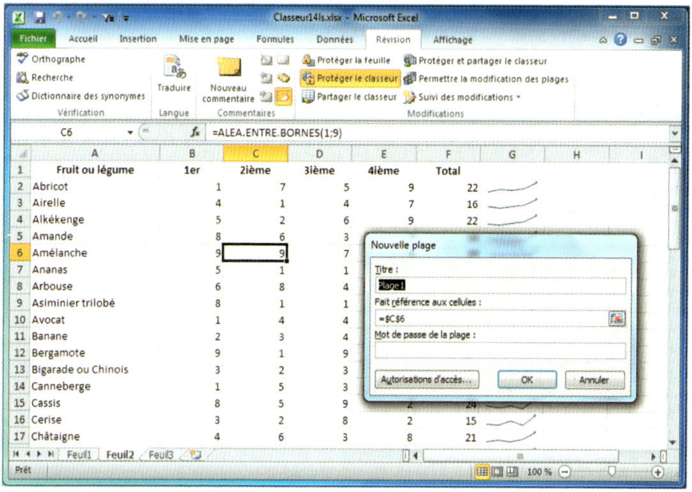

Figure 5.9

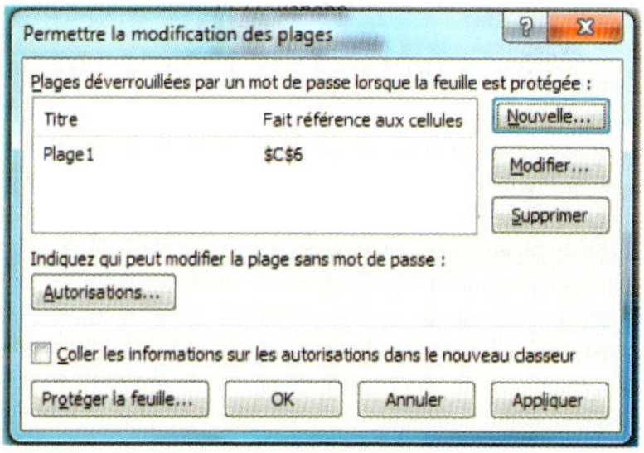

Figure 5.10

Entrer des données dans une plage restreinte

1. Dans une feuille de calcul protégée, commencez par saisir des données dans une cellule à accès limité. La boîte de dialogue Déverrouiller la plage apparaît, comme le montre la Figure 5.11.
2. Entrez le mot de passe. Attention, les mots de passe sont sensibles à la casse.
3. Cliquez sur OK. Excel autorise l'accès à la plage.
4. Continuez de saisir les données dans les cellules.

Si un utilisateur tente de saisir des données dans une cellule non autorisée, Excel affiche un message.

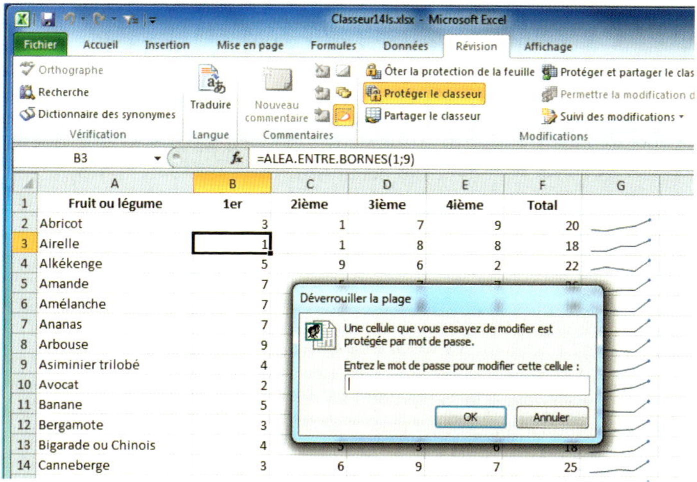
Classeur14ls.xlsx - Microsoft Excel
Fichier
Accueil
Insertion
Mise en page
Formules
Données
Révision
Affichage
Orthographe
Recherche
Dictionnaire des synonymes
Vérification
Traduire
Langue
Nouveau commentaire
Commentaires
Ôter la protection de la feuille
Protéger le classeur
Partager le classeur
Protéger et partager le clas
Permettre la modification d
Suivi des modifications
Modifications
B3
=ALEA.ENTRE.BORNES(1;9)
Fruit ou légume
1er
2ième
3ième
4ième
Total
Abricot
Airelle
Alkékenge
Amande
Amélanche
Ananas
Arbouse
Asiminier trilobé
Avocat
Banane
Bergamote
Bigarade ou Chinois
Canneberge
Déverrouiller la plage
Une cellule que vous essayez de modifier est protégée par mot de passe.
Entrez le mot de passe pour modifier cette cellule :
OK
Annuler

Figure 5.11

Inspecter les données confidentielles

1. Enregistrez le classeur.
2. Cliquez sur Fichier > Informations. Dans la section Préparer pour le partage, cliquez sur le bouton Vérifier la présence de problèmes. Un menu vous est proposé.
3. Cliquez sur Inspecter le document. La boîte de dialogue Inspecteur de document s'ouvre.

> Vous ne pouvez pas inspecter les documents d'un classeur dont les feuilles de calcul sont protégées.

4. Décochez les options que vous ne voulez pas vérifier et cliquez sur Inspecter. Excel examine le document à la recherche des informations sélectionnées.
5. Lorsque l'analyse est terminée, l'inspecteur de document réapparaît avec les informations, comme dans la Figure 5.12.
6. Cliquez sur le bouton Supprimer tout situé à côté de l'option que vous voulez supprimer. Excel supprime les données sélectionnées. Une fois les données supprimées, le bouton Supprimer tout disparaît.
7. Répétez l'étape 6 pour tout autre élément que vous voulez supprimer.
8. Cliquez sur Fermer et enregistrez le fichier.

> Il est impossible d'annuler des modifications effectuées avec l'inspecteur de document.

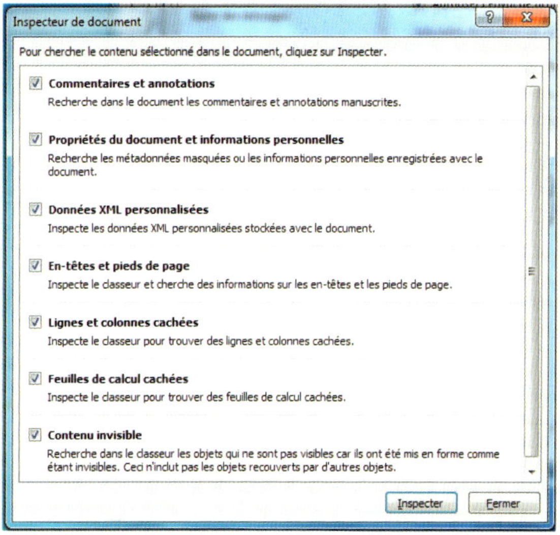
Inspecteur de document
Pour chercher le contenu sélectionné dans le document, cliquez sur Inspecter.
Commentaires et annotations
Recherche dans le document les commentaires et annotations manuscrites.
Propriétés du document et informations personnelles
Recherche les métadonnées masquées ou les informations personnelles enregistrées avec le document.
Données XML personnalisées
Inspecte les données XML personnalisées stockées avec le document.
En-têtes et pieds de page
Inspecte le classeur et cherche des informations sur les en-têtes et les pieds de page.
Lignes et colonnes cachées
Inspecte le classeur pour trouver des lignes et colonnes cachées.
Feuilles de calcul cachées
Inspecte le classeur pour trouver des feuilles de calcul cachées.
Contenu invisible
Recherche dans le classeur les objets qui ne sont pas visibles car ils ont été mis en forme comme étant invisibles. Ceci n'inclut pas les objets recouverts par d'autres objets.
Inspecter
Fermer

Figure 5.12

Masquer les formules

1. Sélectionnez les cellules contenant les formules ou les informations que vous voulez masquer.
2. Cliquez sur Accueil > Format > Format de cellule dans le groupe Cellules. La boîte de dialogue Format de cellule s'ouvre.
3. Cliquez sur l'onglet Protection, cochez la case Masquée et cliquez sur OK.
4. Protégez la feuille de calcul (reportez-vous à la section « Protéger une feuille de calcul », plus haut dans ce chapitre). Dans la Figure 5.13, les résultats de la formule sont affichés dans la cellule G2 mais la barre de formule n'affiche pas la formule.

Attribuer un mot de passe à un fichier

1. Cliquez sur Fichier > Enregistrer sous. La boîte de dialogue Enregistrer sous s'ouvre.
2. Cliquez sur la flèche du bouton Outils et sélectionnez Options générales. La boîte de dialogue Options générales apparaît.
3. Entrez un mot de passe dans la zone Mot de passe pour la lecture si vous voulez que les utilisateurs entrent un mot de passe avant de pouvoir ouvrir et consulter le classeur (voir Figure 5.14).
4. Si vous le souhaitez, vous pouvez entrer un mot de passe dans la zone Mot de passe pour la modification. Dans ce cas, les utilisateurs doivent ouvrir le classeur et saisir le mot de passe leur pour pouvoir y apporter des modifications.
5. Cliquez sur OK.
6. Retapez le mot de passe pour la lecture et cliquez sur OK. Retapez le mot de passe pour la modification et cliquez sur OK.
7. Cliquez sur le bouton Enregistrer puis sur Oui si vous êtes invité à remplacer le fichier.

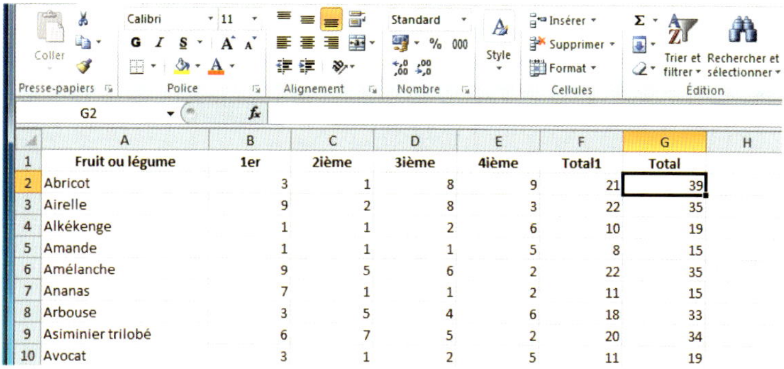

Figure 5.13

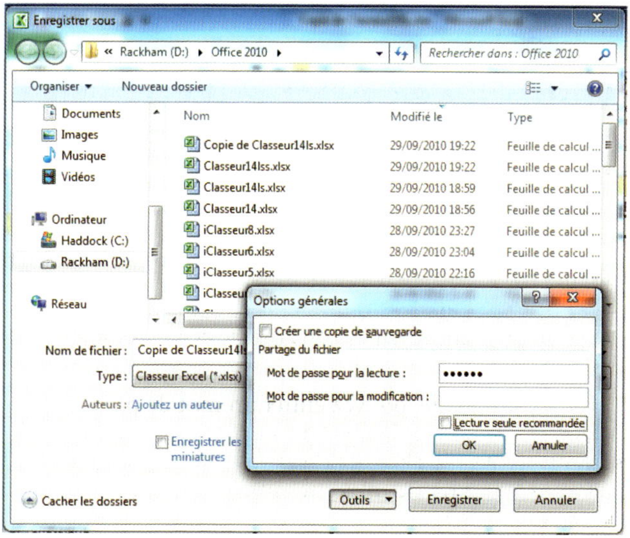

Figure 5.14

Deuxième partie

Optimiser les feuilles de calcul

Chapitre 6

Mettre en forme les cellules

On a souvent reproché au tableur Excel non mis en forme de ne ressembler à rien. Les colonnes ne sont pas suffisamment larges, les polices sont trop petites et illisibles, les dates s'affichent de manière étrange et lorsque les données s'entassent les unes sur les autres, les informations se chevauchent.

Fort heureusement, Excel dispose de nombreuses fonctionnalités pour améliorer la présentation de vos données et les rendre plus faciles à lire. En réalité, il existe tant de fonctionnalités de mise en forme que je dois vous les présenter en deux chapitres ! Une fois que vous maîtriserez ces fonctionnalités de mise en forme, vous serez capable de :

- Modifier le type et la taille de police, le style du texte, des valeurs et des dates.
- Modifier l'alignement standard des données dans une cellule : le texte à gauche, les valeurs et les dates à droite.
- Convertir une valeur en devise ou en pourcentage.
- Créer des titres à l'aide du bouton Fusionner et centrer.
- Modifier la largeur des colonnes et la hauteur des lignes.

Mettre en forme des valeurs

1. Sélectionnez les cellules que vous voulez mettre en forme. Vous pouvez en sélectionner quelques-unes, des colonnes entières ou toute la feuille de calcul. Reportez-vous au Chapitre 2 pour de plus amples informations sur la sélection de plusieurs cellules.

2. Cliquez sur Accueil > Format de nombre dans le groupe Nombre. Une liste d'options apparaît. La Figure 6.1 représente des valeurs mises en forme avec différents styles Excel. Notez le signe de l'euro (€) placé après les types Comptabilité et Monétaire.

   Le groupe Nombre du Ruban compte trois autres icônes que vous pouvez utiliser pour une mise en forme rapide aux formats Nombre Comptabilité, Style de pourcentage et Séparateur de milliers. L'option Format Nombre Comptabilité propose une liste déroulante dans laquelle vous pouvez sélectionner différents symboles de devises internationales. L'option Séparateur de milliers ajoute deux décimales, sépare les milliers et n'inclut pas de symbole monétaire. L'option Style de pourcentage affiche la valeur de la cellule sous forme de pourcentage, sans décimale.

3. Pour supprimer des chiffres après la virgule, sélectionnez Accueil > Réduire les décimales dans le groupe Nombre. Pour ajouter un chiffre après la virgule des décimales, cliquez sur le bouton Ajouter une décimale. Chaque clic ajoute ou supprime un chiffre après la virgule et arrondit la valeur de la cellule (voir Figure 6.2).

   Si une cellule affiche #####, élargissez la colonne. Reportez-vous à la section suivante pour savoir comment procéder.

   Vous pouvez aussi cliquer sur le lanceur de la boîte de dialogue Format de cellule pour sélectionner la mise en forme d'un nombre. Les options de mise en forme se trouvent dans l'onglet Nombre.

   Dans Excel, les nombres peuvent contenir jusqu'à 30 chiffres après la virgule.

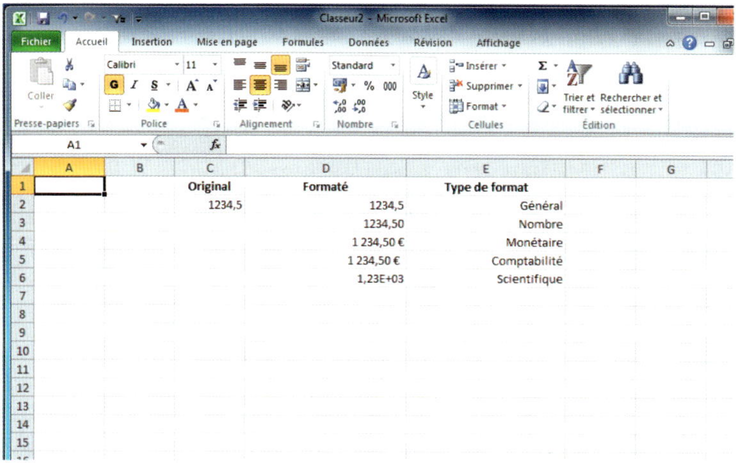

Figure 6.1

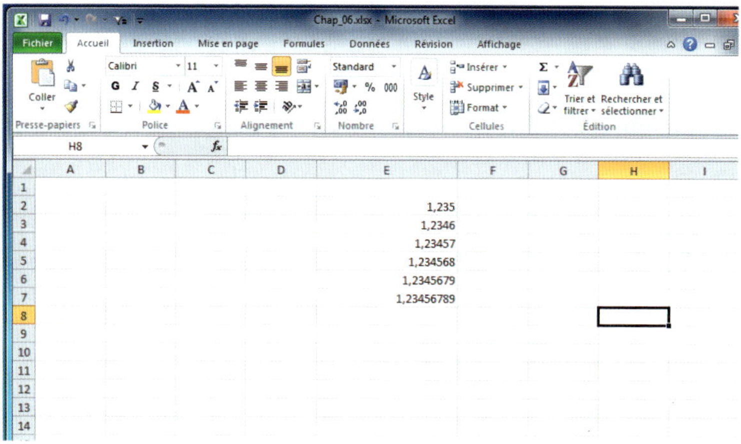

Figure 6.2

Ajuster la largeur de colonne

1. Pour ajuster la largeur des en-têtes de colonnes, sélectionnez ceux que vous voulez élargir. Pour ajuster une seule colonne, sélectionnez l'une des cellules de cette colonne.

   Si votre feuille de calcul contient beaucoup de nombres, vous pouvez élargir les colonnes pour que la feuille de calcul semble mieux organisée. Les colonnes qui ont besoin d'être élargies sont celles contenant du texte tronqué ou des valeurs numériques présentées sous la forme #####.

2. Choisissez une méthode pour ajuster la largeur des colonnes :

   - **Pour modifier la largeur de colonne manuellement**, placez le pointeur de la souris sur la bordure droite de l'en-tête de colonne jusqu'à ce qu'il prenne la forme d'une flèche à double-sens. Tirez jusqu'à ce que la colonne ait la largeur souhaitée. Pendant que vous glissez le pointeur, une info-bulle vous indique la nouvelle largeur. Dans la Figure 6.3, j'ai élargi la colonne A.

     Excel affiche la taille des cellules en caractères et en pixels et non en centimètres. La largeur minimale est 0 et la largeur maximale est de 255 caractères.

   - **Pour spécifier la largeur de colonne souhaitée**, cliquez sur Accueil > Format > Largeur de colonne dans le groupe Cellules. La boîte de dialogue Largeur de colonne, illustrée dans la Figure 6.4, s'ouvre. Entrez la largeur souhaitée et cliquez sur OK.

   - **Pour modifier la largeur de colonne automatiquement pour qu'elle s'adapte à l'entrée la plus longue**, double-cliquez sur la bordure droite de l'en-tête de colonne ou cliquez sur Accueil > Format > Ajuster la largeur de colonne dans le groupe Cellules. Excel ajuste automatiquement la largeur de la colonne par rapport à l'entrée la plus longue de la colonne.

La largeur de colonne par défaut est 8,43, basée sur la police standard Calibri 11 points. Si vous modifiez le type ou la taille de police par défaut, il se peut qu'Excel modifie la largeur de colonne par défaut. Vous pouvez définir une largeur de colonne par défaut. Pour ce faire, cliquez sur Accueil > Format > Largeur par défaut dans le groupe Cellules.

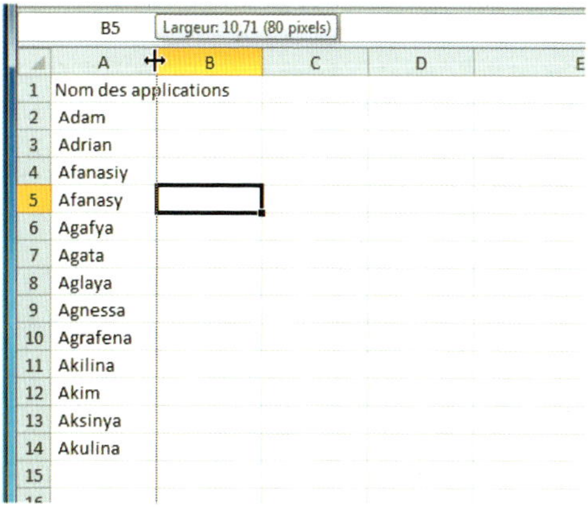

Figure 6.3

Figure 6.4

Modifier la hauteur de ligne

1. Sélectionnez les en-têtes des lignes dont vous voulez modifier la hauteur. Pour ajuster une seule ligne, sélectionnez l'une des cellules de cette ligne.
2. Choisissez une méthode pour ajuster la hauteur de ligne :
   - **Pour modifier la hauteur de ligne manuellement**, placez le pointeur de la souris sur la bordure inférieure de l'en-tête de ligne jusqu'à ce qu'il prenne la forme d'une flèche à double-sens. Tirez jusqu'à ce que la ligne ait la hauteur souhaitée. Pendant que vous glissez le pointeur, une info-bulle vous indique la nouvelle hauteur. Dans la Figure 6.5, j'augmente la largeur des lignes 2 à 7.

     Excel affiche la hauteur des lignes en caractères et en pixels et non en centimètres.

   - **Pour spécifier la hauteur de ligne souhaitée**, cliquez sur Accueil > Format > Hauteur de ligne dans le groupe Cellules. La boîte de dialogue Hauteur de ligne, illustrée dans la Figure 6.6, s'ouvre. Entrez la hauteur souhaitée et cliquez sur OK.
   - **Pour modifier la hauteur de ligne automatiquement pour qu'elle s'adapte à l'entrée la plus haute**, double-cliquez sur la bordure inférieure de l'en-tête de ligne ou cliquez sur Accueil > Format > Ajuster la hauteur de ligne dans le groupe Cellules. Excel examine le contenu de la ligne et ajuste automatiquement la hauteur à l'entrée la plus haute de la ligne.

     La hauteur de ligne par défaut est 15, basée sur la police par défaut Calibri 11 points. Si vous modifiez le type ou la taille de police par défaut, il se peut qu'Excel modifie la hauteur de ligne par défaut. Vous ne pouvez pas définir manuellement une hauteur de ligne par défaut.

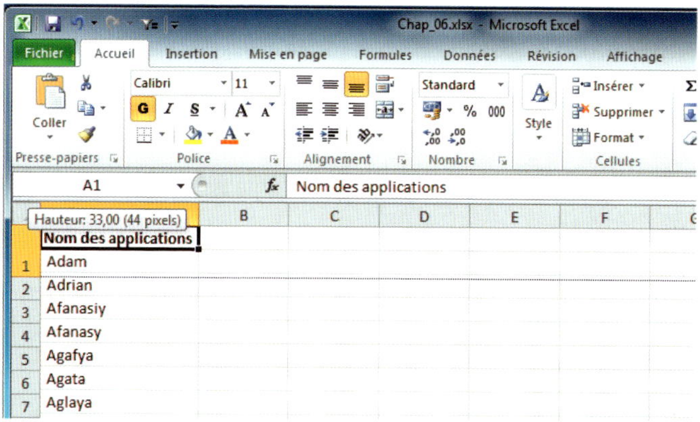

Figure 6.5

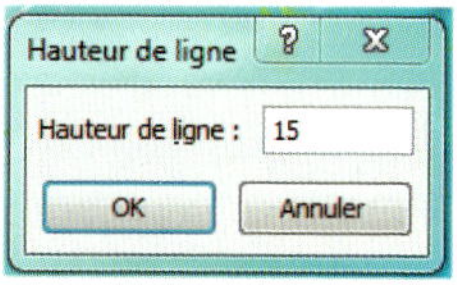

Figure 6.6

Aligner des données horizontalement et verticalement

1. Sélectionnez les cellules à aligner.
2. Cliquez sur Accueil. Dans le groupe Alignement, cliquez sur l'un de ces boutons :
   - **Aligner le texte à gauche** : aligne horizontalement les données par rapport à la bordure gauche de la cellule.
   - **Centrer** : centre les données horizontalement dans la cellule. Si vous modifiez la largeur de colonne, les données sont automatiquement centrées par rapport à la nouvelle largeur. Dans la Figure 6.7, les cellules B4 à F4 sont centrées.
   - **Aligner le texte à droite** : aligne horizontalement les données par rapport à la bordure droite de la cellule.

   Les valeurs au format Comptabilité s'alignent obligatoirement à droite. Vous pouvez modifier l'alignement de tous les autres styles.

   - **Aligner en haut** : aligne les données verticalement par rapport au haut de la cellule.
   - **Aligner au centre** : centre les données verticalement dans la cellule.
   - **Aligner en bas** : paramètre par défaut qui aligne les données par rapport au bas de la cellule. Observez l'en-tête de la Figure 6.8. La cellule A2 affiche un alignement en haut tandis que la cellule A1 affiche l'alignement par défaut, au bas de la cellule.

Ouvrez la boîte de dialogue Format de cellule pour disposer d'autres options d'alignement et aligner à la fois horizontalement et verticalement. Dans l'onglet Accueil, cliquez sur le lanceur de boîte de dialogue du groupe Alignement. Si nécessaire, ouvrez l'onglet Alignement et déterminez les options d'alignement souhaitées avant de cliquer sur OK.

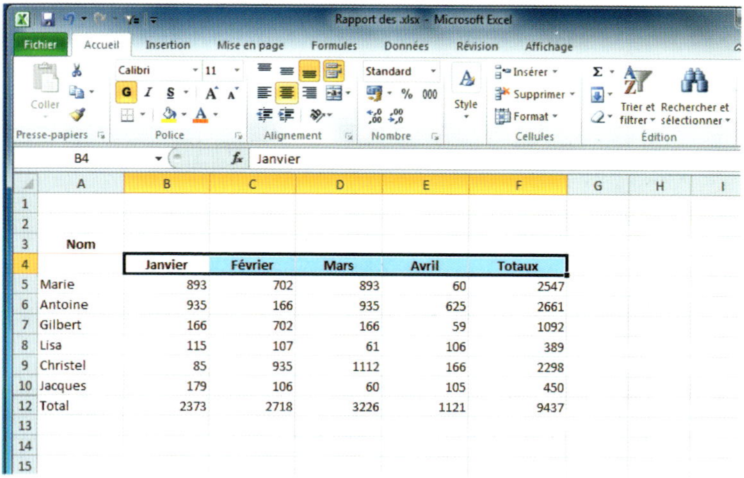

Figure 6.7

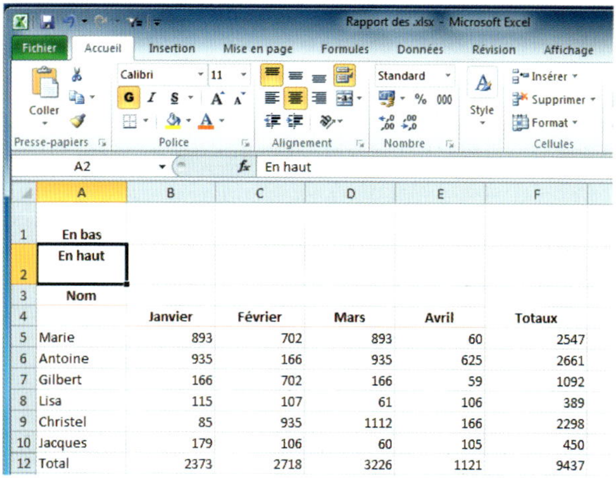

Figure 6.8

Créer un titre en fusionnant des cellules

1. Sélectionnez la cellule contenant les données à fusionner et les cellules à inclure dans la fusion. La cellule contenant les données doit être à gauche de la sélection et les autres cellules ne peuvent pas contenir de données (voir Figure 6.9).
2. Cliquez sur Accueil > Fusionner et centrer dans le groupe Alignement. Toutes les cellules sélectionnées fusionnent en une grande cellule et les données sont centrées horizontalement.

Si vous sélectionnez des cellules verticalement et cliquez sur Fusionner et centrer, Excel fusionne les cellules et aligne les données.

Après avoir cliqué sur Fusionner et centrer, vous pouvez modifier l'alignement. Cliquez une nouvelle fois sur le bouton Fusionner et centrer pour annuler la fusion des cellules.

Modifier la couleur de la police

1. Sélectionnez les cellules à mettre en forme.
2. Cliquez sur Accueil. Dans le groupe Police, cliquez sur la flèche Couleur de police pour sélectionner une couleur (voir Figure 6.10). Excel vous propose un aperçu simultané du résultat.

Cliquez sur Autres couleurs pour afficher la boîte de dialogue Couleurs. Vous pouvez y sélectionner d'autres couleurs et créer votre couleur personnalisée.

Autre possibilité pour définir la couleur de la police : cliquez sur le lanceur de boîte de dialogue du groupe Police pour ouvrir la boîte de dialogue Format de cellule. L'onglet Police vous permet de définir la couleur de police.

Si vous choisissez une couleur de police claire, ajoutez une ombre pour qu'elle soit lisible.

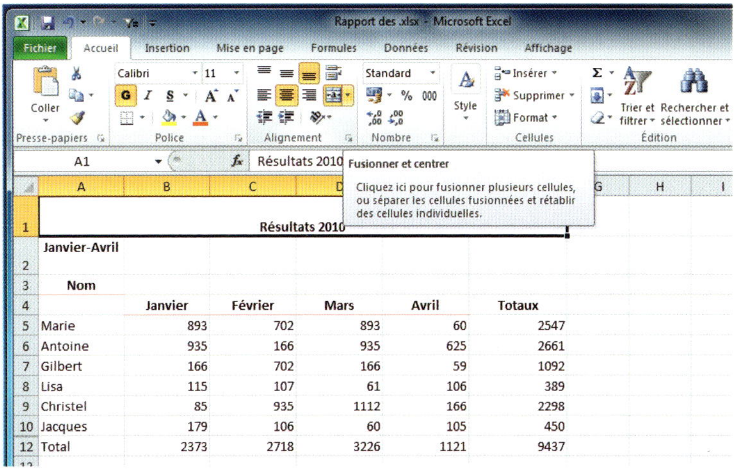

Figure 6.9

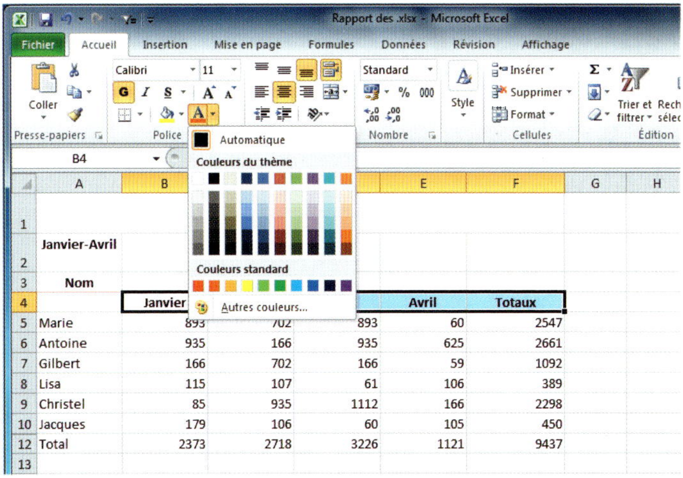

Figure 6.10

Définir les options de police

1. Sélectionnez les cellules à mettre en forme.
2. Dans l'onglet Accueil, cliquez sur la flèche Police et sélectionnez une police. Quand vous déplacez le pointeur sur les différents types de police, Excel affiche simultanément le résultat dans les cellules sélectionnées.
3. Dans le groupe Police de l'onglet Accueil, cliquez sur la flèche Taille de police et sélectionnez une taille de police.

Vous pouvez aussi utiliser les boutons Augmenter la taille de police et Réduire la taille de police pour augmenter et réduire la taille de police.

4. Dans le groupe Police de l'onglet Accueil, cliquez sur le bouton Gras, Italique ou Souligner (voir Figure 6.11).

Les boutons Gras, Italique et Souligner fonctionnent comme des interrupteurs : il suffit de cliquer une première fois pour les activer et une seconde fois pour les désactiver. Les raccourcis clavier pour les options Gras, Italique et Souligner sont respectivement Ctrl+G, Ctrl+I et Ctrl+U.

Le style souligné par défaut est un trait simple. Cliquez sur la flèche en regard du bouton Souligner pour sélectionner Double souligné. Vous pouvez aussi cliquer sur le lanceur de boîte de dialogue du groupe Police pour ouvrir la boîte de dialogue Format de cellule et définir le soulignement dans l'onglet Police.

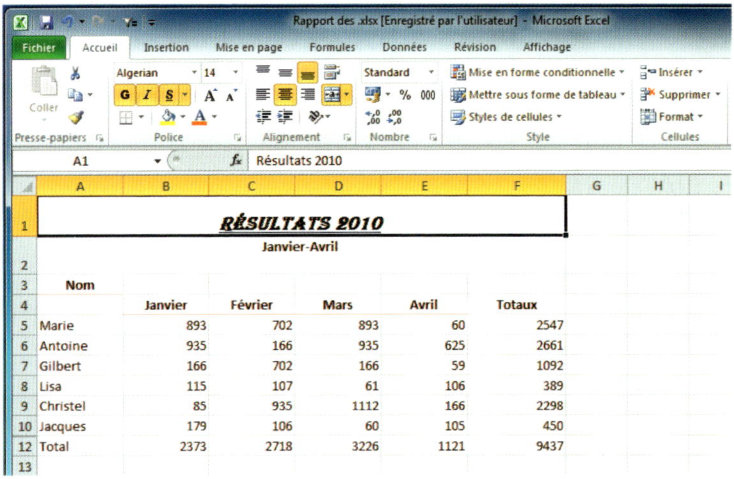
Rapport des .xlsx [Enregistré par l'utilisateur] - Microsoft Excel
Fichier
Accueil
Insertion
Mise en page
Formules
Données
Révision
Affichage
Coller
Algerian
14
G
I
S
Standard
%
000
Mise en forme conditionnelle
Mettre sous forme de tableau
Styles de cellules
Insérer
Supprimer
Format
Presse-papiers
Police
Alignement
Nombre
Style
Cellules
A1
Résultats 2010
A
B
C
D
E
F
G
H
I
RÉSULTATS 2010
Janvier-Avril
Nom
Janvier
Février
Mars
Avril
Totaux
Marie 893 702 893 60 2547
Antoine 935 166 935 625 2661
Gilbert 166 702 166 59 1092
Lisa 115 107 61 106 389
Christel 85 935 1112 166 2298
Jacques 179 106 60 105 450
Total 2373 2718 3226 1121 9437

Figure 6.11

Appliquer une couleur d'arrière-plan

1. Sélectionnez les cellules auxquelles vous voulez ajouter une couleur d'arrière-plan.
2. Dans le groupe Police de l'onglet Accueil, cliquez sur la flèche Couleur de remplissage. Une palette de couleurs s'affiche (voir Figure 6.12).
3. Sélectionnez la couleur d'arrière-plan souhaitée.

Si vous avez choisi une couleur d'arrière-plan foncée, optez pour une couleur de police claire ou blanche.

Cliquez sur Aucun remplissage pour supprimer la couleur d'arrière-plan ou sur Autres couleurs pour créer votre propre couleur.

Renvoyer du texte à la ligne dans une cellule

1. Sélectionnez les cellules à mettre en forme.
2. Cliquez sur Accueil > Renvoyer à la ligne automatiquement dans le groupe Alignement. Comme le montre la Figure 6.13, si les cellules sélectionnées contiennent plus de texte que ne le permet la largeur de la cellule, Excel l'affiche sur plusieurs lignes. Excel augmente automatiquement la hauteur de la ligne pour l'ajuster aux lignes de texte supplémentaires.

Si vous sélectionnez l'option Ajuster plutôt que Renvoyer à la ligne automatiquement dans l'onglet Alignement de la boîte de dialogue Format de cellule, Excel modifie automatiquement la taille de la police dans les cellules sélectionnées. Ceci oblige les données à s'adapter à la largeur de la cellule.

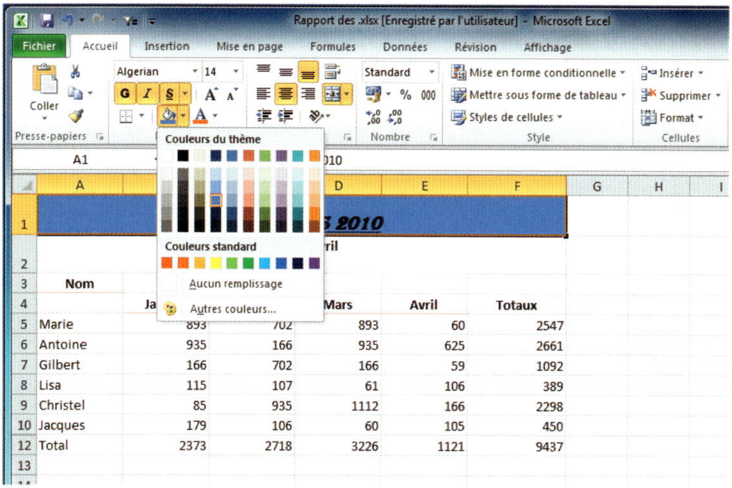

Figure 6.12

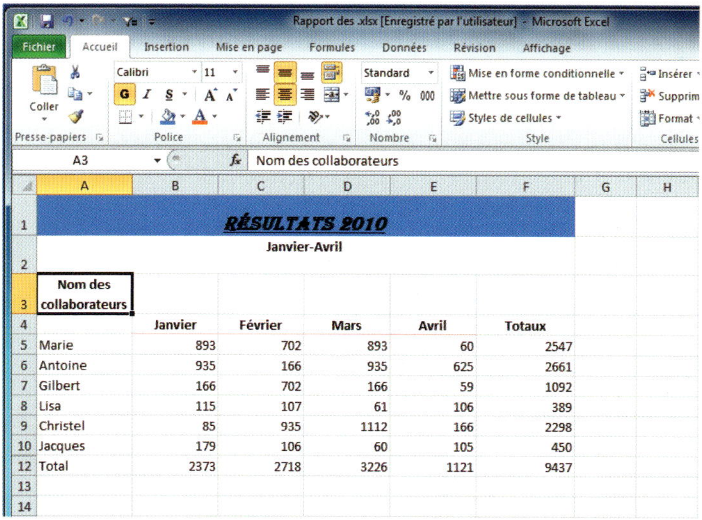

Figure 6.13

Orienter du texte

1. Sélectionnez les cellules à mettre en forme.
2. Cliquez sur Accueil > Orientation dans le groupe Alignement. Une liste d'options apparaît :
   - **Rotation dans le sens inverse des aiguilles d'une montre** : le texte s'étend du coin inférieur gauche de la cellule vers le coin supérieur droit.
   - **Rotation dans le sens des aiguilles d'une montre** : le texte s'étend du coin supérieur gauche de la cellule vers le coin inférieur droit.
   - **Texte vertical** : le texte est centré et les lettres sont placées les unes au-dessus des autres en partant du haut de la cellule.
   - **Rotation du texte vers le haut** : le texte s'étend sur la bordure droite de la cellule et remonte à la verticale.
   - **Rotation du texte vers le bas** : le texte s'étend sur la bordure gauche de la cellule et descend à la verticale.

   Dans l'onglet Alignement de la boîte de dialogue Format de cellule, vous pouvez préciser un degré de rotation.

3. Sélectionnez une option. Elle s'applique alors aux cellules sélectionnées. Dans la Figure 6.14, le texte des cellules est orienté dans le sens inverse des aiguilles d'une montre.

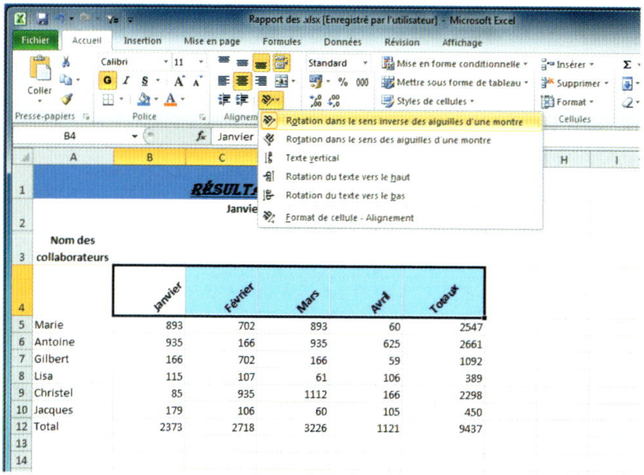
Rapport des .xlsx [Enregistré par l'utilisateur] - Microsoft Excel
Fichier
Accueil
Insertion
Mise en page
Formules
Données
Révision
Affichage
Coller
Presse-papiers
Calibri
11
Police
Alignem
Standard
Mise en forme conditionnelle
Mettre sous forme de tableau
Styles de cellules
Insérer
Supprimer
Format
Cellules
Rotation dans le sens inverse des aiguilles d'une montre
Rotation dans le sens des aiguilles d'une montre
Texte vertical
Rotation du texte vers le haut
Rotation du texte vers le bas
Format de cellule - Alignement
B4
Janvier
RÉSULTA
Janvie
Nom des collaborateurs
Janvier
Février
Mars
Avril
Totaux
Marie
Antoine
Gilbert
Lisa
Christel
Jacques
Total

Figure 6.14

Chapitre 7

Appliquer d'autres options de mise en forme

Dans le Chapitre 6, vous avez découvert de nombreuses fonctionnalités d'Excel conçues pour améliorer la présentation des données dans les cellules. Dans ce chapitre, vous allez découvrir encore plus d'options de mise en forme, spécifiquement créées pour rendre votre feuille de calcul plus intéressante et plus facile à lire. Vous allez apprendre à :

- Gagner du temps avec la mini barre d'outils et son menu contextuel.
- Animer une feuille de calcul à l'aide des bordures et des lignes.
- Mettre en forme les cellules contenant des dates et utiliser des dates dans des calculs.
- Réduire les tâches redondantes à l'aide de l'outil Reproduire la mise en forme.
- Utiliser efficacement les styles et thèmes prédéfinis, proposés dans toute la suite Office.
- Spécifier une mise en forme conditionnelle à appliquer aux cellules si les valeurs qu'elles contiennent remplissent les conditions.
- Ajouter des visualisations de données pour identifier plus facilement les valeurs les plus faibles et les plus élevées.

Utiliser la mini barre d'outils

1. Effectuez un clic droit sur une cellule ou une plage de cellules. Comme vous pouvez le constater dans la Figure 7.1, la mini barre d'outils et son menu contextuel apparaissent.

   La mini barre d'outils contient de nombreuses commandes de mise en forme qui sont également disponibles dans l'onglet Accueil. Elle vous évite donc de passer par l'onglet Accueil.

2. Sélectionnez l'option de mise ne forme que vous souhaitez appliquer. Les options sélectionnées s'appliquent aux cellules tandis que la mini barre d'outils reste ouverte afin de vous permettre de sélectionner d'autres options.
3. Cliquez sur n'importe quelle cellule pour fermer la mini barre d'outils.

Modifier la police par défaut

1. Ouvrez l'onglet Fichier et cliquez sur Options. La boîte de dialogue Options Excel s'ouvre.
2. Sélectionnez Général si ce n'est pas déjà fait et cliquez sur la liste déroulante Utiliser cette police (voir Figure 7.2).
3. Sélectionnez la police que vous voulez utiliser dans tous vos nouveaux classeurs.

   La police par défaut d'Excel 2010 est Calibri 11 points.

4. Si vous le souhaitez, vous pouvez cliquer sur la liste déroulante Taille de la police et sélectionner une autre taille de police par défaut.
5. Cliquez deux fois sur OK, quittez et redémarrez Excel.

   Consultez le Chapitre 14 pour en savoir plus sur la définition des options Excel.

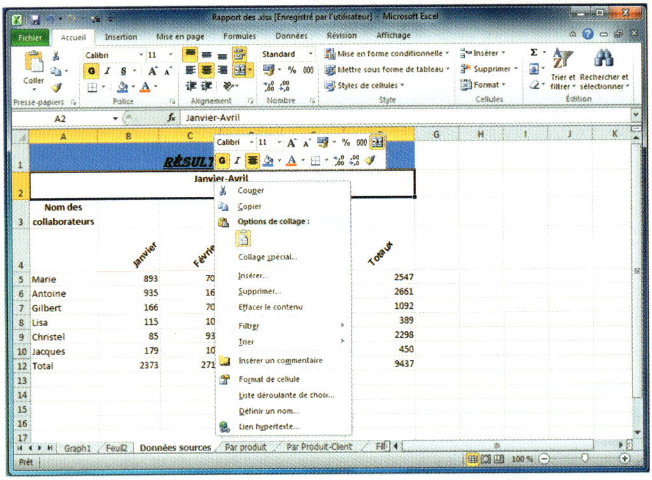

Figure 7.1

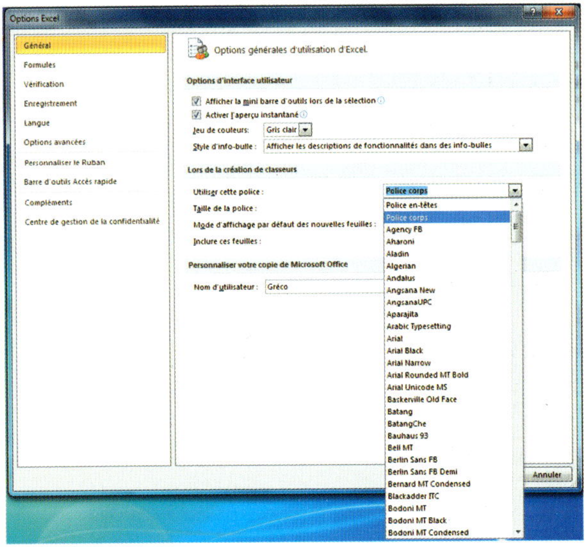

Figure 7.2

Appliquer une bordure à des cellules

1. Pour ajouter une bordure, sélectionnez les cellules concernées.
2. Cliquez sur Accueil. Dans le groupe Police, cliquez sur la flèche en regard du bouton Bordures. Un certain nombre d'options vous sont proposées, comme le montre la Figure 7.3.

   Le bouton Bordures peut afficher Bordure inférieure, Bordure supérieure ou la dernière option que vous avez utilisée.

3. Sélectionnez la bordure souhaitée. Excel applique la bordure aux cellules sélectionnées.

   Pour afficher plus de styles, d'options et de couleurs de bordures, cliquez sur Autres bordures qui ouvre la boîte de dialogue Format de cellule.

Travailler avec les formats de date

1. Saisissez une date dans une cellule. Selon le type de date que vous entrez, il se peut qu'Excel affiche la date dans un autre format. La Figure 7.4 présente quelques exemples de dates.

   Les dates sont des valeurs numériques. Aussi pouvez-vous les utiliser dans les calculs Excel. Reportez-vous à la section suivante.

2. Dans l'onglet Accueil, cliquez sur le lanceur de boîte de dialogue du groupe Nombre pour ouvrir la boîte de dialogue Format de cellule.
3. Cliquez sur la catégorie Date. Le volet droit de la boîte de dialogue affiche une palette de différents formats de date, comme le montre la Figure 7.4.
4. Sélectionnez un format à appliquer aux cellules sélectionnées et cliquez sur OK.

   Vous pouvez également sélectionner Date courte ou Date longue dans la liste déroulante Format de nombre du groupe Nombre de l'onglet Accueil.

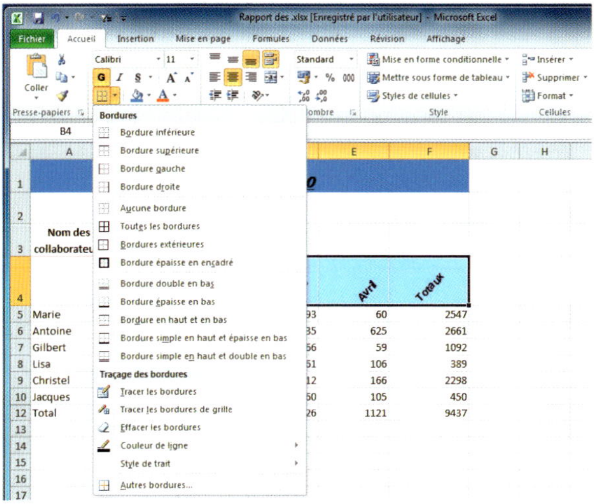

Figure 7.3

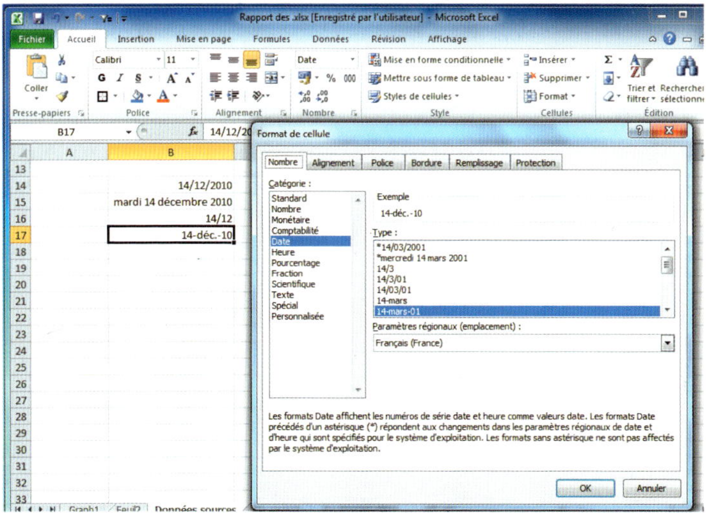

Figure 7.4

Utiliser des dates dans un calcul

1. Saisissez une date dans une cellule. Vous pouvez utiliser n'importe quel format de date.
2. Entrez une autre date dans une autre cellule.

   Pour que la cellule affiche la date du jour, entrez =AUJOURD'HUI(). Pour saisir la date du jour, appuyez sur les touches Ctrl+; (point-virgule). Pour saisir l'heure actuelle, appuyez sur les touches Ctrl+: (double point).

3. Pour calculer la différence entre deux dates, créez une formule qui soustrait une date à une autre. Par exemple, dans la Figure 7.5, je saisis la première date dans la cellule B3 et la seconde dans la cellule B5. Dans la cellule C5, je tape la formule =B5-B3 pour obtenir la différence entre les deux dates.

   Il se peut qu'Excel affiche le résultat de la formule sous forme de date et non de valeur. Si tel est le cas, cliquez sur Accueil et, dans le groupe Nombre, cliquez sur la liste Format de nombre et sélectionnez Nombre.

   Pour calculer le nombre de jours écoulés entre une date spécifique et la date du jour, entrez la date spécifique dans la cellule, par exemple A1, puis, dans une autre cellule, entrez la formule =MAINTENANT()-A1.

Mettre en forme un numéro de téléphone, un code postal et un numéro de sécurité sociale

1. Sélectionnez les cellules à mettre en forme.
2. Cliquez sur Accueil puis sur le lanceur de boîte de dialogue du groupe Nombre. La boîte de dialogue Format de cellule s'ouvre.
3. Cliquez sur Spécial dans la liste Catégorie. Une liste d'options spéciales vous est proposée, comme le montre la Figure 7.6.
4. Sélectionnez l'option souhaitée et cliquez sur OK.

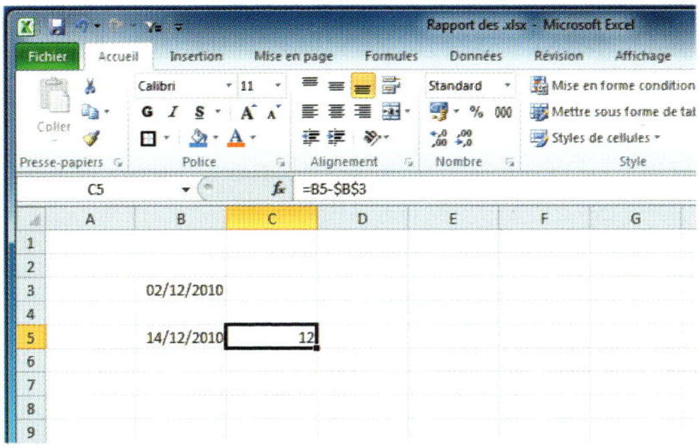

Figure 7.5

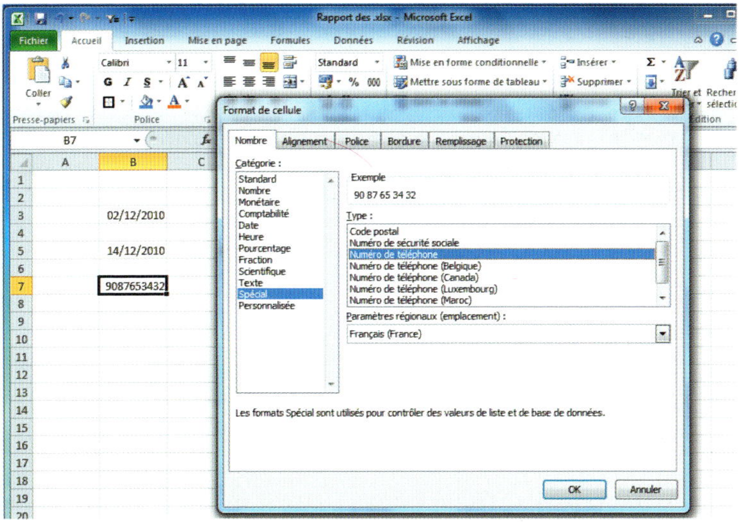

Figure 7.6

Copier une mise en forme

1. Cliquez dans une cellule contenant la mise en forme à copier.
2. Cliquez sur Accueil > Reproduire la mise en forme dans le groupe Presse-papiers. Le pointeur prend la forme d'une croix blanche accompagnée d'un pinceau, comme dans la Figure 7.7.
3. Cliquez ou glissez sur les cellules que vous souhaitez mettre en forme. Excel applique aussitôt les options de mise en forme comme la police, la taille de police, la couleur, les bordures et l'alignement.

Double-cliquez sur l'outil Reproduire la mise en forme pour le verrouiller afin de pouvoir continuer à appliquer la mise en forme sans avoir à cliquer sans cesse sur le bouton. Cliquez une nouvelle fois sur l'outil Reproduire la mise en forme pour le déverrouiller.

Pour copier rapidement la largeur d'une colonne dans une autre, sélectionnez l'en-tête de la première colonne, cliquez sur le bouton Reproduire la mise en forme. Cliquez ensuite sur l'en-tête de la colonne dans laquelle vous voulez appliquer la largeur de colonne.

Indenter des données dans une cellule

1. Sélectionnez les cellules à indenter.
2. Cliquez sur Accueil > Augmenter le retrait dans le groupe Alignement. Chaque clic sur le bouton Augmenter le retrait ajoute un petit espace entre la bordure de la cellule et les données (voir Figure 7.8). Le retrait qu'Excel applique dépend de la mise en forme de la cellule :
   - **Si les données sont alignées à gauche**, Excel indente à gauche.
   - **Si les données sont alignées à droite**, Excel indente à droite.
   - **Si les données sont centrées**, Excel indente à droite au premier clic puis à gauche aux clics suivants.

Cliquez sur le bouton Diminuer le retrait pour supprimer l'indentation.

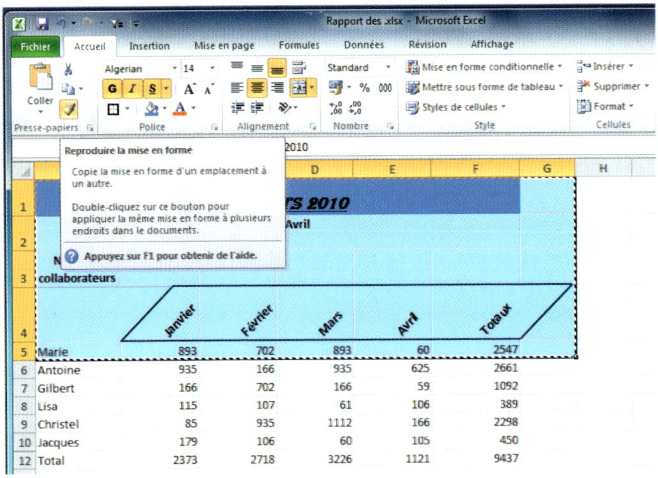

Figure 7.7

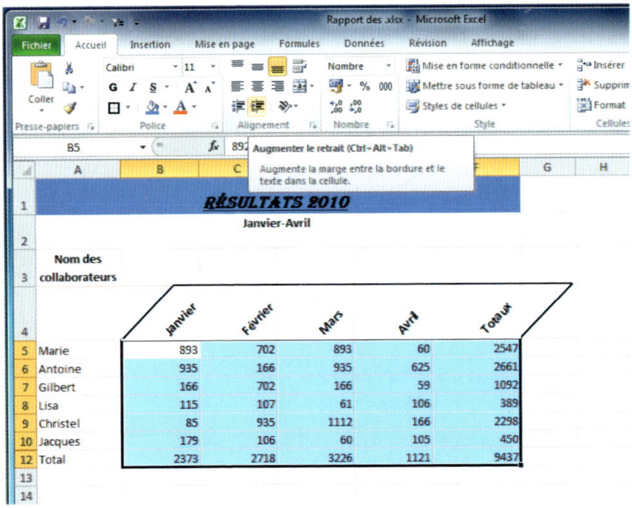

Figure 7.8

Utiliser les styles de cellules

1. Sélectionnez les cellules à mettre en forme.
2. Cliquez sur Accueil > Styles de cellules dans le groupe Style. Comme le montre la Figure 7.9, Excel affiche une galerie de styles prédéfinis.

   Les styles Excel incluent Normal (style par défaut pour le texte contenu dans les cellules), Titre 1 à Titre 4 (adaptés aux titres des feuilles de calcul) et plusieurs styles Accent.

3. Sélectionnez le style que vous voulez utiliser.

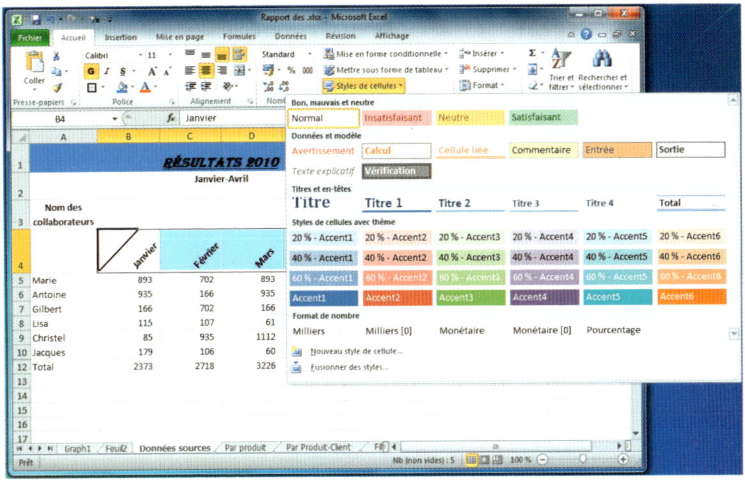

Figure 7.9

Mettre des cellules sous forme de tableau

1. Sélectionnez les données à mettre sous forme de tableau.

   Généralement, les tableaux sont utilisés pour gérer des données liées et les organiser dans des colonnes avec des en-têtes.

2. Cliquez sur Accueil > Mettre sous forme de tableau dans le groupe Style. Une galerie de thèmes Excel apparaît (voir Figure 7.10).

   Les thèmes sont des styles prédéfinis qui sont proposés dans l'ensemble de la suite Office, vous permettant de donner une cohérence à votre travail.

3. Sélectionnez le style et le thème du tableau que vous souhaitez utiliser. La boîte de dialogue Mettre sous forme de tableau apparaît.
4. Confirmez que vous voulez appliquer ce tableau aux cellules sélectionnées.
5. Si la première ligne de votre sélection contient des en-têtes, assurez-vous que l'option Mon tableau comporte des en-têtes est bien cochée.
6. Cliquez sur OK. Excel met en forme le tableau et applique le filtre à chaque en-tête (reportez-vous au Chapitre 16 pour plus d'informations sur les filtres). L'onglet Outils de tableau prend place dans le Ruban.

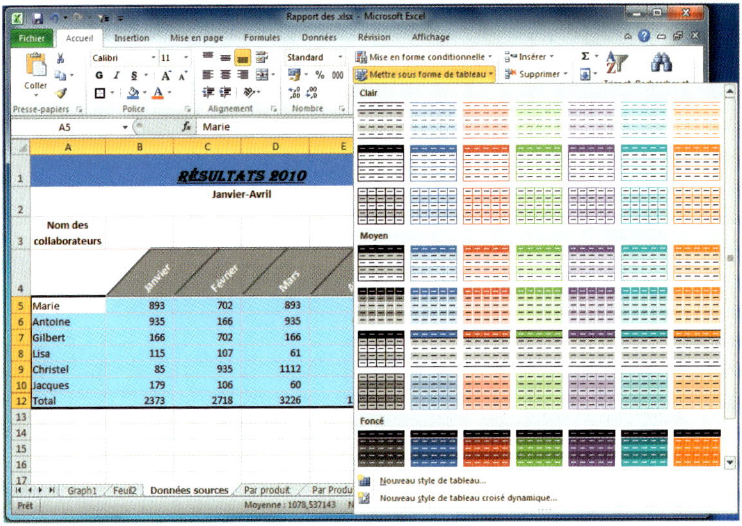

Rapport des .xlsx - Microsoft Excel
Fichier
Accueil
Insertion
Mise en page
Formules
Données
Révision
Affichage
Coller
Presse-papiers
Calibri
11
Police
Alignement
Standard
Nombre
Mise en forme conditionnelle
Mettre sous forme de tableau
Insérer
Supprimer
A5
Marie
Clair
Moyen
Foncé
RÉSULTATS 2010
Janvier-Avril
Nom des collaborateurs
Janvier
Février
Mars
Marie
893
702
893
Antoine
935
166
935
Gilbert
166
702
166
Lisa
115
107
61
Christel
85
935
1112
Jacques
179
106
60
Total
2373
2718
3226
Nouveau style de tableau...
Nouveau style de tableau croisé dynamique...
Graph1
Feuil2
Données sources
Par produit
Prêt
Moyenne : 1078,537143

Figure 7.10

Spécifier une mise en forme conditionnelle

1. Sélectionnez les cellules auxquelles vous voulez appliquer une mise en forme conditionnelle.

   Plusieurs raisons justifient l'utilisation d'une mise en forme conditionnelle. Elle permet, par exemple, de rechercher des dates qui remplissent une certaine condition (ce jour tombe-t-il un samedi ou un dimanche ?), de spécifier les valeurs les plus élevées ou les plus basses d'une plage ou encore d'indiquer que des valeurs sont supérieures ou inférieures à un montant donné.

2. Cliquez sur Accueil > Mise en forme conditionnelle > Règles de mise en surbrillance des cellules dans le groupe Style. Une liste d'options s'affiche.

3. Choisissez les critères que vous voulez utiliser. Les options possibles sont : Supérieur à, Inférieur à, Entre, Egal à, Texte qui contient…, Une date se produisant…, Valeurs en double… Une boîte de dialogue apparaît dans laquelle vous êtes invité à spécifier les valeurs. Dans la Figure 7.11, j'utilise le critère Supérieur à pour déterminer les éléments qui ont dépassé le budget.

4. Entrez les valeurs de référence dans les zones prévues à cet effet. Le nombre de zones dépend du critère que vous avez choisi à l'étape 3. Entrez une valeur, comme 500 ou 0 ou la référence d'une cellule, telle que F13.

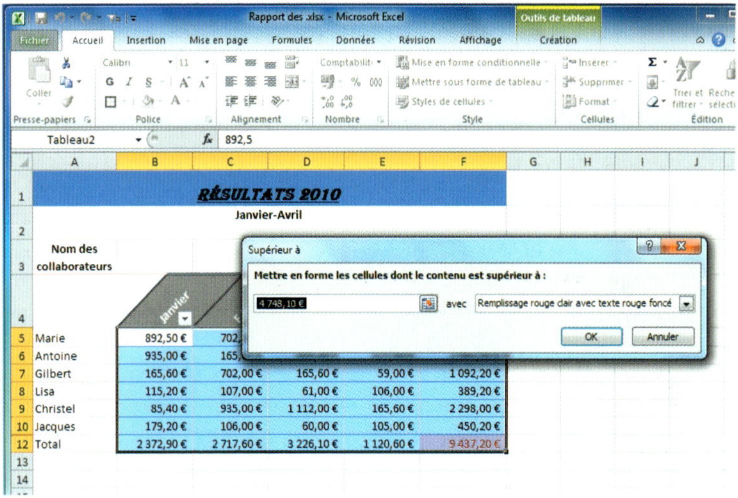
Rapport des .xlsx - Microsoft Excel
Outils de tableau
Fichier
Accueil
Insertion
Mise en page
Formules
Données
Révision
Affichage
Création
Tableau2
892,5
RÉSULTATS 2010
Janvier-Avril
Nom des collaborateurs
Janvier
Marie
Antoine
Gilbert
Lisa
Christel
Jacques
Total
Supérieur à
Mettre en forme les cellules dont le contenu est supérieur à :
4 748,10 €
avec
Remplissage rouge clair avec texte rouge foncé
OK
Annuler

Figure 7.11

5. Cliquez sur la flèche située à côté de l'option de mise en forme afin de préciser celle à appliquer si la condition que vous avez spécifiée est remplie (si elle est VRAIE). Un aperçu vous montre comment les données seront mises en forme.

Cliquez sur Format personnalisé pour créer votre propre format. Vous pouvez sélectionner des styles de police et de couleur, d'autres mises en forme comme des bordures, des motifs ou des couleurs d'arrière-plan.

6. Cliquez sur OK. Dans la Figure 7.12, les options de mise en forme sont appliquées aux cellules qui correspondent au critère Supérieur à 0 (dans cet exemple, les éléments qui dépassent le budget).

7. Répétez les étapes 2 à 6 pour ajouter d'autres conditions.

Pour annuler une mise en forme conditionnelle, cliquez sur l'onglet Accueil et, dans le groupe Style, sélectionnez Mise en forme conditionnelle > Effacer les règles > Effacer les règles des cellules sélectionnées.

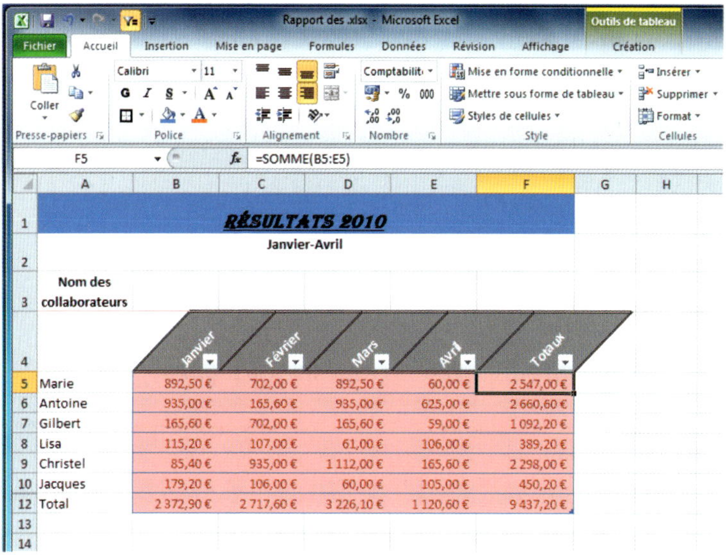
Rapport des .xlsx - Microsoft Excel
Outils de tableau
Fichier
Accueil
Insertion
Mise en page
Formules
Données
Révision
Affichage
Création
Coller
Presse-papiers
Calibri
11
Police
Alignement
Comptabilité
Nombre
Mise en forme conditionnelle
Mettre sous forme de tableau
Styles de cellules
Style
Insérer
Supprimer
Format
Cellules
F5
=SOMME(B5:E5)
RÉSULTATS 2010
Janvier-Avril
Nom des collaborateurs
Janvier
Février
Mars
Avril
Totaux
Marie 892,50 € 702,00 € 892,50 € 60,00 € 2 547,00 €
Antoine 935,00 € 165,60 € 935,00 € 625,00 € 2 660,60 €
Gilbert 165,60 € 702,00 € 165,60 € 59,00 € 1 092,20 €
Lisa 115,20 € 107,00 € 61,00 € 106,00 € 389,20 €
Christel 85,40 € 935,00 € 1 112,00 € 165,60 € 2 298,00 €
Jacques 179,20 € 106,00 € 60,00 € 105,00 € 450,20 €
Total 2 372,90 € 2 717,60 € 3 226,10 € 1 120,60 € 9 437,20 €

Figure 7.12

Ajouter des visualisations de données

1. Sélectionnez les cellules auxquelles vous voulez appliquer la mise en forme.
2. Cliquez sur Accueil > Mise en forme conditionnelle.
3. Sélectionnez l'une des options suivantes, représentées dans la Figure 7.13 :
   - **Barres de données** : une barre de dégradé vous permet de visualiser la valeur d'une cellule par rapport aux autres. La longueur de la barre représente la valeur dans la cellule. Ainsi, une barre longue représente une valeur élevée et une barre courte une valeur faible. Les barres de données proposent six options de couleurs différentes, correspondant aux thèmes d'Excel.
   - **Nuances de couleurs** : conçu pour vous aider à mieux comprendre vos données, l'outil Nuances de couleurs compare une plage de cellules à l'aide de deux couleurs représentant la valeur la plus élevée et la plus faible ou trois couleurs correspondant à la valeur la plus élevée, la valeur moyenne et la valeur la plus faible. Nuances de couleurs se compose de six thèmes de couleurs, dont le rouge, le jaune et le vert. Vous pouvez également créer votre propre nuancier en cliquant sur Autres règles, sous les options de Nuances de couleurs.
   - **Jeux d'icônes** : Jeux d'icônes vous permet de classer vos données en trois, quatre ou cinq catégories.Chaque icône représente une plage de valeurs comme la plus élevée, la moyenne ou la plus faible. Comme vous pouvez le constater dans la Figure 7.14, l'option Jeux d'icônes propose des flèches, des feux tricolores, des drapeaux, etc.

La taille de l'icône dépend de la taille de la police de la cellule. Vous devrez peut-être ajuster la largeur de la colonne pour qu'elle puisse contenir l'icône.

Pour annuler la mise en forme de visualisation, sélectionnez les cellules mises en forme et cliquez sur Accueil > Mise en forme conditionnelle > Effacer les règles > Effacer les règles des cellules sélectionnées dans le groupe Style.

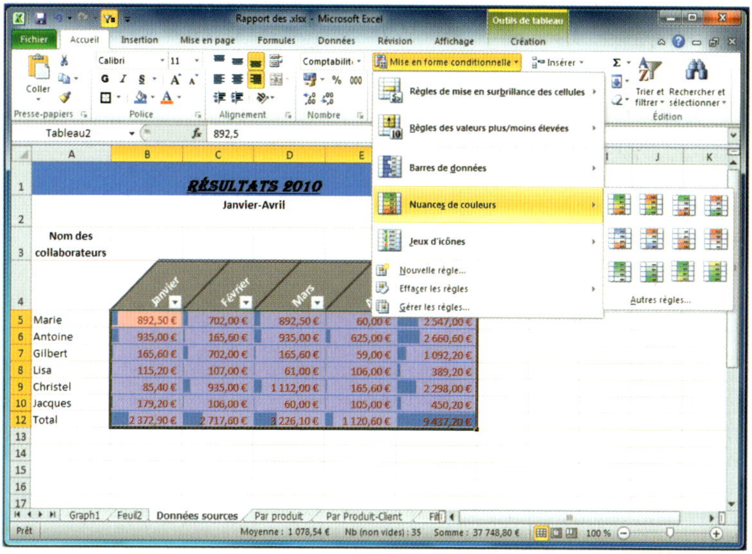

Figure 7.13

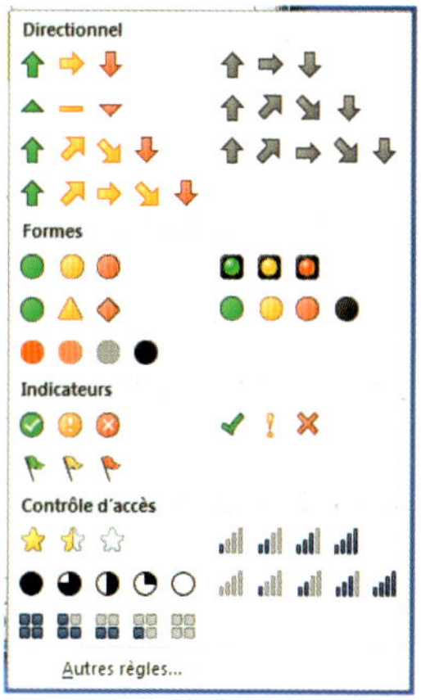

Figure 7.14

Chapitre 8

Créer en images

Quelquefois, malgré tous les efforts que vous déployez pour mettre en forme les données de vos cellules, vous restez insatisfait car vous souhaitez attirer l'attention sur une zone spécifique de votre feuille de calcul. Et si vous insériez une flèche qui pointe sur cette zone ? Comment ? Vous ne savez pas dessiner une ligne droite ? Pas de problème ! Avec Excel, vous n'avez pas besoin d'avoir des dons d'artiste pour dessiner !

Que vous souhaitiez dessiner des cercles, des carrés, des lignes ou des flèches, Excel vous propose des outils pour vous assister et vous rendre la tâche facile et plaisante.

Dans ce chapitre, vous allez apprendre à :

- Dessiner des flèches, formes, zones d'annotation et ajouter de la profondeur à votre art en jouant sur les ombres et les dimensions.
- Insérer des images clipart, une collection d'illustrations informatisées prêtes à l'emploi.
- Insérer une photo ou le logo de votre entreprise, éveillant la curiosité de vos lecteurs qui prêteront une attention particulière à vos feuilles de calcul.
- Utiliser WordArt, des objets texte stylisés qui mettront un peu de piment dans vos feuilles de calcul.
- Manipuler et gérer tous ces objets graphiques en les déplaçant, en les redimensionnant, en les rognant, en les faisant pivoter, en les coloriant et en utilisant de nombreuses autres options.

Illustrer avec des flèches

1. Cliquez sur Insertion > Formes dans le groupe Illustrations. La galerie des formes, représentée dans la Figure 8.1, apparaît.
2. Dans la catégorie Lignes, sélectionnez un style de ligne. Dans cet exemple, j'ai sélectionné une flèche. Le pointeur de la souris se transforme en signe plus.
3. Cliquez et glissez la souris dans une direction. Commencez votre trait au niveau de l'extrémité de la flèche.
4. Relâchez le bouton de la souris là où vous souhaitez afficher la pointe de la flèche. Une flèche petite et fine apparaît sur la feuille de calcul, avec un cercle à chaque extrémité, indiquant que l'objet est sélectionné (voir Figure 8.2).
5. Cliquez sur Outils de dessin > Format > Contour de forme dans le groupe Styles de formes. Une liste d'options apparaît :
   - **Couleurs du thème ou Couleurs standard** permet de modifier la couleur du trait de la flèche.
   - **Epaisseur** affiche un sous-menu dans lequel vous pouvez sélectionner une autre épaisseur de trait.
   - **Tirets** affiche un sous-menu dans lequel vous pouvez modifier le style du trait d'une ligne continue à des pointillés en passant par des tirets ou un autre style.
   - **Flèches** affiche un sous-menu dans lequel vous pouvez sélectionner un autre style ou une autre taille de pointe.

   Lorsque vous pointez sur les différentes options, Excel propose un aperçu du résultat sur la flèche.

6. Cliquez n'importe où dans la feuille de calcul pour désélectionner la flèche. Cliquez une nouvelle fois sur la flèche pour la sélectionner ultérieurement.

   Appuyez sur la touche Suppr pour supprimer la flèche sélectionnée.

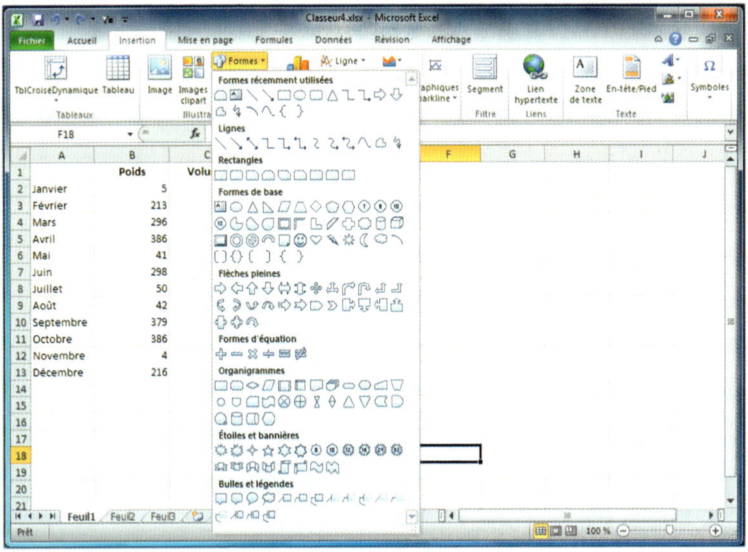

Figure 8.1

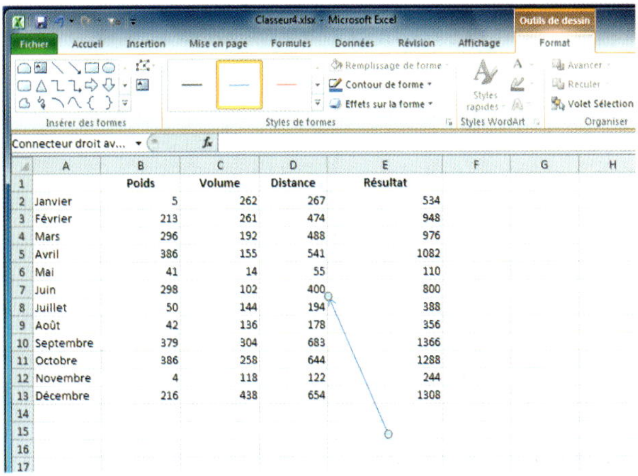

Figure 8.2

Dessiner avec des formes

1. Cliquez sur Insertion > Formes dans le groupe Illustrations. La galerie des formes apparaît. Sélectionnez-en une.
2. Cliquez et glissez le pointeur de votre souris dans une direction. Relâchez le bouton de la souris. La forme apparaît à l'écran, entourée de huit poignées de sélection, dont la poignée de rotation.

> Pour limiter la taille de la forme, maintenez la touche Maj pendant que vous cliquez et glissez.

3. Si vous voulez que la forme contienne du texte, sélectionnez-la et commencez à taper le texte.
4. Cliquez sur Outils de dessin > Format > Remplissage de forme. Une liste d'options apparaît :
   - **Couleurs du thème et Couleurs standard** : modifie la couleur de remplissage.
   - **Aucun remplissage** : la forme devient un contour sans couleur de remplissage.
   - **Image** : ouvre la boîte de dialogue Insérer une image dans laquelle vous pouvez sélectionner une image à afficher à l'intérieur de la forme.
   - **Dégradé** : affiche une galerie de dégradés.
   - **Texture** : affiche une galerie de textures (voir Figure 8.3)

Insérer une image enregistrée

1. Cliquez sur Insertion > Image dans le groupe Illustrations. La boîte de dialogue Insérer une image s'ouvre.
2. Recherchez et sélectionnez l'image que vous voulez insérer dans votre feuille de calcul.
3. Cliquez sur Insérer. Excel insère l'image entourée des poignées de sélection, dans la feuille de calcul (voir Figure 8.4).

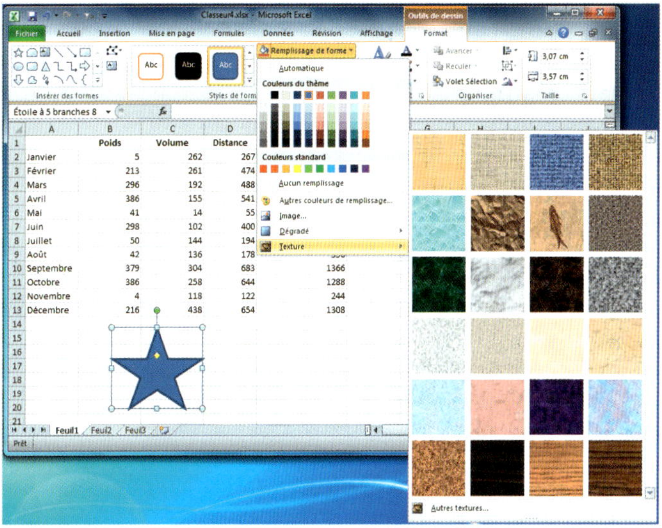

Figure 8.3

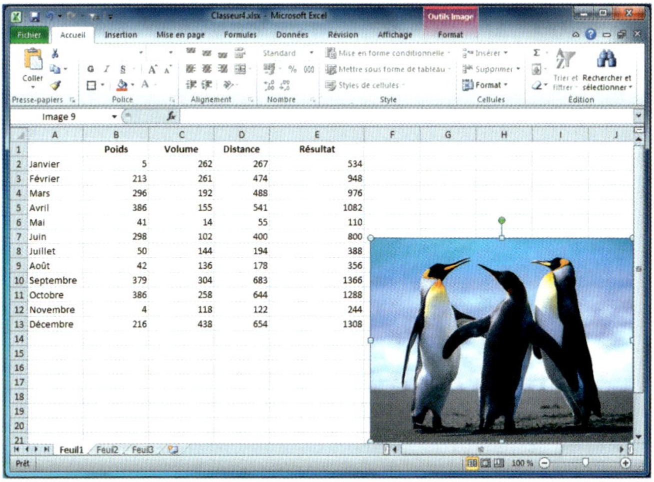

Figure 8.4

Ajouter des effets artistiques

1. Sélectionnez l'image à modifier.
2. Cliquez sur Outils Image > Format > Effets artistiques dans le groupe Ajuster. Une galerie photo avec des effets spéciaux apparaît. Lorsque vous passez le pointeur de la souris sur les différents effets, Excel vous propose un aperçu du résultat sur l'image sélectionnée. Dans la Figure 8.5, j'ai placé deux images identiques côte à côte pour vous permettre de comparer l'originale à droite avec celle à laquelle j'ai appliqué l'effet Eclats-bords.
3. Sélectionnez l'effet souhaité.

Les modifications appliquées à l'image ne vous conviennent plus ? Cliquez sur Outils Image > Format > Rétablir l'image. Tout rognage, redimensionnement, modification de couleur, effet spécial ou autre modification disparaît de l'image !

Utiliser des styles d'images

1. Sélectionnez l'image concernée. Les poignées apparaissent autour de l'image sélectionnée.
2. Cliquez sur Outils Image > Format et localisez le groupe Styles d'images.
3. Cliquez sur le bouton Autres, situé sous les boutons de défilement Styles d'images, pour visualiser l'ensemble de la galerie d'options, illustrée dans la Figure 8.6. Lorsque vous passez le pointeur de la souris sur les différentes options, votre image propose un aperçu du style.
4. Sélectionnez l'une des formes prédéfinies ou l'un des effets 3D.

D'autres options de mise en évidence vous sont offertes : cliquez sur Outils Image > Format. Dans le groupe Styles d'images, cliquez sur Bord de l'image, Effet des images ou Disposition d'image.

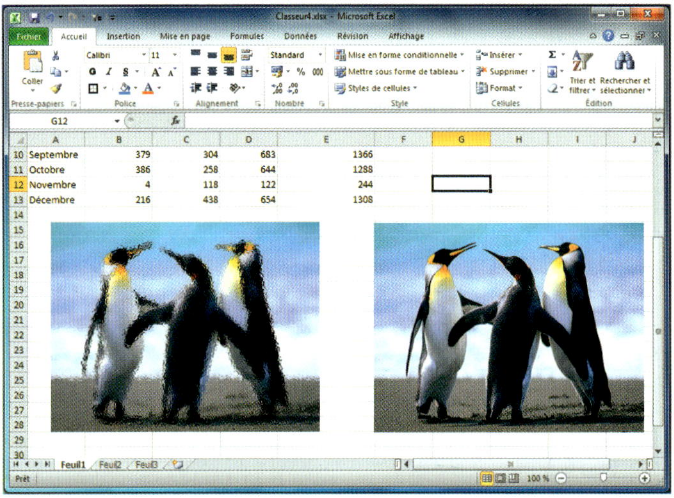

Figure 8.5

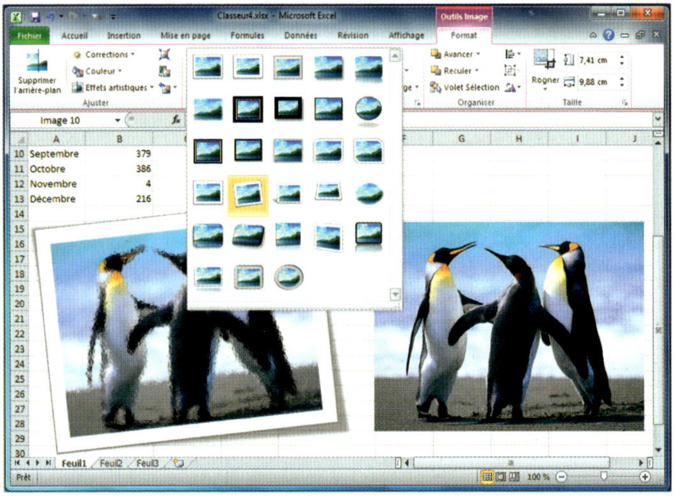

Figure 8.6

Sélectionner une couleur transparente

1. Sélectionnez l'image à modifier et cliquez sur Outils Image > Format > Couleur dans le groupe Ajuster. Une galerie de variations de couleurs vous est proposée.
2. Cliquez sur Couleur transparente. Le pointeur de la souris prend la forme d'un stylet avec une pointe de flèche à son extrémité.
3. Sur l'image, cliquez sur la couleur à rendre transparente. Dans la Figure 8.7, l'image d'origine est à droite et celle avec la couleur transparente à gauche. Dans l'image de gauche, j'ai cliqué sur l'arrière-plan blanc pour que tout le blanc de l'image devienne transparent. Désormais, il est possible de voir les données et le quadrillage situés sous l'arrière-plan de l'image.

Vous pouvez aussi sélectionner des variations de couleurs. Par exemple, il est possible de modifier les degrés de nuance et de saturation. Cliquez sur Outils Image > Format > Couleur et choisissez une option. Pour disposer de plus d'options de couleur, cliquez sur Autres variations dans la galerie de variations de couleurs.

Remplacer une image

1. Sélectionnez l'image à remplacer.
2. Cliquez sur Outils Image > Format > Remplacer l'image dans le groupe Ajuster. La boîte de dialogue Insérer une image apparaît, comme le montre la Figure 8.8.
3. Recherchez l'image souhaitée et cliquez sur Insérer. Excel remplace l'image existante par la nouvelle tout en conservant le style d'image précédemment sélectionné.

La nouvelle image n'adopte pas les effets artistiques, la transparence, le rognage ou les modifications de couleur appliqués à l'image précédente.

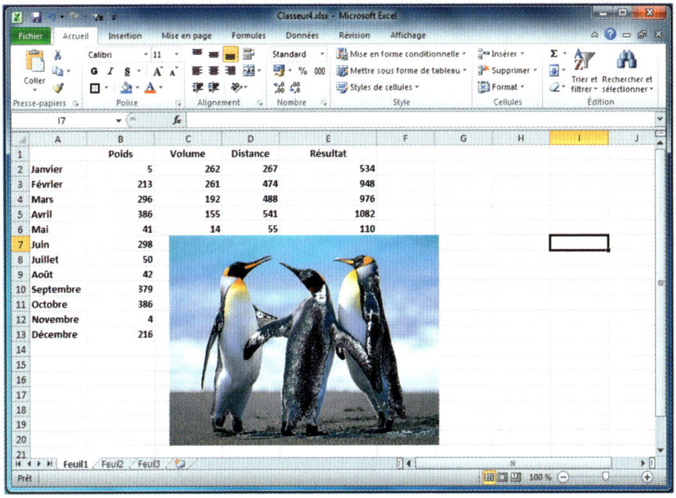

Figure 8.7

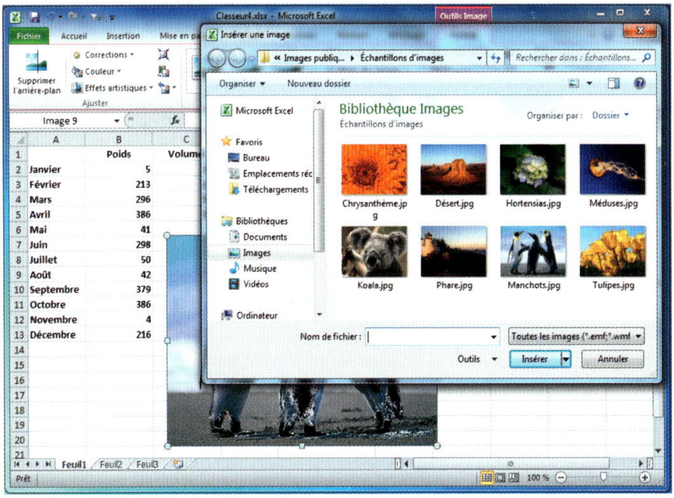

Figure 8.8

Annoter grâce aux zones de texte

1. Cliquez sur Insertion > Zone de texte dans le groupe Texte. Le pointeur de la souris prend la forme d'une croix avec une longue barre verticale.
2. Cliquez et glissez en diagonale sur la feuille de calcul pour dessiner la zone de la taille que vous souhaitez. Vous pouvez redimensionner ou déplacer la zone de texte plus tard. Quoi qu'il en soit, elle devrait ressembler à celle de la Figure 8.9. Un curseur clignote à l'intérieur de la zone.
3. Saisissez le texte et cliquez hors de la zone de texte pour la désélectionner.

En fonction de la taille et de l'emplacement de la zone de texte, il se peut qu'elle couvre des cellules de la feuille de calcul. Consultez la section « Manipuler des images », plus loin dans ce chapitre, pour savoir comment déplacer la zone de texte.

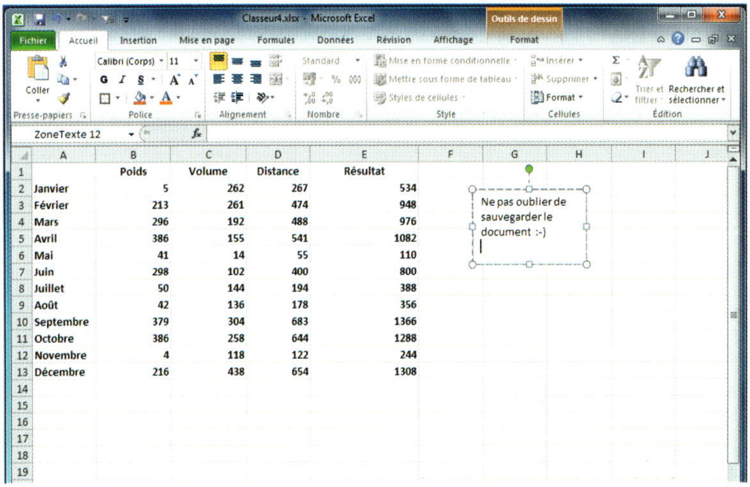
Classeur4.xlsx - Microsoft Excel
Outils de dessin
Fichier
Accueil
Insertion
Mise en page
Formules
Données
Révision
Affichage
Format
Coller
Presse-papiers
Calibri (Corps)
11
Police
Alignement
Standard
Nombre
Mise en forme conditionnelle
Mettre sous forme de tableau
Styles de cellules
Style
Insérer
Supprimer
Format
Cellules
Trier et filtrer
Rechercher et sélectionner
Édition
ZoneTexte 12
Poids
Volume
Distance
Résultat
Janvier 5 262 267 534
Février 213 261 474 948
Mars 296 192 488 976
Avril 386 155 541 1082
Mai 41 14 55 110
Juin 298 102 400 800
Juillet 50 144 194 388
Août 42 136 178 356
Septembre 379 304 683 1366
Octobre 386 258 644 1288
Novembre 4 118 122 244
Décembre 216 438 654 1308
Ne pas oublier de sauvegarder le document :-)

Figure 8.9

4. Effectuez un clic droit sur la zone de texte et sélectionnez Format de la forme. La boîte de dialogue Format de la forme, illustrée dans la Figure 8.10, s'ouvre. Dans cette boîte de dialogue, choisissez l'une des options de mise en forme suivantes :
   - **Pour ajouter une couleur d'arrière-plan**, cliquez sur Remplissage et sélectionnez une option dans le volet droit de la boîte de dialogue.
   - **Pour modifier la couleur de la bordure qui entoure la zone de texte**, cliquez sur Couleur du trait et choisissez une option.
   - **Pour modifier le style du trait qui entoure la zone de texte**, cliquez sur Style de trait et choisissez une option.
   - **Pour ajouter une ombre autour de la zone de texte**, cliquez sur Ombre puis choisissez une option dans la liste déroulante Présélections.
   - **Pour appliquer un effet 3D à la zone de texte**, choisissez les options souhaitées dans les sections Format 3D et Rotation 3D.
5. Dans Zone de texte, cochez l'option Ajuster la forme au texte. Ainsi, lorsque vous ajoutez ou supprimez du texte dans la zone, celle-ci se déploie ou se contracte pour s'ajuster au texte.
6. Cliquez sur Fermer lorsque vous avez terminé vos sélections.

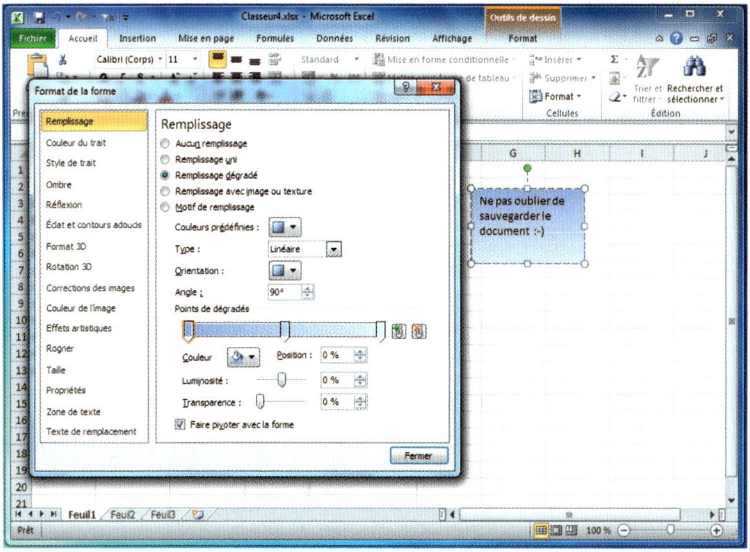
Classeur4.xlsx - Microsoft Excel
Outils de dessin
Fichier
Accueil
Insertion
Mise en page
Formules
Données
Révision
Affichage
Format
Calibri (Corps)
11
Standard
Mise en forme conditionnelle
de tableau
Insérer
Supprimer
Format
Cellules
Trier et filtrer
Rechercher et sélectionner
Édition
Format de la forme
Remplissage
Couleur du trait
Style de trait
Ombre
Réflexion
Éclat et contours adoucis
Format 3D
Rotation 3D
Corrections des images
Couleur de l'image
Effets artistiques
Rogner
Taille
Propriétés
Zone de texte
Texte de remplacement
Remplissage
Aucun remplissage
Remplissage uni
Remplissage dégradé
Remplissage avec image ou texture
Motif de remplissage
Couleurs prédéfinies :
Type :
Linéaire
Orientation :
Angle :
90°
Points de dégradés
Couleur
Position :
0 %
Luminosité :
0 %
Transparence :
0 %
Faire pivoter avec la forme
Fermer
Ne pas oublier de sauvegarder le document :-)
Feuil1
Feuil2
Feuil3
Prêt
100 %

Figure 8.10

Ajouter une image clipart

1. Cliquez sur Insertion > Images clipart dans le groupe Illustrations. Le volet Images clipart prend place à droite de la feuille de calcul, comme le montre la Figure 8.11.
2. Dans la zone Rechercher, saisissez une courte description de l'image que vous recherchez, comme nourriture, immeuble, animal ou personne.
3. Si vous voulez inclure Office.com dans votre recherche, cochez la case Inclure le contenu Office.com.
4. Sélectionnez le type d'image souhaité dans la liste Les résultats devraient être. Excel peut rechercher des images clipart, des photographies, des vidéos ou des fichiers son.
5. Cliquez sur le bouton OK. Excel affiche un certain nombre d'images représentant le sujet spécifié.
6. Sélectionnez l'image souhaitée. Excel insère l'image dans votre feuille de calcul, comme le montre la Figure 8.12.
7. Cliquez sur le bouton Fermer (X) pour fermer le volet Images clipart.

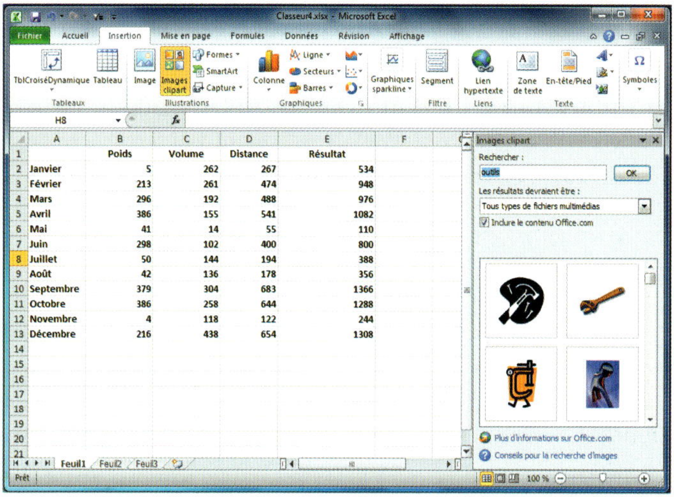

Figure 8.11

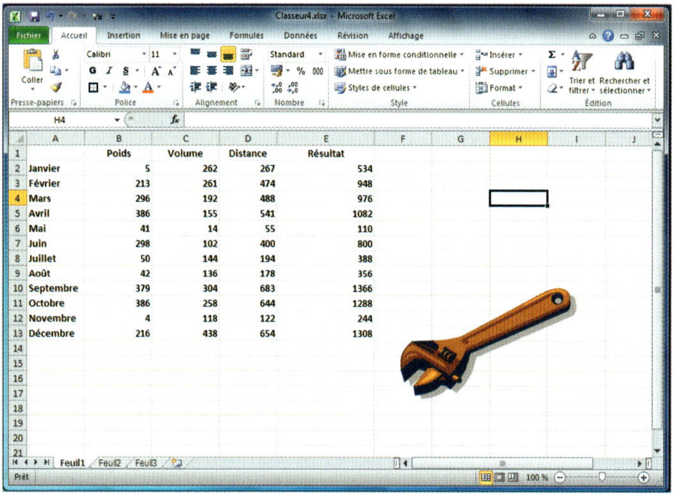

Figure 8.12

Créer un objet WordArt

1. Cliquez sur Insertion > WordArt dans le groupe Texte. Une galerie d'options apparaît.
2. Sélectionnez un style. Une zone de texte apparaît dans la feuille de calcul (voir Figure 8.13).
3. Saisissez le texte souhaité. Le texte se réduit pour s'insérer dans la zone de texte mais vous pouvez redéfinir sa taille plus tard.
4. L'objet toujours sélectionné, cliquez sur Outils de dessin > Format.
5. Utilisez les boutons du groupe Styles WordArt pour modifier le style du texte WordArt. Toutes les options proposent un aperçu. Au fur et à mesure que vous déplacez le pointeur sur les différentes options, vous pouvez visualiser le résultat sur votre objet WordArt :
   - **Remplissage du texte** modifie la couleur, le dégradé ou la texture du texte.
   - **Contour du texte** modifie les bords extérieurs du texte.
   - **Effets du texte** applique des effets visuels, par exemple, ombre, réflexion, biseau ou rotation 3D (voir Figure 8.14).

Pour transformer une longue chaîne de texte en un cercle ou une vague, cliquez sur Transformer dans la liste déroulante Effets du texte.

6. Pour appliquer un remplissage à l'objet WordArt, cliquez sur Outils de dessin > Format. Dans le groupe Styles de formes, cliquez sur le bouton Autres, situé sous les boutons de défilement. Une galerie de thèmes apparaît.
7. Sélectionnez une option de remplissage ou cliquez sur Autres thèmes de remplissage pour afficher des options de dégradés supplémentaires.

Pour modifier plusieurs propriétés de l'objet, sélectionnez Outils de dessin > Format. Dans le groupe Styles de formes, cliquez sur le lanceur de boîte de dialogue. La boîte de dialogue Format de la forme s'ouvre.

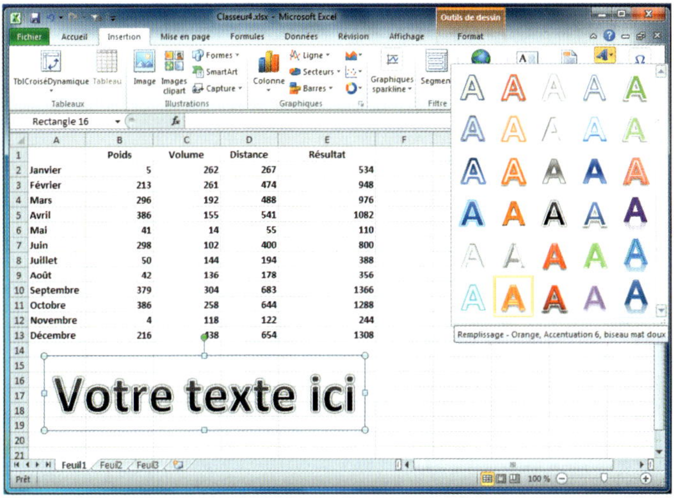

Figure 8.13

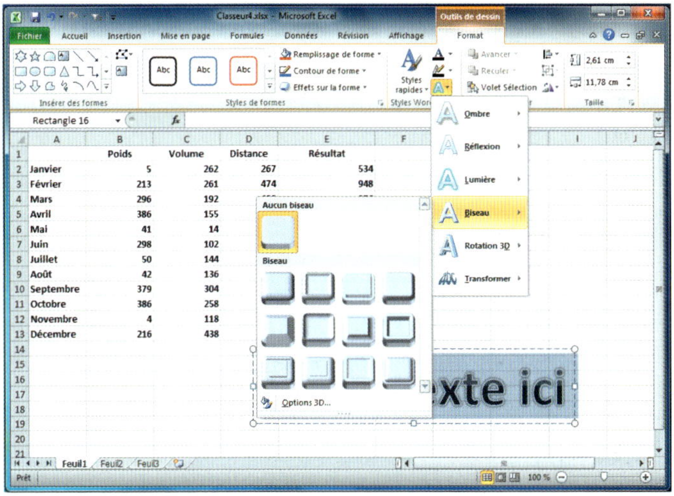

Figure 8.14

Manipuler des images

1. Sélectionnez l'objet que vous voulez modifier. Des poignées de sélection apparaissent autour de l'objet.
2. Effectuez l'une des actions suivantes :
   - **Supprimer** : appuyez sur la touche Suppr de votre clavier.
   - **Déplacer** : placez le pointeur de votre souris sur l'objet et non sur les poignées de sélection. Cliquez et glissez l'objet vers l'emplacement souhaité.

   Vous pouvez également déplacer très légèrement un objet sélectionné à l'aide des flèches du clavier.

   - **Redimensionner** : pour redéfinir la taille d'un objet, placez le pointeur de votre souris sur l'un des cercles de sélection blancs et glissez le cercle jusqu'à ce que l'objet atteigne la taille souhaitée. Servez-vous des poignées du haut et du bas pour modifier la hauteur de l'objet, des poignées centrales de gauche ou de droite pour redéfinir la largeur de l'objet. Pour modifier simultanément la hauteur et la largeur, utilisez l'une des poignées de sélection situées dans les coins (voir Figure 8.15).

   Pour limiter la taille de l'objet lorsque vous le redimensionnez, maintenez la touche Maj.

   - **Faire pivoter la forme** : placez le pointeur de votre souris sur la poignée de rotation verte jusqu'à ce qu'il se transforme en cercle. Glissez ensuite la poignée de sélection verte jusqu'à ce que l'objet ait pivoté à l'angle souhaité (voir Figure 8.16). Attention, cette méthode ne s'applique pas aux flèches.
   - **Faire pivoter les flèches** : faites pivoter les poignées de sélection blanches dans le sens que vous voulez.

   Pour limiter la rotation à un angle de 15°, maintenez la touche Maj pendant que vous faites pivoter l'objet.

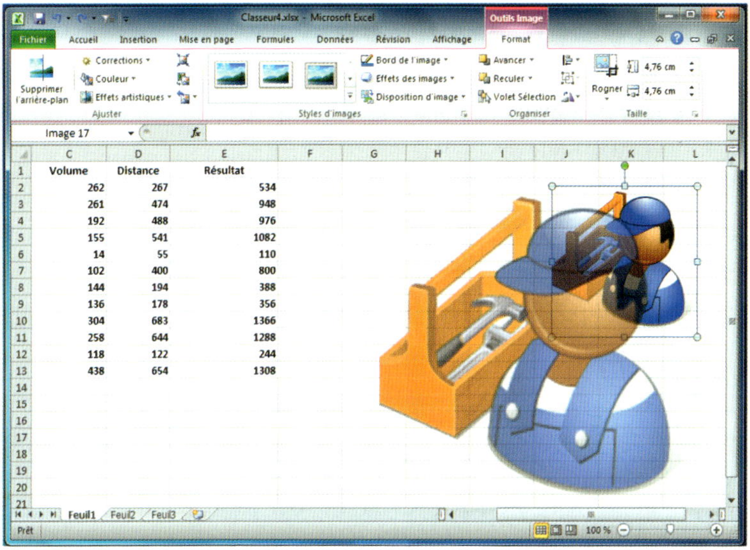

Figure 8.15

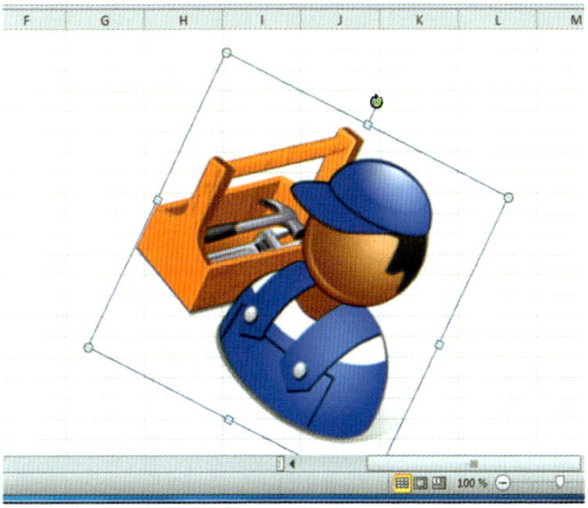

Figure 8.16

Rogner une image

1. Sélectionnez l'image à modifier et cliquez sur Outils Image > Format > Rogner dans le groupe Taille.
2. Placez le pointeur de la souris sur l'une des poignées de rognage. Elles apparaissent dans les coins et sur les côtés de l'image, comme le montre la Figure 8.17.
3. Cliquez et glissez la poignée de rognage vers l'intérieur pour rogner une partie de l'image. Dans l'image de droite, j'ai rogné l'arrière-plan.
4. Relâchez le bouton de la souris.
5. Continuez de rogner les bords de l'image si nécessaire puis cliquez une nouvelle fois sur le bouton Rogner pour désactiver l'outil Rogner. Excel rogne l'image.

Retourner un objet

1. Sélectionnez l'objet à retourner.
2. Cliquez sur Outils Image > Format > Rotation, dans le groupe Organiser. Un menu d'options apparaît. Excel affiche un aperçu de l'effet sur l'image quand vous déplacez le pointeur sur les différentes options. Dans l'image de gauche de la Figure 8.18, l'oiseau regarde vers la gauche. Après retournement de l'image, l'oiseau regarde vers la droite.
3. Choisissez l'une des options suivantes :
   - Faire pivoter à droite de 90°.
   - Faire pivoter à gauche de 90°.
   - Retourner verticalement.
   - Retourner horizontalement.

Cliquez sur Autres options de rotation pour afficher la boîte de dialogue Format de l'image dans laquelle vous pouvez définir de nombreuses options concernant la taille, la rotation et le rognage.

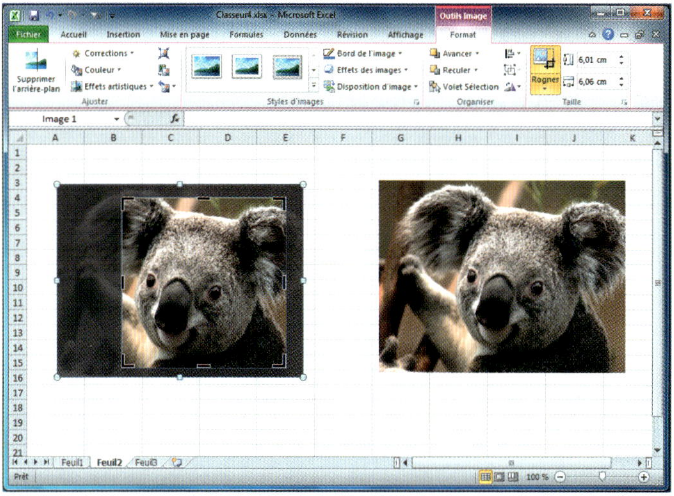

Figure 8.17

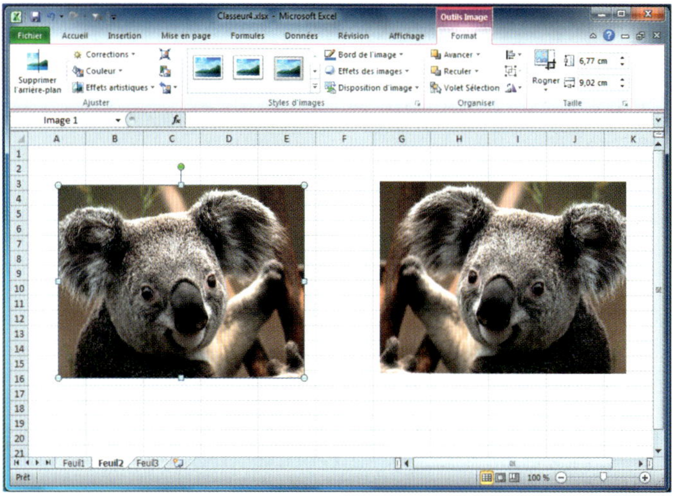

Figure 8.18

Aligner plusieurs images

1. Sélectionnez le premier objet et maintenez la touche Ctrl tout en sélectionnant les autres objets.

   Pour vous assister dans la sélection de plusieurs objets, cliquez sur un objet puis sur Outils Image ou Outils de dessin > Format > Volet Sélection.

2. Cliquez sur Outils de dessin > Format > Aligner dans le groupe Organiser (voir Figure 8.19). Les options suivantes vous sont proposées :

   - **Aligner à gauche** : aligne deux objets ou plus de sorte que leur bord gauche soit aligné sur celui de l'objet le plus à gauche de la sélection.
   - **Aligner à droite** : aligne deux objets ou plus de sorte que leur bord droit soit aligné sur celui de l'objet le plus à droite de la sélection.
   - **Aligner en haut** : aligne deux objets ou plus de sorte que leur bord supérieur soit aligné sur celui de l'objet le plus haut de la sélection.
   - **Aligner en bas** : aligne deux objets ou plus de sorte que leur bord inférieur soit aligné sur celui de l'objet le plus bas de la sélection.
   - **Distribuer horizontalement** : aligne les objets à gauche et à droite de sorte qu'ils soient placés à égale distance les uns par rapport aux autres. Pour utiliser cette option, vous devez au moins sélectionner trois objets.
   - **Distribuer verticalement** : aligne les objets en haut et en bas de sorte qu'ils soient placés à égale distance les uns par rapport aux autres. Pour utiliser cette option, vous devez au moins sélectionner trois objets.

3. Sélectionnez une option. La Figure 8.20 représente trois flèches alignées en bas et distribuées horizontalement puisqu'elles sont placées à égale distance les unes par rapport aux autres.

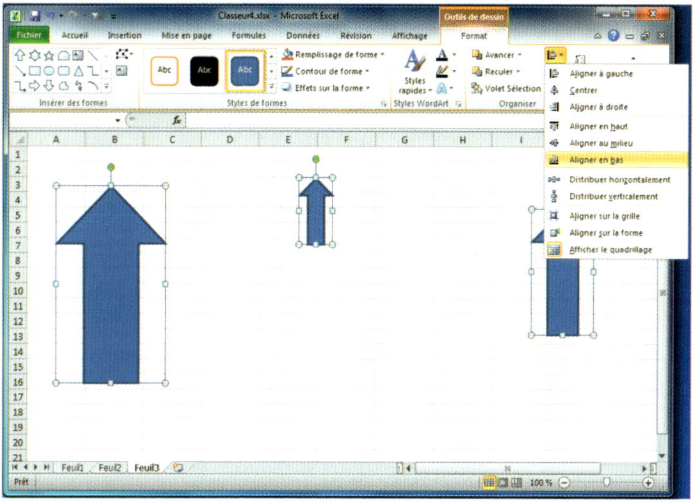

Figure 8.19

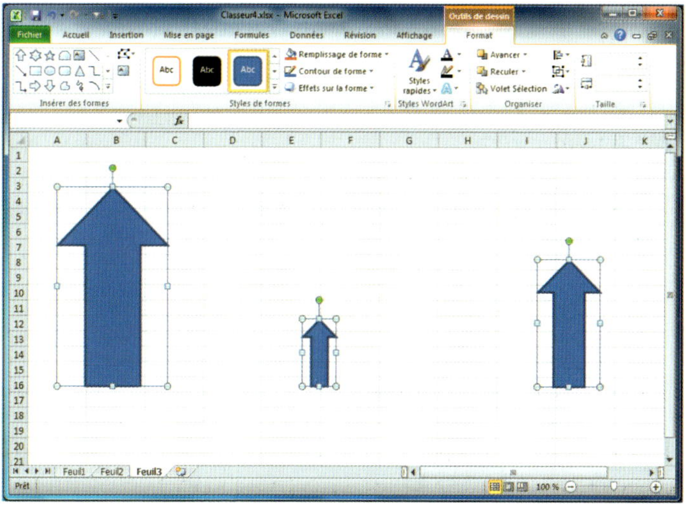

Figure 8.20

Contrôler l'ordre des objets

1. Sélectionnez l'objet à déplacer et cliquez sur Outils de dessin > Format > Avancer dans le groupe Organiser. Un menu d'options apparaît.

   Vous pouvez également sélectionner Reculer pour déplacer un objet sélectionné derrière un autre.

2. Sélectionnez Avancer ou Mettre au premier plan. L'objet sélectionné se place au-dessus de(s) autre(s) objet(s). Dans la partie gauche de la Figure 8.21, la petite flèche est en partie cachée par la grande. A droite, notez qu'après avoir reculé la grande flèche, la petite est visible.

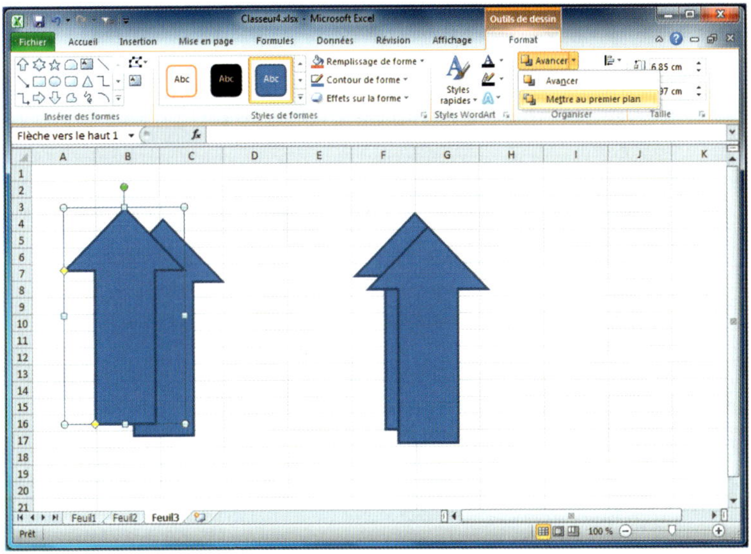
Classeur4.xlsx - Microsoft Excel
Outils de dessin
Fichier
Accueil
Insertion
Mise en page
Formules
Données
Révision
Affichage
Format
Remplissage de forme
Contour de forme
Effets sur la forme
Styles rapides
Avancer
Mettre au premier plan
6,85 cm
Insérer des formes
Styles de formes
Styles WordArt
Organiser
Taille
Flèche vers le haut 1
Feuil1
Feuil2
Feuil3
Prêt
100 %

Figure 8.21

Grouper des objets

1. Sélectionnez deux objets ou plus.

   Pour sélectionner des objets, vous pouvez aussi cliquer sur Accueil > Rechercher et sélectionner > Sélectionner les objets dans le groupe Edition. Servez-vous ensuite de la souris pour dessiner une zone imaginaire autour des objets à sélectionner. Cliquez une nouvelle fois sur Sélectionner les objets pour désactiver cette fonctionnalité.

2. Cliquez sur Outils de dessin > Format > Grouper dans le groupe Organiser. Les objets sélectionnés sont groupés en un seul objet entouré d'une bordure. Une fois les objets groupés, toute modification est appliquée à l'ensemble de l'objet. Dans la Figure 8.22, le cercle, le rectangle et le triangle sont séparés à gauche et groupés en un seul objet à droite.

   Lorsque vous groupez des objets, vous les combinez. Par conséquent, toute modification affecte l'ensemble de l'objet. Vous pouvez notamment appliquer les modifications suivantes : déplacer, redimensionner, retourner, faire pivoter, rogner et modifier le style, l'ombre ou les couleurs de l'objet. Vous pouvez également créer des groupes au sein de groupes afin de créer des dessins plus complexes.

   Vous pouvez à tout moment dissocier un groupe d'objets puis les regrouper plus tard. Pour dissocier un groupe, cliquez sur Outils de dessin > Format > Grouper > Dissocier dans le groupe Organiser.

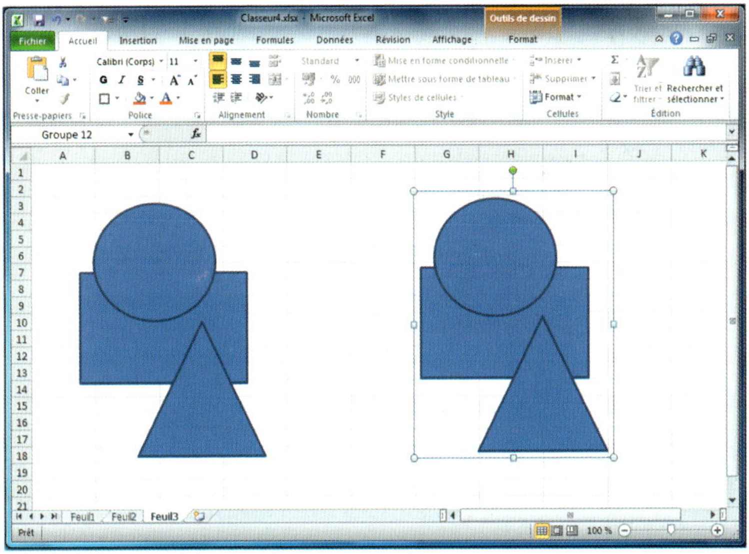
Classeur4.xlsx - Microsoft Excel
Outils de dessin
Fichier
Accueil
Insertion
Mise en page
Formules
Données
Révision
Affichage
Format
Coller
Calibri (Corps)
11
Standard
Mise en forme conditionnelle
Mettre sous forme de tableau
Styles de cellules
Insérer
Supprimer
Format
Trier et filtrer
Rechercher et sélectionner
Presse-papiers
Police
Alignement
Nombre
Style
Cellules
Édition
Groupe 12
Feuil1
Feuil2
Feuil3
Prêt
100 %

Figure 8.22

Chapitre 9

Gérer les classeurs

Commençons par une mise au point. Une feuille de calcul, quelquefois appelée tableur, est un ensemble de cellules contenant plus d'un million de lignes et plus de 16 000 colonnes. Les cellules de chaque feuille peuvent contenir plus de 32 000 caractères.

Un classeur est un ensemble de feuilles de calcul. Par défaut, chaque nouveau classeur créé dans Excel compte trois feuilles. Cependant, un classeur peut contenir un nombre indéfini de feuilles, nombre limité seulement par la mémoire de votre ordinateur. Ainsi, le nombre de cellules contenues dans un classeur est inimaginable. Ceci dit, il est tout à fait possible de travailler avec un classeur géant mais, dans la pratique, il est plus pertinent de créer plusieurs classeurs différents contenant chacun un nombre raisonnable de feuilles de calcul.

Grâce à Excel, il est simple de travailler avec plusieurs feuilles de calcul. Il suffit de cliquer sur un onglet pour basculer d'une feuille de calcul à une autre. De plus, si les onglets sont très nombreux, vous disposez de boutons de navigation. Ce chapitre se concentre sur le travail avec plusieurs feuilles de calcul. Vous allez apprendre à insérer, supprimer, déplacer et copier des feuilles de calcul, renommer les onglets des feuilles de calcul et créer des formules qui se réfèrent à d'autres feuilles de calcul ou classeurs. Enfin, vous allez apprendre à créer des liens hypertexte pour accéder à des sites Web, à d'autres cellules ou classeurs et envoyer un message électronique.

Ajouter une feuille de calcul

1. Cliquez sur Accueil > Insérer > Insérer une feuille dans le groupe Cellules. Excel insère une nouvelle feuille de calcul vierge au-dessus de la feuille active (voir Figure 9.1) et lui attribue automatiquement le nombre qui suit, par exemple Feuil4.

   Autre méthode : cliquez sur l'onglet Insérer une feuille de calcul, situé après le dernier onglet de feuille de calcul.

2. Cliquez sur un autre onglet de feuille de calcul. La feuille de calcul devient la feuille active.

   Appuyez sur Ctrl+Page précédente ou Ctrl+Page suivante pour basculer respectivement dans la feuille de calcul précédente ou suivante.

   Autre méthode pour ajouter une feuille de calcul : effectuez un clic droit sur un onglet de feuille de calcul et cliquez sur Insérer dans le menu contextuel. La boîte de dialogue Insérer s'ouvre. Sélectionnez Feuille et cliquez sur OK.

3. Si votre classeur contient un nombre important de feuilles de calcul et que tous les onglets ne sont pas visibles, utilisez les boutons de navigation proposés dans le coin inférieur gauche de la feuille de calcul.

Supprimer une feuille de calcul

1. Cliquez sur Accueil > Supprimer > Supprimer une feuille dans le groupe Cellules. Si la feuille active contient des données, un message s'affiche, comme le montre la Figure 9.2.

   Dans une feuille de calcul sans données, le message ne s'affiche pas.

2. Cliquez sur le bouton Supprimer.

Soyez prudent lorsque vous supprimez une feuille de calcul car il est impossible d'en annuler la suppression.

Une autre possibilité pour supprimer une feuille de calcul consiste à effectuer un clic droit sur l'onglet de la feuille de calcul et à cliquer sur Supprimer dans le menu contextuel.

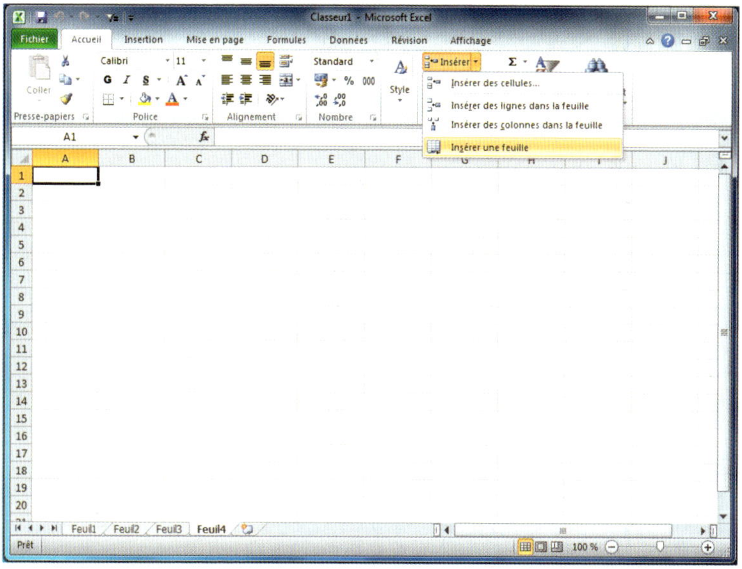

Figure 9.1

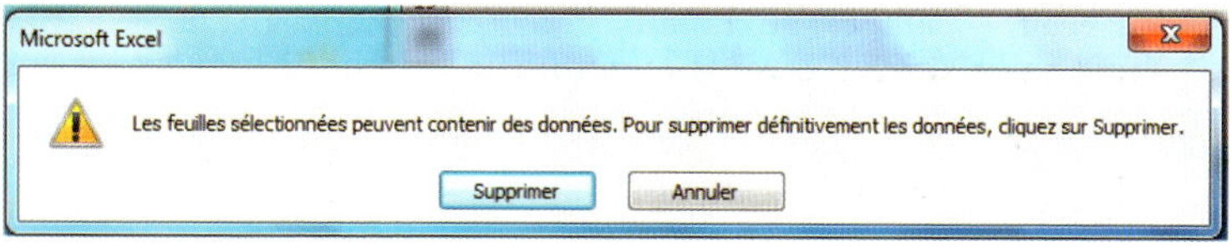

Figure 9.2

Renommer une feuille de calcul

1. Cliquez n'importe où dans la feuille à renommer.
2. Cliquez sur Accueil > Format > Renommer la feuille dans le groupe Cellules (voir Figure 9.3). Le nom de l'onglet est mis en évidence. Il suffit donc de le remplacer par le nouveau nom.

> Vous pouvez aussi effectuer un clic droit sur l'onglet de la feuille de calcul et cliquer sur Renommer dans le menu contextuel.

3. Tapez le nouveau nom de la feuille de calcul. Notez que deux feuilles de calcul d'un même classeur ne peuvent pas porter le même nom. Appuyez sur Entrée pour confirmer la modification.

> Choisissez un nom pertinent mais court. Si plusieurs feuilles de calcul portent un nom long, il peut être difficile de basculer de l'une à l'autre.

Copier une feuille de calcul

1. Cliquez n'importe où dans la feuille de calcul à copier.
2. Cliquez sur Accueil > Format > Déplacer ou copier une feuille. La boîte de dialogue Déplacer ou copier s'ouvre.

> Vous pouvez aussi effectuer un clic droit sur l'onglet de la feuille de calcul et cliquer sur Déplacer ou copier dans le menu contextuel.

3. Cochez la case Créer une copie (voir Figure 9.4).
4. Dans la liste Avant la feuille, sélectionnez l'endroit où vous voulez insérer la copie.
5. Cliquez sur OK. Excel copie la feuille de calcul et lui attribue le même nom que la feuille copiée, suivi d'un nombre qui détermine son numéro de série.

> Pour modifier l'ordre des onglets des feuilles de calcul, glissez l'onglet de la feuille vers la gauche ou la droite.

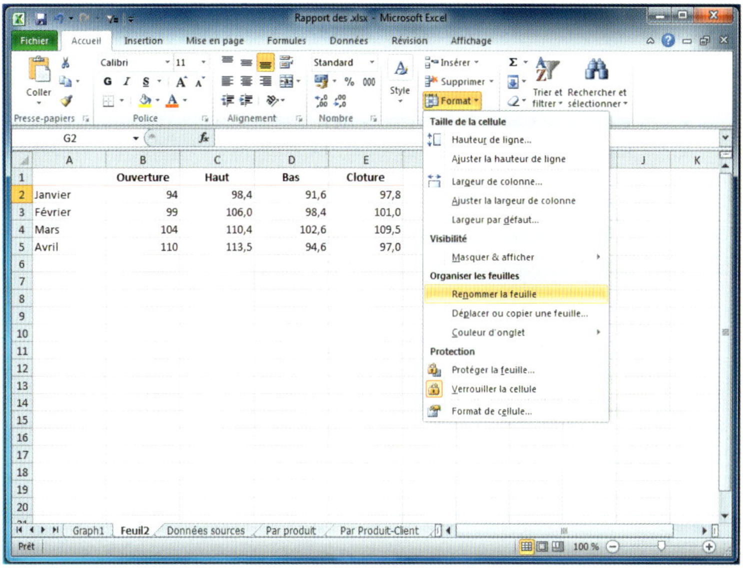

Figure 9.3

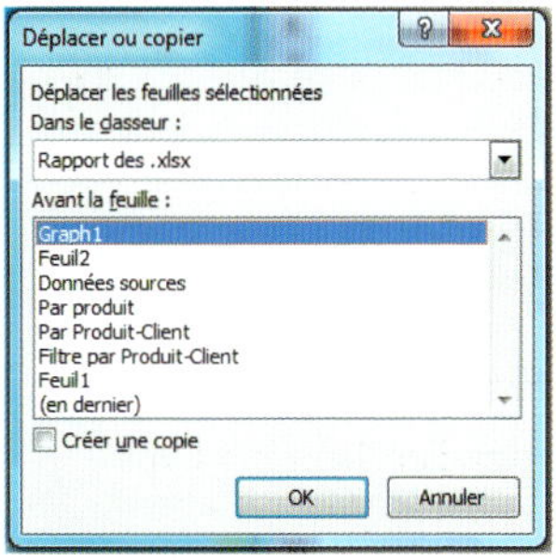

Figure 9.4

Déplacer ou copier une feuille de calcul dans un autre classeur

1. Ouvrez le classeur dans lequel vous voulez déplacer ou copier la feuille de calcul puis celui qui contient la feuille de calcul à déplacer ou copier.
2. Cliquez n'importe où dans la feuille de calcul à déplacer ou copier. Si la feuille n'est pas visible, utilisez les boutons de navigation jusqu'à ce qu'elle le soit et cliquez sur son onglet.

   Pour déplacer ou copier plusieurs feuilles de calcul, maintenez le bouton Ctrl pendant que vous cliquez sur les différents onglets. Pour déplacer ou copier toutes les feuilles de calcul existantes dans un autre classeur, effectuez un clic droit sur un onglet de feuille de calcul et cliquez sur Sélectionner toutes les feuilles dans le menu contextuel.

3. Cliquez sur Accueil > Format > Déplacer ou copier une feuille. La boîte de dialogue Déplacer ou copier s'ouvre.

   Autre méthode : effectuez un clic droit sur un onglet sélectionné et cliquez sur Déplacer ou copier.

4. Dans la liste déroulante Dans le classeur (voir Figure 9.5), sélectionnez le classeur dans lequel vous voulez déplacer ou copier les feuilles.
5. Pour copier les feuilles de calcul dans l'autre classeur, cochez la case Créer une copie.
6. Dans la liste Avant la feuille, sélectionnez l'emplacement cible des feuilles déplacées ou copiées.
7. Cliquez sur OK. Excel déplace ou copie les feuilles de calcul dans l'autre classeur. Dans la Figure 9.6, la feuille Liste clients a été déplacée du classeur Table clients dans le classeur Noms et adresses.

   Si vous copiez une feuille dans un autre classeur qui contient une feuille du même nom, Excel conserve le nom mais lui attribue un numéro de série qu'il place après le nom.

Vous ne pouvez pas copier ou déplacer une feuille de calcul créée dans un classeur Excel 2010 ou 2007 dans un autre classeur créé dans une version antérieure.

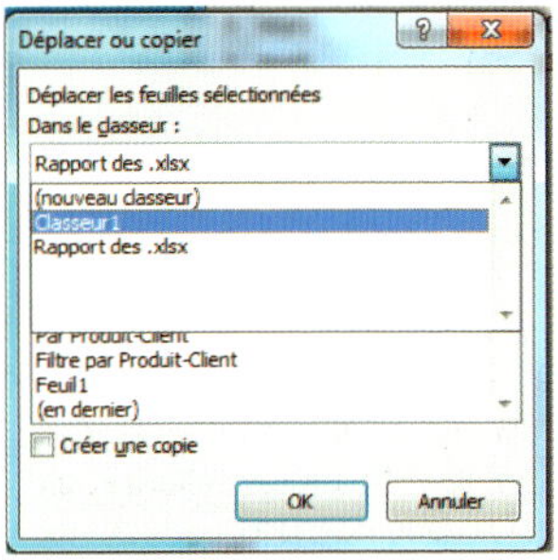

Figure 9.5

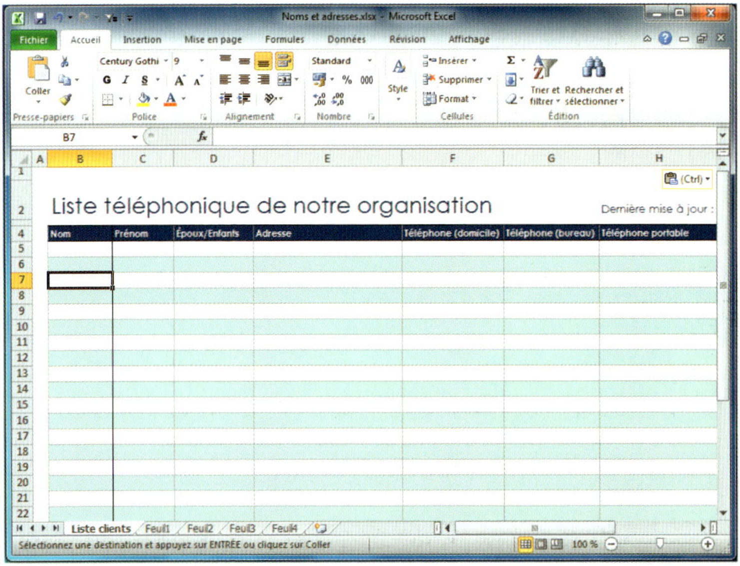

Figure 9.6

Afficher et masquer une feuille de calcul

1. Cliquez n'importe où dans la feuille de calcul à masquer.
2. Cliquez sur Accueil > Format > Masquer & afficher > Masquer la feuille. Excel masque la feuille de calcul. Toutes les références à une feuille de calcul masquée, utilisées dans des formules, sont valides même si cette feuille de calcul est masquée.

   Autre possibilité : effectuez un clic droit sur l'onglet de la feuille de calcul et cliquez sur Masquer (ou Afficher).

3. Pour réafficher la feuille de calcul, cliquez sur Accueil > Format > Masquer & afficher > Afficher la feuille. Une boîte de dialogue, semblable à celle de la Figure 9.7, s'ouvre et propose une liste de toutes les feuilles masquées dans le classeur actif.
4. Sélectionnez la feuille de calcul à réafficher et cliquez sur OK.

Modifier la couleur d'un onglet de feuille de calcul

1. Pour modifier la couleur d'un onglet de feuille de calcul, cliquez n'importe où dans la feuille de calcul concernée.
2. Cliquez sur Accueil > Format > Couleur d'onglet. La palette de couleurs s'affiche, comme le montre la Figure 9.8.

   Vous pouvez aussi effectuer un clic droit sur l'onglet et cliquer sur Couleur d'onglet.

3. Choisissez une couleur.

   Cliquez sur Aucune couleur pour supprimer une couleur d'onglet.

Si la feuille de calcul active dispose d'un onglet coloré, Excel n'affiche pas complètement la couleur mais seulement une ligne colorée sous le nom de l'onglet. L'onglet est entièrement coloré dès lors que la feuille de calcul correspondante n'est plus active.

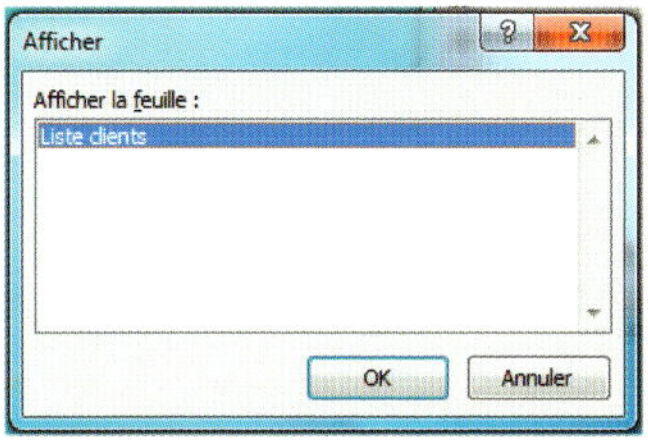

Figure 9.7

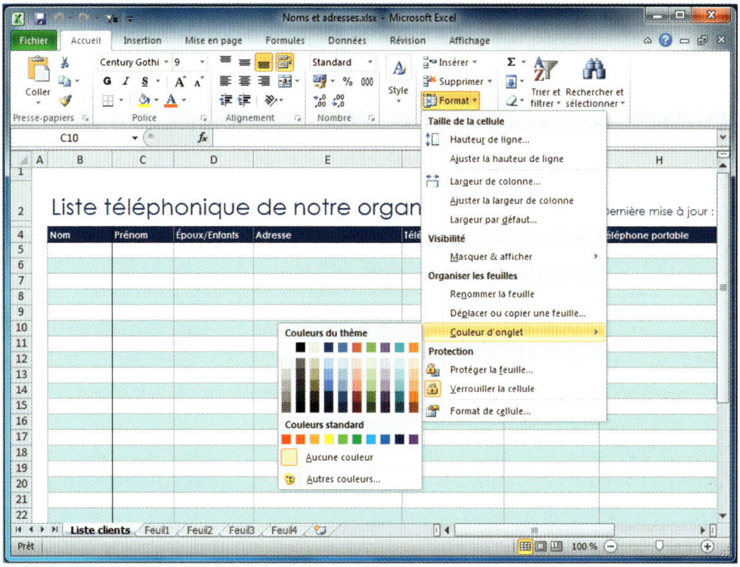

Figure 9.8

Créer une référence à une autre feuille de calcul

1. Sélectionnez la cellule dans laquelle vous voulez entrer une référence.
2. Exécutez l'une des actions suivantes :
   - **Pour afficher une valeur située dans une autre cellule de la même feuille de calcul** : tapez le signe égal suivi de la référence de la cellule, par exemple =B45, et appuyez sur Entrée. Si la valeur contenue dans la cellule B45 est modifiée, la cellule contenant la référence à B45 est aussi modifiée.
   - **Pour afficher une valeur située dans une cellule d'une autre feuille de calcul du même classeur** : tapez le signe égal. Cliquez sur l'onglet de la feuille de calcul qui contient la cellule à laquelle vous voulez faire référence et sélectionnez cette cellule. Appuyez sur Entrée. Excel affiche le signe égal, le nom de la feuille de calcul, un point d'exclamation et la référence de la cellule (voir Figure 9.9).
   - **Pour inclure dans une formule une cellule située dans une autre feuille de calcul du même classeur** : tapez une formule. Au moment de placer la référence à la cellule distante, ouvrez la feuille de calcul contenant la cellule et cliquez dessus. Entrez le reste de la formule. La Figure 9.10 propose un exemple de formule utilisant une référence d'une autre feuille de calcul.

Les formules qui font référence à une autre feuille de calcul ou un autre classeur peuvent être composées ou utilisées dans une fonction.

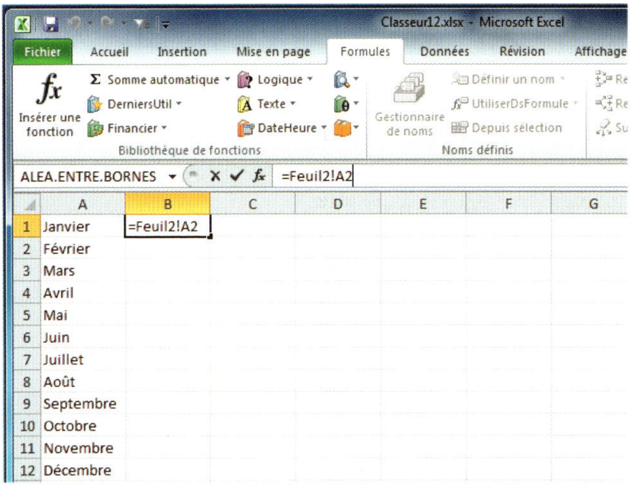

Figure 9.9

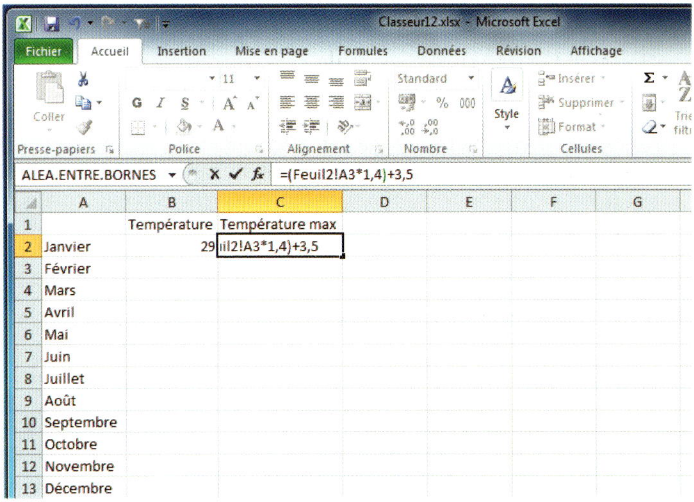

Figure 9.10

Créer une référence croisée à un autre classeur

1. Ouvrez le classeur auquel vous voulez faire référence. Dans un souci de simplicité, je l'appelle Classeur2.
2. Cliquez dans la cellule du classeur dans lequel vous voulez créer la référence, soit Classeur1.
3. Dans Classeur1, tapez la formule ou la référence avec le signe égal.
4. Si vous utilisez une fonction ou une formule, entrez la portion qui précède la référence croisée.
5. Cliquez sur la cellule de Classeur2 à laquelle vous voulez faire référence.
6. Tapez la fin de la formule et appuyez sur Entrée. Excel affiche le signe égal, une apostrophe, le chemin du classeur2 et le nom de fichier entre crochets, suivis du nom de la feuille de calcul, une apostrophe, un point d'exclamation et la référence absolue à la cellule. Par exemple ='[Ventes.xlsx]Janvier'!E4 fait référence à la valeur contenue dans la cellule E4 de la feuille de calcul Janvier située dans le fichier Excel nommé Ventes. La Figure 9.11 montre un exemple de référence croisée.

Excel utilise des références absolues (avec le symbole du dollar) pour toute référence à un autre classeur.

Quand vous ouvrez un classeur contenant une référence croisée, Excel affiche un avertissement de sécurité, semblable à celui illustré dans la Figure 9.12, pour savoir s'il doit mettre à jour les cellules contenant une référence croisée. Cliquez sur le bouton Activer le contenu si vous voulez qu'Excel vérifie si la cellule à laquelle correspond la référence a été modifiée dans le classeur d'origine. Un autre message de confirmation risque de s'afficher.

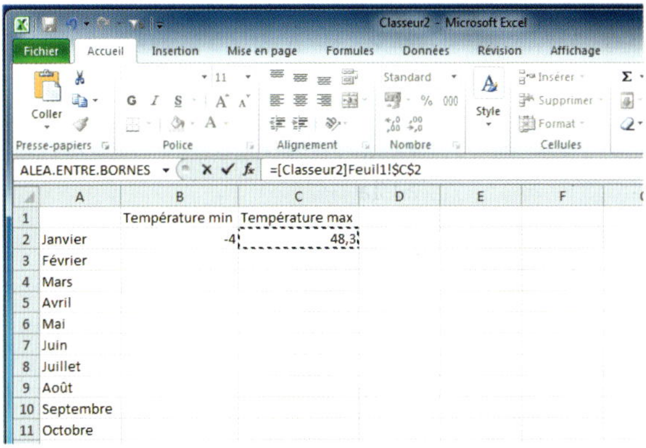

Figure 9.11

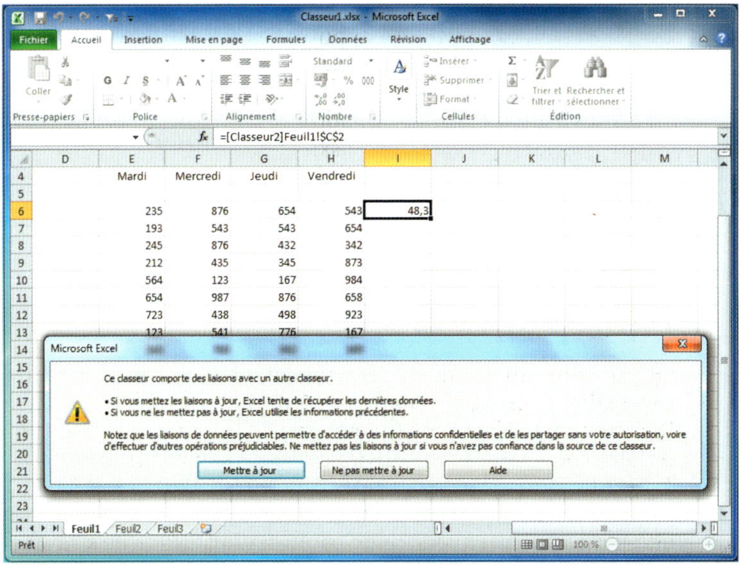

Figure 9.12

Insérer un lien hypertexte

1. Sélectionnez une cellule ou un objet et cliquez sur Insertion > Lien hypertexte dans le groupe Liens. La boîte de dialogue Insérer un lien hypertexte s'ouvre, comme le montre la Figure 9.13.

   Si vous tapez une adresse Web dans une cellule, Excel crée automatiquement un lien hypertexte.

2. Si vous avez cliqué dans une cellule vierge à l'étape 1, entrez le texte à afficher dans la cellule dans la zone Texte à afficher. Si vous avez cliqué dans une cellule contenant des données ou un objet, vous pouvez modifier le texte affiché.

   Cliquez sur le bouton Info-bulle pour entrer du texte à afficher sous forme d'info-bulle quand l'utilisateur passe le pointeur de la souris sur le lien.

3. Choisissez une option :

   - **Si vous voulez insérer un lien vers un autre fichier**, recherchez et sélectionnez le nom du fichier. Lorsque les utilisateurs cliquent sur ce lien, le fichier auquel il fait référence s'ouvre.
   - **Si vous voulez insérer un lien vers un site Web**, entrez l'adresse du site dans la zone Adresse. Lorsque les utilisateurs cliquent sur ce lien, le navigateur Web s'ouvre sur la page Web à laquelle le lien fait référence.
   - **Si vous voulez insérer un lien vers une autre cellule du classeur actif**, cliquez sur le bouton Emplacement dans ce document et spécifiez la feuille et la cellule auxquelles vous voulez faire référence. Lorsque les utilisateurs cliquent sur ce lien, ils sont redirigés vers la référence de cette cellule.
   - **Si vous voulez envoyer un courrier électronique dès que le lien est sélectionné**, cliquez sur le bouton Adresse de messagerie et entrez l'adresse du destinataire et l'objet du message (Figure 9.14). Lorsque l'utilisateur clique sur ce lien, le programme de messagerie électronique s'ouvre avec l'adresse de messagerie spécifiée.

4. Cliquez sur OK.

Pour supprimer un lien hypertexte, effectuez un clic droit sur le lien et sélectionnez Supprimer le lien hypertexte.

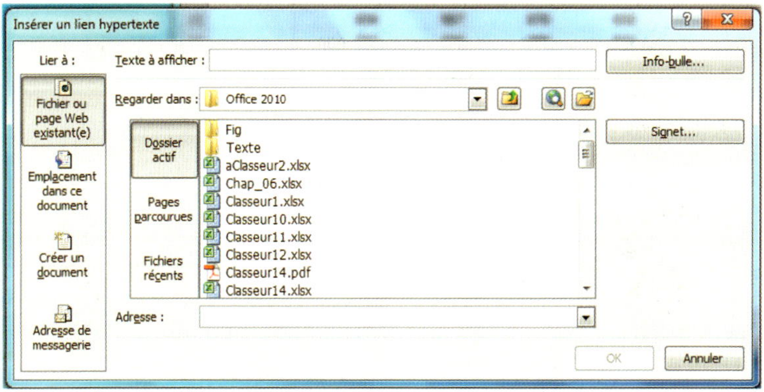

Figure 9.13

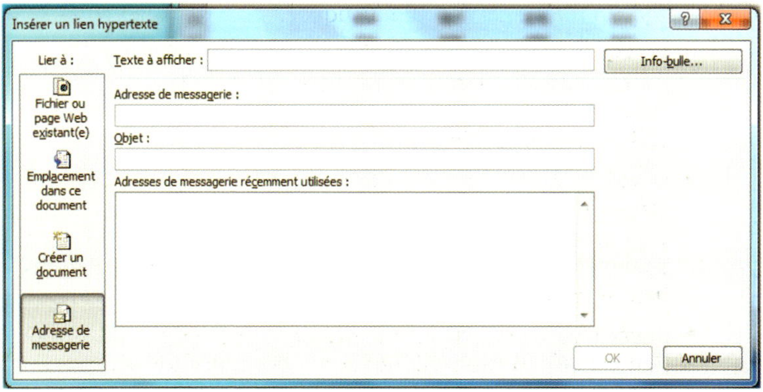

Figure 9.14

Troisième partie

Afficher les données de différentes manières

"C'est ce que je craignais
la 'Référence circulaire non résolue'
lui a été fatal !"

Chapitre 10

Modifier l'affichage d'une feuille de calcul

Un jour, une personne a écrit sur l'importance de voir et d'être vu. Même si elle devait certainement faire référence à la nature humaine, cette phrase peut s'appliquer aux feuilles de calcul Excel. En effet, les besoins au niveau de l'affichage varient en fonction du contexte. Dans ce chapitre, vous allez découvrir comment afficher les classeurs sous différents angles, à l'aide des techniques suivantes :

- Afficher les fenêtres en zoom avant ou arrière, afficher les sauts de page ou les feuilles de calcul sans le Ruban ni d'autres éléments de l'écran.
- Fractionner l'écran pour visualiser simultanément plusieurs parties d'une feuille ou afficher plusieurs feuilles de calcul.
- Figer certaines parties d'une feuille de calcul afin de voir les catégories ou les en-têtes.
- Comparer deux feuilles de calcul sur le même écran.
- Créer des modèles qui confèrent une cohérence à vos classeurs et respectent les normes de l'entreprise ou vos préférences personnelles.
- Surveiller des cellules spécifiques pour contrôler toute modification.

A vous de jouer !

Zoomer en avant ou en arrière

1. Cliquez sur Affichage > Zoom dans le groupe Zoom. La boîte de dialogue Zoom s'ouvre.

   Vous pouvez également cliquer sur l'icône d'agrandissement située à côté de la commande Zoom. Le facteur d'agrandissement et les boutons de contrôle du zoom figurent en bas à droite sur la barre d'état.

2. Cochez la case d'un facteur d'agrandissement dans la boîte de dialogue Zoom, comme le montre la Figure 10.1. Un facteur d'agrandissement très élevé fait apparaître le texte si grand que vous ne pouvez pas le voir intégralement à l'écran. Un facteur d'agrandissement plus petit vous permet d'afficher plus d'éléments à l'écran mais vos données sont bien plus petites. Zoomer n'affecte pas la taille des données imprimées. Cliquez sur OK.

   Cochez la case Personnalisé et spécifiez un facteur d'agrandissement compris entre 10 % et 400 %.

   Pour zoomer sur une partie spécifique de la feuille de calcul, sélectionnez une plage de cellules et cliquez sur Affichage > Zoom sur la sélection.

Utiliser les boutons de contrôle du zoom

1. Cliquez sur le bouton Zoom avant du contrôle de zoom, dans la barre d'état. Excel augmente le facteur d'agrandissement de 10 % à chaque clic sur le bouton Zoom avant (voir Figure 10.2).

   Le facteur d'agrandissement figure sur la barre d'état.

2. Cliquez sur le bouton Zoom arrière du contrôle de zoom, dans la barre d'état. Excel diminue le facteur d'agrandissement de 10 % à chaque clic sur le bouton Zoom arrière.

3. Cliquez et glissez la barre de zoom vers la droite. Excel augmente l'agrandissement.
4. Cliquez et glissez la barre de zoom vers la gauche. Excel diminue l'agrandissement.

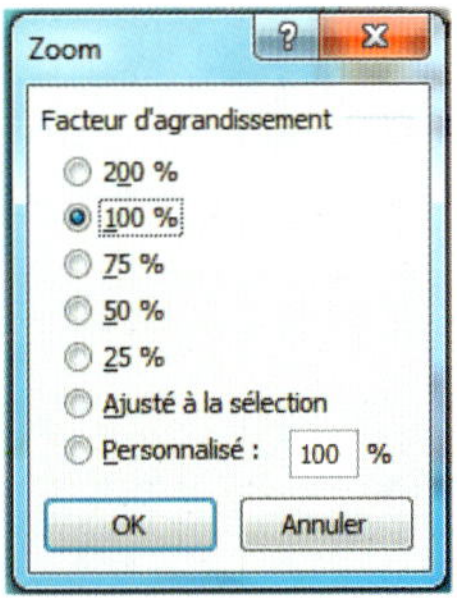

Figure 10.1

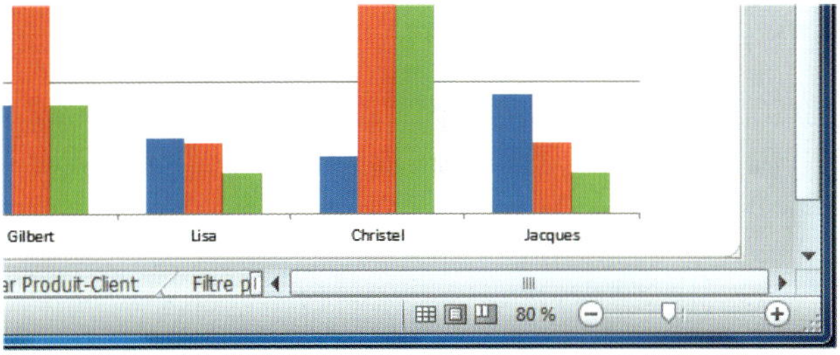

Figure 10.2

Changer l'affichage d'une feuille de calcul

1. Cliquez sur Affichage > Mise en page dans le groupe Affichages classeur. Comme vous pouvez le voir dans la Figure 10.3, le mode Mise en page affiche vos feuilles de calcul comme des pages individuelles, telles qu'elles apparaîtront sur des pages imprimées. Une règle apparaît en haut et à gauche de la feuille de calcul. Reportez-vous au Chapitre 13 pour en savoir plus sur les en-têtes et pieds de page.

   Utilisez les boutons de contrôle du zoom pour augmenter ou diminuer l'agrandissement.

2. Cliquez sur Affichage > Normal dans le groupe Affichages classeur. Excel revient à l'affichage Normal par défaut, qui affiche une page continue de lignes et de colonnes.

3. Cliquez sur Affichage > Aperçu saut de page dans le groupe Affichages classeur. La boîte de dialogue Aperçu des sauts de page apparaît.

   Si vous ne voulez plus que cette boîte de dialogue s'affiche quand vous passez en mode Aperçu des sauts de page, cochez la case Ne plus afficher ce message.

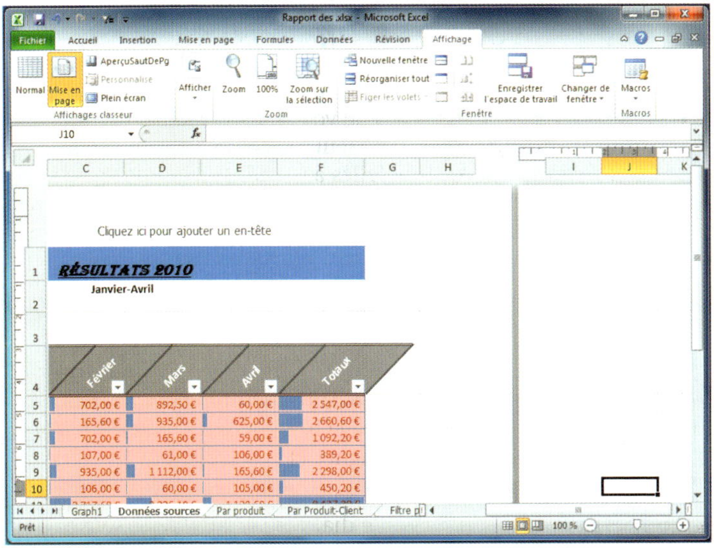
Rapport des .xlsx - Microsoft Excel
Fichier
Accueil
Insertion
Mise en page
Formules
Données
Révision
Affichage
Normal
Mise en page
AperçuSautDePg
Personnalisé
Plein écran
Affichages classeur
Afficher
Zoom
100%
Zoom sur la sélection
Nouvelle fenêtre
Réorganiser tout
Figer les volets
Enregistrer l'espace de travail
Changer de fenêtre
Fenêtre
Macros
J10
Cliquez ici pour ajouter un en-tête
RÉSULTATS 2010
Janvier-Avril
Février
Mars
Avril
Totaux
Graph1
Données sources
Par produit
Par Produit-Client
Filtre
Prêt
100 %

Figure 10.3

4. Cliquez sur OK. Excel passe en mode Aperçu des sauts de page, dans lequel les sauts de page sont représentés par des lignes en pointillés (voir Figure 10.4). Vous pouvez sélectionner et glisser ces lignes pour modifier l'emplacement des sauts de page. Reportez-vous au Chapitre 13 pour plus d'informations sur l'utilisation des sauts de page.
5. Cliquez sur Affichage > Plein écran dans le groupe Affichages classeur. Seule la feuille de calcul s'affiche avec ses en-têtes de lignes et de colonnes, ses onglets de feuille de calcul et sa barre de titre. Le Ruban et la barre d'outils Accès rapide sont masqués.
6. Appuyez sur la touche Echap pour revenir en mode d'affichage Normal.

Dans la barre d'état, juste à côté des boutons de contrôle du zoom figurent trois icônes qui vous permettent de basculer rapidement entre les modes d'affichage Normal, Mise en page et Aperçu des sauts de page.

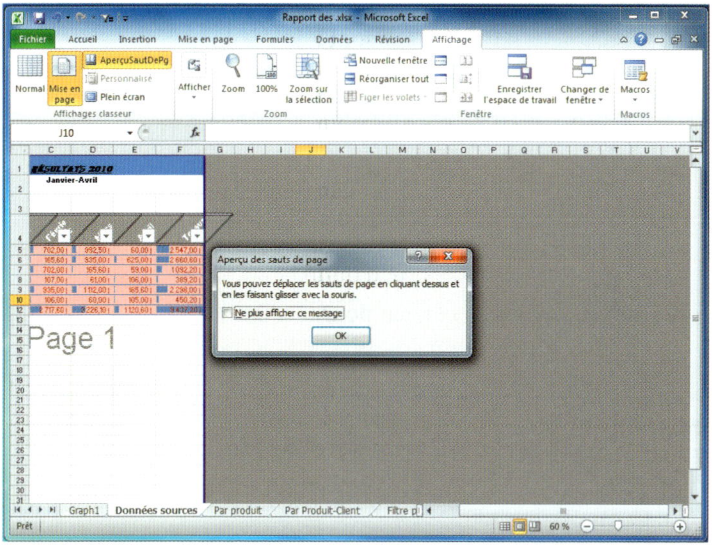
Rapport des .xlsx - Microsoft Excel
Fichier
Accueil
Insertion
Mise en page
Formules
Données
Révision
Affichage
Normal
Mise en page
AperçuSautDePg
Personnalisé
Plein écran
Affichages classeur
Afficher
Zoom
100%
Zoom sur la sélection
Nouvelle fenêtre
Réorganiser tout
Figer les volets
Enregistrer l'espace de travail
Changer de fenêtre
Fenêtre
Macros
J10
RÉSULTATS 2010
Janvier-Avril
Page 1
Aperçu des sauts de page
Vous pouvez déplacer les sauts de page en cliquant dessus et en les faisant glisser avec la souris.
Ne plus afficher ce message
OK
Graph1
Données sources
Par produit
Par Produit-Client
Prêt
60 %

Figure 10.4

Figer les en-têtes d'une feuille de calcul

1. Choisissez ce que vous voulez figer :

   Colonnes : sélectionnez une cellule à droite de la colonne que vous voulez figer. Par exemple, cliquez dans la cellule B1 pour figer la colonne A.

   Lignes : sélectionnez la ligne située en dessous celle que vous voulez figer. Par exemple, cliquez dans la cellule A4 pour figer les lignes 1, 2 et 3.

   Colonnes et lignes : cliquez dans la cellule située sous les lignes et à droite des colonnes que vous voulez figer. Par exemple, cliquez dans la cellule B2 pour figer la colonne A et la ligne 1, comme dans la Figure 10.5.

   Le volet Figer n'affecte que la feuille de calcul active. Si vous voulez figer d'autres feuilles de calcul, sélectionnez-les et figez-les une par une.

2. Cliquez sur Affichage > Figer les volets > Figer les volets dans le groupe Fenêtre. Une fine ligne noire apparaît pour séparer les différentes sections. Comme vous pouvez le constater dans la Figure 10.6, lorsque vous faites défiler la feuille de calcul vers le bas et la droite, la ligne 1 et la colonne A restent visibles tandis que vous visualisez les lignes 77 à 95 au bas de la section et les colonnes D à I à droite.

   Généralement, quand vous appuyez sur les touches Ctrl+Début, Excel sélectionne la cellule A1. Si l'option Figer les volets est activée, Ctrl+Début renvoie à la cellule située en dessous et à droite des en-têtes de colonne. Toutefois, vous pouvez toujours utiliser les flèches du clavier ou la souris pour atteindre la cellule de votre choix.

3. Cliquez sur Affichage > Figer les volets > Libérer les volets pour supprimer le gel des en-têtes de ligne et de colonne.

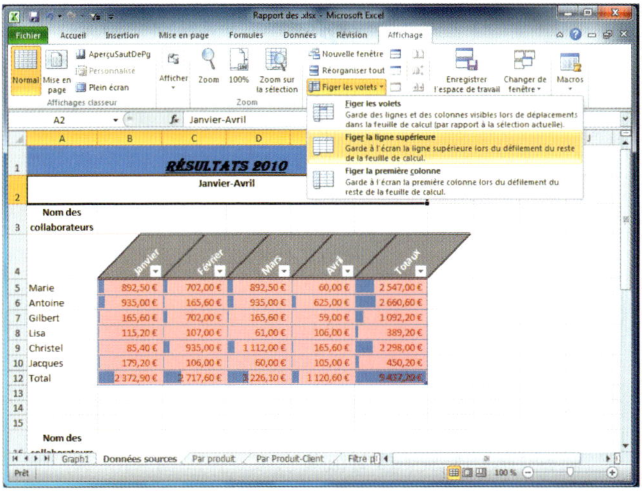

Figure 10.5

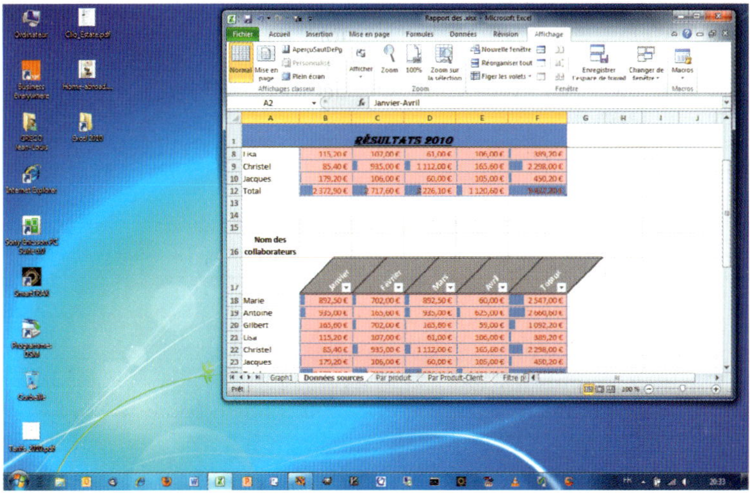

Figure 10.6

Fractionner l'écran Excel

1. Cliquez dans une ligne ou dans une colonne, à l'endroit où vous voulez fractionner l'écran. En général, il s'agit plus ou moins du milieu de l'écran.
2. Cliquez sur Affichage > Fractionner dans le groupe Fenêtre. Excel fractionne la fenêtre en deux ou quatre volets, séparés par des barres. Chaque volet possède son propre jeu de barres de défilement (voir Figure 10.7).
3. Glissez la barre de fractionnement horizontale vers le haut ou vers le bas ou bien la barre de fractionnement verticale vers la gauche ou la droite afin de redimensionner les fenêtres.

   Double-cliquez sur l'une des barres qui sépare les volets pour supprimer ce fractionnement.

4. Cliquez une nouvelle fois sur Affichage > Fractionner pour supprimer le fractionnement.

Organiser les fenêtres

1. Ouvrez deux classeurs ou plus et cliquez sur Affichage > Réorganiser tout dans le groupe Fenêtre. La boîte de dialogue Réorganiser, illustrée dans la Figure 10.8, s'ouvre.
2. Cochez l'une des options suivantes :

   Mosaïque dispose les fenêtres des classeurs ouverts de telle sorte qu'elles ne se chevauchent pas.

   Horizontal dispose les fenêtres des classeurs ouverts horizontalement, les unes au-dessus des autres.

   Vertical dispose les fenêtres des classeurs ouverts les unes à côté des autres.

   Cascade dispose les fenêtres des classeurs ouverts de façon à ce qu'elles se chevauchent mais que la barre de titre soit visible.

3. Cliquez sur OK.

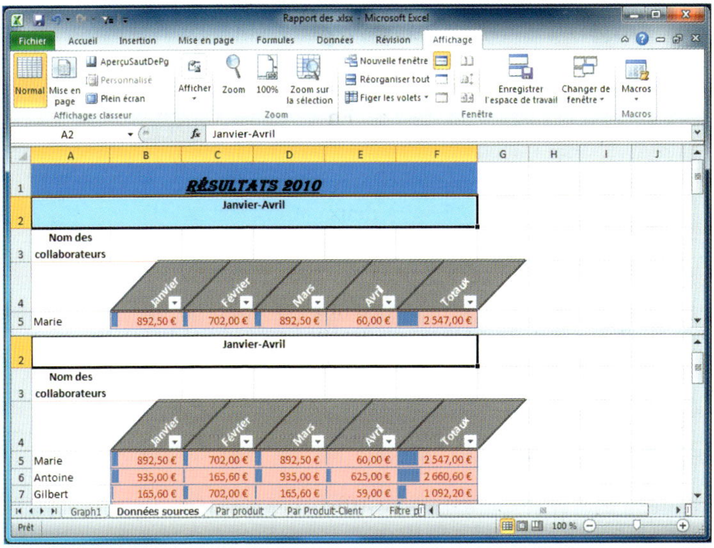

Figure 10.7

Figure 10.8

Comparer des feuilles de calcul

1. Ouvrez deux classeurs.
2. Cliquez sur Affichage > Afficher côte à côte dans le groupe Fenêtre. Les deux classeurs sont affichés horizontalement, l'un en dessous de l'autre, comme dans la Figure 10.9.

Si plus de deux classeurs sont ouverts, une boîte de dialogue s'affiche et vous permet de sélectionner les classeurs à comparer.

3. Parcourez une feuille de calcul. Notez que l'autre feuille défile simultanément.
4. Cliquez sur Affichage > Défilement synchrone dans le groupe Fenêtre pour désactiver l'option afin de parcourir les feuilles de calcul séparément.
5. Cliquez sur Affichage > Rétablir la position de la fenêtre dans le groupe Fenêtre pour revenir à la position initiale des fenêtres lorsque vous avez commencé à comparer les classeurs.
6. Cliquez sur Affichage > Afficher côte à côte dans le groupe Fenêtre pour revenir au mode d'affichage Normal.

Enregistrer un modèle

1. Créez un classeur Excel. Les modèles peuvent stocker la mise en forme, la mise en page, les données, les formules et bien d'autres éléments.
2. Cliquez sur Fichier > Enregistrer sous. La boîte de dialogue Enregistrer sous s'ouvre.
3. Entrez le nom du modèle dans la zone Nom de fichier.
4. Sélectionnez Modèle Excel dans la liste déroulante Type. Excel enregistre automatiquement le modèle à l'emplacement par défaut (voir Figure 10.10).
5. Cliquez sur Enregistrer et fermez le classeur.

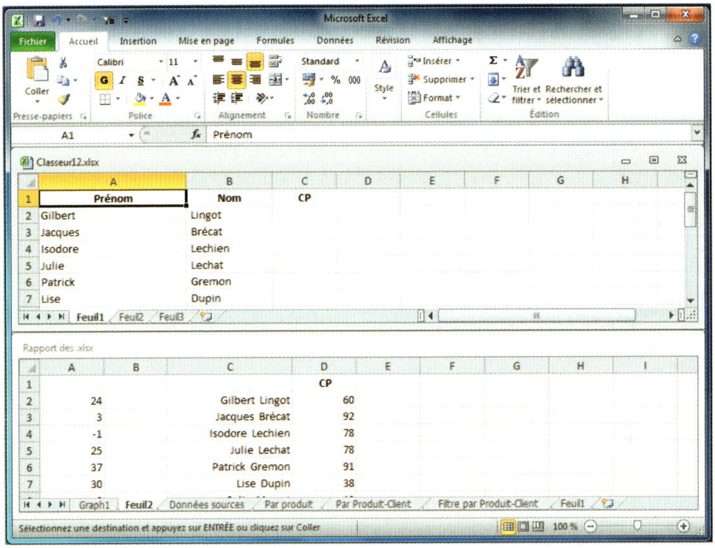

Figure 10.9

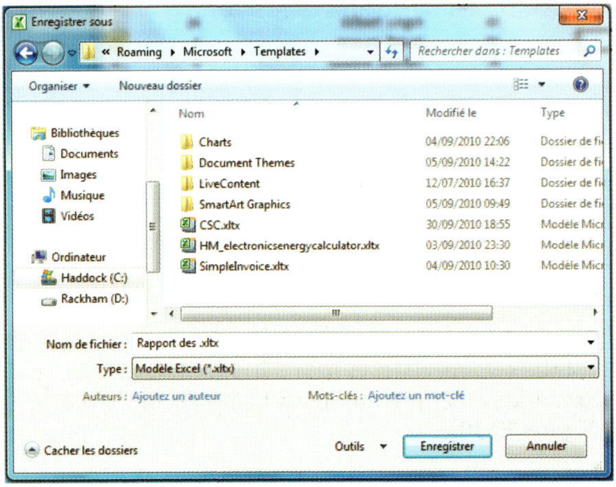

Figure 10.10

Ouvrir un modèle

1. Cliquez sur Fichier > Nouveau. Le mode Backstage affiche la fenêtre Modèles disponibles.

   Le raccourci Ctrl+N ne fonctionne pas dans ce cas. En effet, il crée automatiquement un nouveau classeur vierge et n'ouvre pas un modèle enregistré.

   Cliquez sur l'une des catégories de la section Microsoft Office.com pour visualiser l'énorme collection de modèles dont la plupart sont gratuits.

2. Cliquez sur Mes modèles. La boîte de dialogue Nouveau s'ouvre et affiche vos modèles personnels (voir Figure 10.11).
3. Sélectionnez le modèle que vous voulez utiliser et cliquez sur OK.

Créer un classeur à partir d'un fichier existant

1. Cliquez sur Fichier > Nouveau. Le mode Backstage affiche la fenêtre Modèles disponibles.
2. Cliquez sur le bouton Créer à partir d'un document existant. La boîte de dialogue Créer à partir d'un classeur existant s'ouvre, comme le montre la Figure 10.12.
3. Recherchez et sélectionnez le classeur que vous voulez ouvrir.
4. Cliquez sur Créer. Excel ouvre une copie du classeur. La barre de titre affiche le même nom que le document original, suivi d'un numéro.

   Lorsque vous enregistrez le classeur, la boîte de dialogue Enregistrer sous s'ouvre automatiquement et vous invite à nommer ce nouveau fichier.

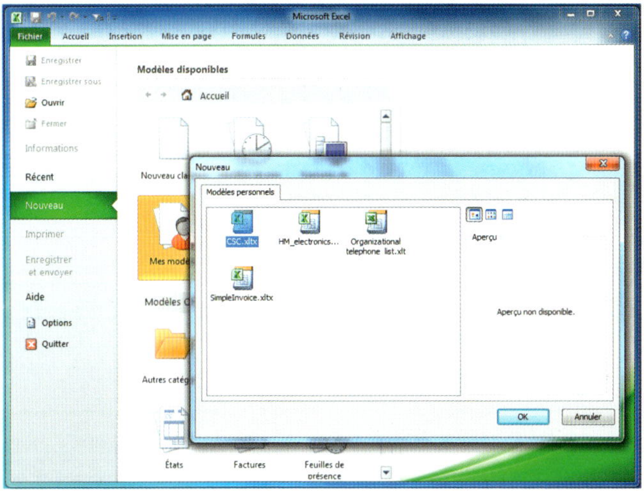

Figure 10.11

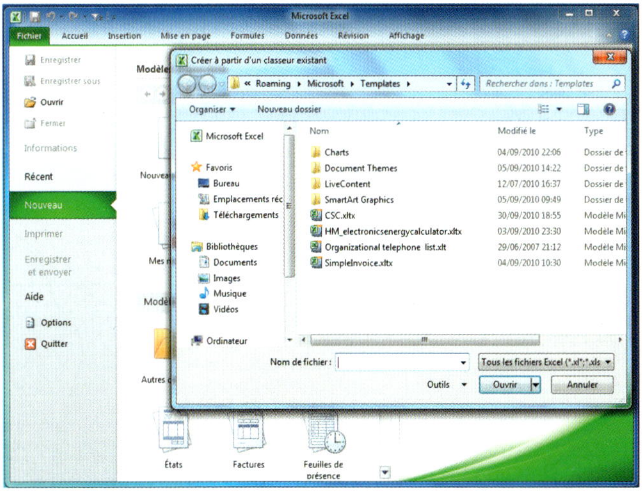

Figure 10.12

Surveiller des cellules dans la Fenêtre Espion

1. Cliquez sur Formules > Fenêtre Espion dans le groupe Audit de formules. La boîte de dialogue Fenêtre Espion s'ouvre.

Utilisez la Fenêtre Espion pour garder un œil sur les données d'une cellule ou d'une plage spécifique, même quand ces cellules ne sont plus visibles.

2. Cliquez sur Ajouter un espion. La boîte de dialogue Ajouter un espion s'ouvre, comme le montre la Figure 10.13.
3. Sélectionnez la ou les cellules que vous voulez surveiller ou entrez manuellement la référence des cellules.
4. Cliquez sur Ajouter. Excel ajoute les cellules dans la Fenêtre Espion, y compris les valeurs ou formules contenues dans ces cellules. Quand vous vous éloignez des cellules d'origine, la Fenêtre Espion continue d'afficher le contenu des cellules (voir Figure 10.14).
5. Répétez les étapes 2 à 4 pour ajouter d'autres plages à surveiller dans la Fenêtre Espion. Vous pouvez ajouter des plages de la même feuille, d'une autre feuille ou d'un autre classeur ouvert.

Pour retourner dans une cellule d'origine, double-cliquez sur le nom de la cellule dans la Fenêtre Espion.

6. Si nécessaire, effectuez l'une des actions suivantes :
   - **Pour supprimer une cellule de la Fenêtre Espion**, cliquez sur le nom de la cellule puis sur Supprimer un espion. Excel supprime aussitôt la cellule de la fenêtre.
   - **Pour déplacer la Fenêtre Espion**, cliquez sur la barre de titre de la fenêtre et glissez-la ailleurs sur l'écran.
   - **Pour redimensionner les colonnes de la Fenêtre Espion**, placez le pointeur de la souris entre deux colonnes de la fenêtre et glissez pour modifier la taille de la colonne de gauche.

7. Lorsque vous avez terminé, cliquez sur le bouton Fermer (X) de la Fenêtre Espion.

Figure 10.13

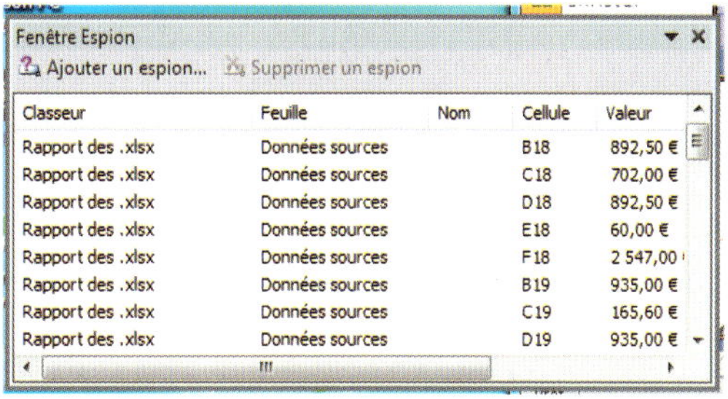

Figure 10.14

Chapitre 11

Trier les données

Les feuilles de calcul peuvent quelquefois devenir si grandes que rechercher des informations spécifiques devient interminable et laborieux. Si vos données figurent dans un tableau, vous les retrouvez plus facilement si elles sont classées de manière logique.

Vous avez peut-être une multitude de feuilles de calcul et souhaitez rechercher toutes les occurrences d'une valeur spécifique. Peut-être êtes-vous tout simplement maniaque et souhaitez que tout respecte un ordre bien précis. Excel dispose de fonctionnalités qui vous permettent d'organiser et de gérer vos feuilles de calcul très facilement.

Dans ce chapitre, vous allez découvrir comment :

- Trier les données par ordre croissant ou décroissant à l'aide du Ruban ou de la boîte de dialogue Tri.
- Réaliser un tri secondaire si le tri principal renvoie plusieurs correspondances.
- Trier des données contenant les jours de la semaine ou les noms des mois.
- Créer une liste personnalisée des mots ou noms les plus souvent utilisés.
- Rechercher des cellules contenant des données qui font partie d'une formule ou sont le résultat de la valeur d'une cellule.
- Remplacer rapidement des données contenant certaines informations par un ensemble spécifique de données.
- Rechercher toutes les cellules qui ont une mise en forme spécifique et la remplacer par un autre format.

Utiliser le Ruban pour trier

1. Pour un tri simple, créez une liste continue de données avec des en-têtes pour spécifier le contenu de chaque colonne. La Figure 11.1 propose un tableau de données idéal.

2. Cliquez dans n'importe quelle cellule de la colonne à trier.

   Si les données figurent dans une liste continue, inutile de la sélectionner en entier. Si ce n'est pas le cas, il faut sélectionner la liste entière. Si Excel trouve des données non sélectionnées dans les colonnes proches des données sélectionnées, il risque de vous demander de préciser la sélection.

3. Cliquez sur Données > Trier de A à Z dans le groupe Trier et filtrer (si la cellule active contient une valeur numérique, le bouton affiche Trier du plus petit au plus grand). Excel trie la liste dans l'ordre croissant. Dans la Figure 11.2, la colonne Entreprise est triée dans l'ordre alphabétique (de A à Z).

   Le tri dans l'ordre croissant trie le texte dans l'ordre alphabétique, les nombres du plus petit au plus grand (de 0 à 9) et les dates de la plus ancienne à la plus récente.

   Excel trie dans l'ordre suivant : nombres, espaces, caractères spéciaux (c'est-à-dire ! " # $ % & ( ) * , . / : ; ? @ [\ ] ^ _ ' { | } ~ + < = >), lettres.

4. Cliquez sur Données > Trier de Z à A (ou du plus grand au plus petit) dans le groupe Trier et filtrer. Excel trie la liste dans l'ordre décroissant.

   Si Excel trie mal une cellule contenant une valeur, assurez-vous que la cellule est au format nombre et non texte.

   Le tri dans l'ordre décroissant trie le texte dans l'ordre alphabétique inverse, les nombres du plus grand au plus petit (de 9 à 0) et les dates de la plus récente à la plus ancienne.

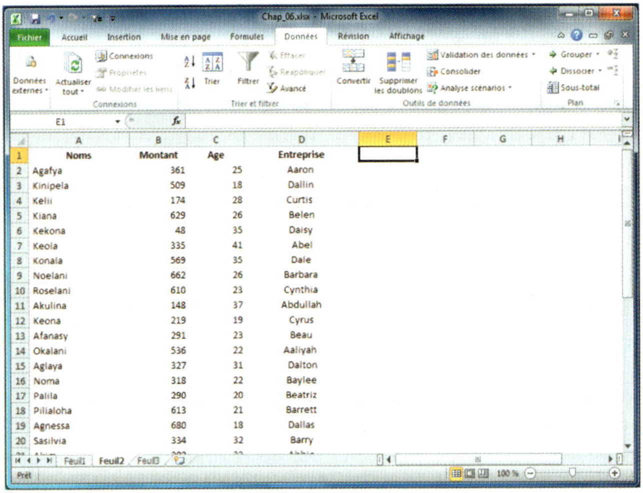

Figure 11.1

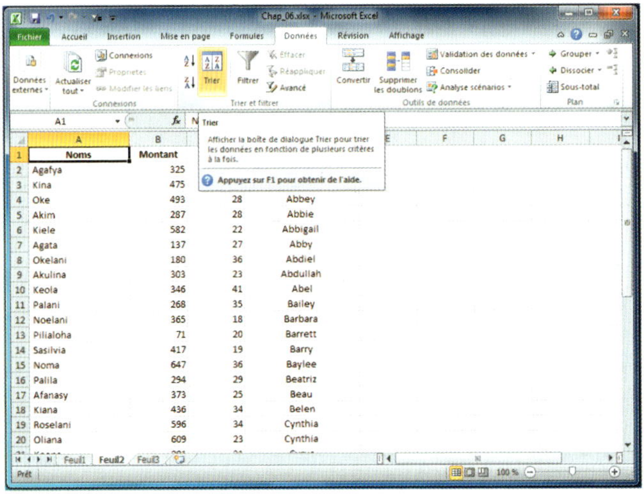

Figure 11.2

Travailler avec la commande Trier

1. Sélectionnez la liste de données à trier ou cliquez dedans.

   Sélectionnez une seule colonne de données si vous voulez trier cette colonne indépendamment du reste des données.

2. Cliquez sur Données > Trier dans le groupe Trier et filtrer. La boîte de dialogue Tri s'ouvre (voir Figure 11.3).
3. Si vos données contiennent des en-têtes de colonnes, veillez à ce que la case Mes données ont des en-têtes soit sélectionnée. Si vos données ne contiennent pas d'en-têtes de colonnes, désélectionnez cette option.

   Excel ne tient pas compte des lignes de titre dans le processus de tri.

4. Dans la liste déroulante Trier par, sélectionnez la colonne à trier (voir Figure 11.4).

   Si vous ne disposez pas de lignes de titre, Excel affiche Colonne A, Colonne B, etc.

5. Dans la liste déroulante Trier sur, sélectionnez Valeurs (je détaille les autres options ultérieurement dans ce chapitre).
6. Dans la liste déroulante Ordre, sélectionnez le type de tri :
   - Sélectionnez De A à Z ou De Z à A pour trier du texte.
   - Sélectionnez Du plus petit au plus grand ou Du plus grand au plus petit pour trier des valeurs numériques.
   - Sélectionnez Du plus ancien au plus récent ou Du plus récent au plus ancien pour trier des dates.
7. Cliquez sur OK. Excel trie les données dans l'ordre suivant : nombres, espaces, caractères spéciaux et caractères alphabétiques. Les cellules vides sont toujours placées en dernier.

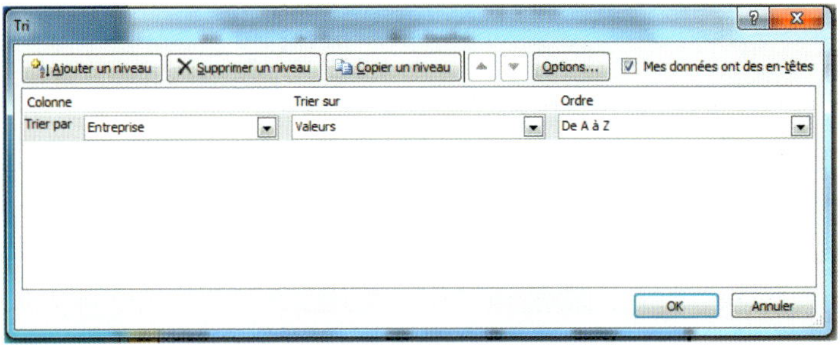

Figure 11.3

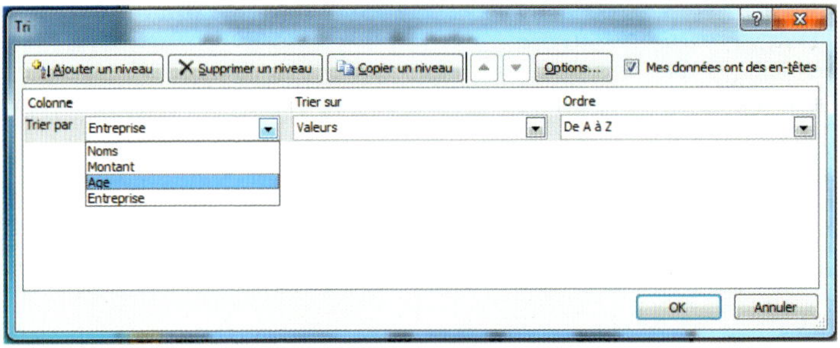

Figure 11.4

Trier selon plusieurs critères

1. Sélectionnez ou cliquez dans la liste de données à trier. Cliquez sur Données > Trier dans le groupe Trier et filtrer. La boîte de dialogue Tri s'ouvre.
2. Si vos données contiennent des en-têtes de colonnes, veillez à ce que la case Mes données ont des en-têtes soit sélectionnée. Si vos données ne contiennent pas d'en-têtes de colonnes, désélectionnez cette option.

   Même si le tri le plus courant se fait par lignes (de haut en bas), vous pouvez aussi trier par colonnes (de gauche à droite). Dans la boîte de dialogue Tri, cliquez sur le bouton Options, sélectionnez De la gauche vers la droite dans la section Orientation et cliquez sur OK.

3. Définissez le premier critère de tri comme dans la section précédente.

   Excel trie les données contenant des barres obliques, par exemple 22/11/68, comme des valeurs numériques. Les dates dont le jour ou le mois sont en toutes lettres sont triées différemment. Reportez-vous à la section « Trier par jour, mois ou liste personnalisée », proposée plus loin dans ce chapitre.

4. Cliquez sur le bouton Ajouter un niveau.
5. Dans la zone Puis par, sélectionnez la deuxième colonne à trier si deux ou plusieurs éléments sont identiques dans l'option Trier par.
6. Sélectionnez le type de tri à appliquer au second critère. Répétez ces étapes si nécessaire (voir Figure 11.5).

   Pour supprimer une entrée, sélectionnez-la et cliquez sur Supprimer un niveau. La liste de tri doit contenir au moins un critère.

7. Cliquez sur OK. Excel effectue le tri. La Figure 11.6 représente des listes de données triées par région, par ville puis par entreprise.

   Pendant le tri, les apostrophes (') et les traits d'union (-) sont ignorés à moins que deux chaînes de texte soient identiques à un trait d'union près. Dans ce cas, le texte contenant le trait d'union est placé en dernier.

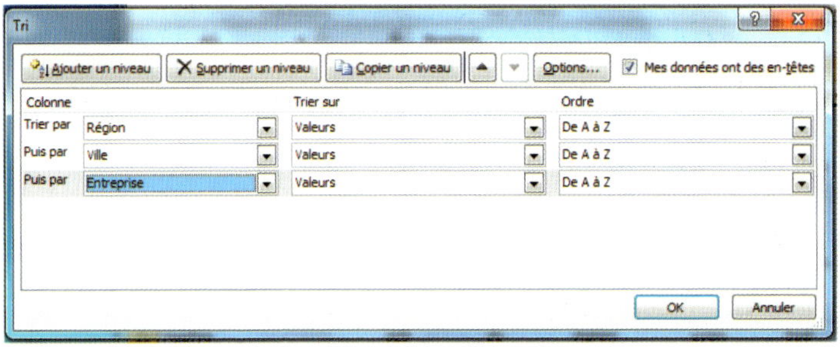

Figure 11.5

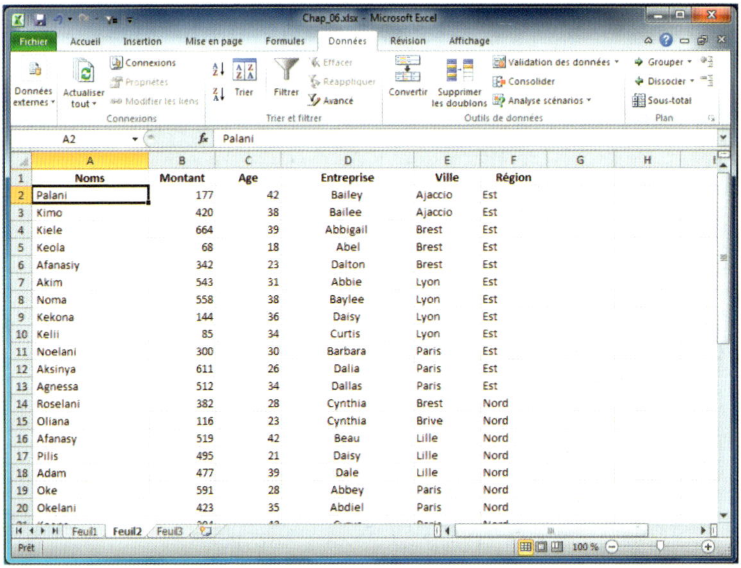

Figure 11.6

Créer une liste personnalisée

1. Cliquez sur Fichier > Options. La boîte de dialogue Options Excel s'ouvre.
2. Sélectionnez Options avancées et faites défiler la fenêtre jusqu'à la section Général (voir Figure 11.7).
3. Cliquez sur le bouton Modifier les listes personnalisées. La boîte de dialogue Options/Listes pers. apparaît. Excel propose deux façons de créer une liste personnalisée :

   Une liste personnalisée peut contenir du texte ou du texte et des nombres. L'utilisation de listes personnalisées permet d'accélérer la saisie des mots les plus utilisés, comme les noms des commerciaux de l'entreprise, les régions ou les produits.

   - **Pour créer une liste à partir d'éléments déjà saisis dans la feuille de calcul**, cliquez sur l'icône située à côté du bouton Importer. La boîte de dialogue Options/Listes pers. se réduit. Sélectionnez les cellules contenant les données de la liste et appuyez sur Entrée. La boîte de dialogue Options/Listes pers. réapparaît. Cliquez sur le bouton Importer. Les données sélectionnées apparaissent dans les zones Listes personnalisées et Entrées de la liste.
   - **Pour saisir votre propre liste sans passer par la feuille de calcul**, cliquez sur Nouvelle liste dans la zone Listes personnalisées. Entrez les éléments de votre liste dans la zone Entrées de la liste, comme dans la Figure 11.8 puis cliquez sur le bouton Ajouter.
4. Cliquez deux fois sur OK.

Vous pouvez désormais utiliser le remplissage automatique avec la liste personnalisée en tapant une entrée de la liste et en utilisant le remplissage automatique pour compléter la liste. Reportez-vous au Chapitre 2.

Pour modifier une liste personnalisée, ouvrez la boîte de dialogue Options/Listes pers. et sélectionnez la liste que vous voulez modifier. Modifiez-la dans la zone Entrées de la liste et cliquez sur le bouton Ajouter. Pour supprimer une liste personnalisée, sélectionnez-la et cliquez sur Supprimer. Vous ne pouvez pas modifier ou supprimer les listes fournies par Excel, c'est-à-dire les listes de jours et de mois.

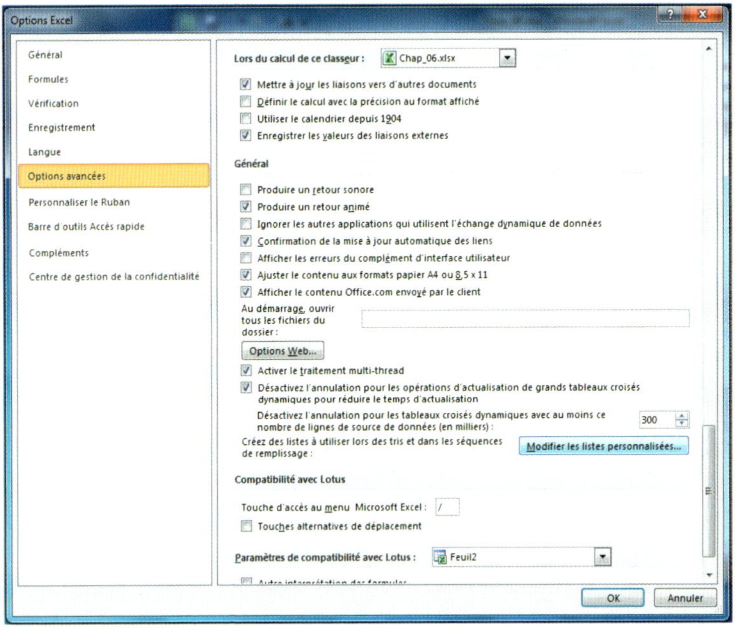

Figure 11.7

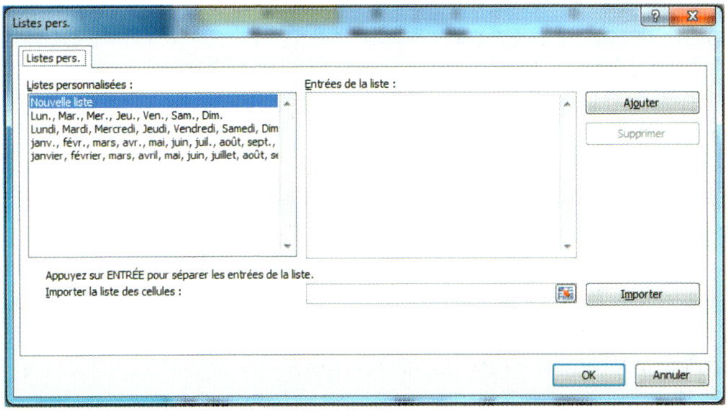

Figure 11.8

Trier par jour, mois ou liste personnalisée

1. Sélectionnez la liste de données à trier ou cliquez dedans.
2. Cliquez sur Données > Trier dans le groupe Trier et filtrer.
   La boîte de dialogue Tri s'ouvre.
3. Si les données contiennent des en-têtes de colonnes, vérifiez que l'option Mes données ont des en-têtes est bien cochée. Si les données n'ont pas d'en-têtes, désélectionnez l'option.
4. Sélectionnez le premier critère du tri.

   Par défaut, Excel trie les jours et les mois par ordre alphabétique et non par date.

5. Dans la liste déroulante Ordre, sélectionnez Liste personnalisée.
   La boîte de dialogue Listes pers. apparaît.
6. Sélectionnez la liste personnalisée (voir Figure 11.9) que vous voulez trier et cliquez sur OK. La boîte de dialogue Tri réapparaît.
7. Définissez éventuellement d'autres critères de tri et cliquez sur OK pour effectuer le tri.

Supprimer les doublons

1. Sélectionnez ou cliquez dans la liste de données à trier.
2. Cliquez sur Données > Supprimer les doublons dans le groupe Outils de données. La boîte de dialogue Supprimer les doublons s'ouvre (voir Figure 11.10).
3. Cochez ou décochez les colonnes qu'Excel doit analyser et cliquez sur OK. Excel recherche et supprime les doublons.
   Un message apparaît et vous indique le nombre de doublons supprimés (s'il y en a) et le nombre de valeurs uniques restantes.
4. Cliquez sur OK.

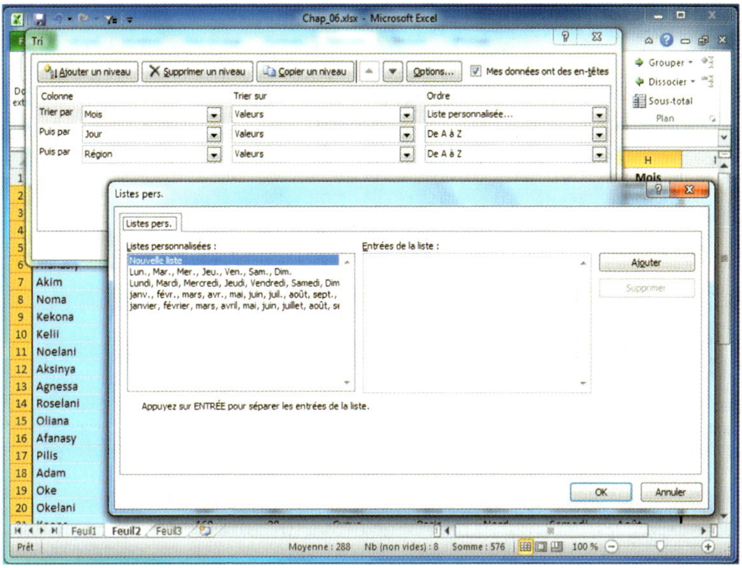

Figure 11.9

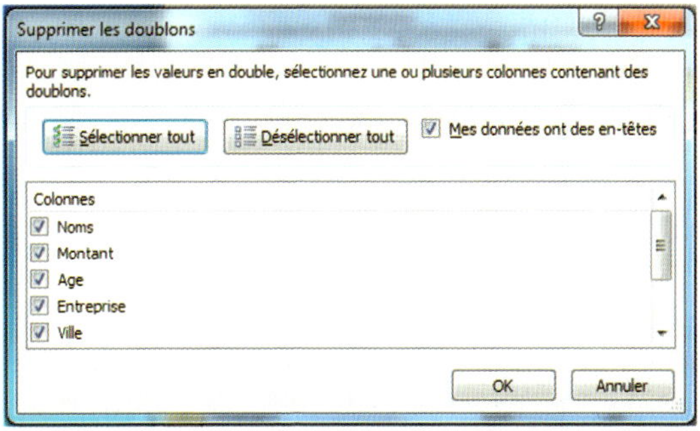

Figure 11.10

Trier par mise en forme

1. Sélectionnez la liste de données à trier ou cliquez dedans.

   Le tri par mise en forme est utile si vous avez spécifié des options de mise en forme conditionnelle. Il permet de trier tous les éléments en fonction de ces options, au haut ou au bas de la liste de données.

2. Cliquez sur Données > Trier dans le groupe Trier et filtrer.
   La boîte de dialogue Tri s'ouvre.

3. Si vos données contiennent des en-têtes de colonnes, veillez à ce que la case Mes données ont des en-têtes soit sélectionnée. Si vos données ne contiennent pas d'en-têtes de colonnes, désélectionnez cette option.

4. Sélectionnez le premier critère de tri et, dans la liste déroulante Trier sur, sélectionnez l'une des options suivantes :

   - **Couleur de cellule** : cette option trie les cellules en fonction de leur couleur d'arrière-plan.
   - **Couleur de police** : cette option trie les cellules en fonction de la couleur de la police, sans tenir compte de la couleur de l'arrière-plan.

5. Ouvrez la liste Ordre. Plusieurs options s'affichent, notamment Automatique et les différentes couleurs utilisées dans la liste sélectionnée.

6. Sélectionnez la couleur de police ou de cellule à utiliser comme critère de tri (voir Figure 11.11).

7. Précisez si vous voulez que les cellules ainsi mises en forme soient placées en haut ou en bas de la liste de données.

8. Ajoutez éventuellement d'autres critères de tri et cliquez sur OK. Dans la Figure 11.12, les données triées par mise en forme sont placées en haut de la liste.

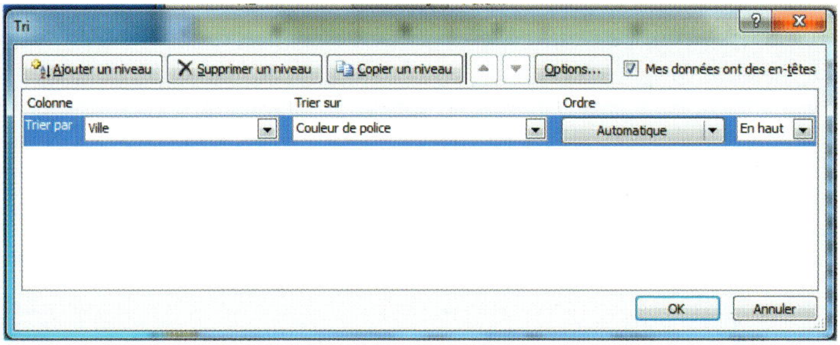

Figure 11.11

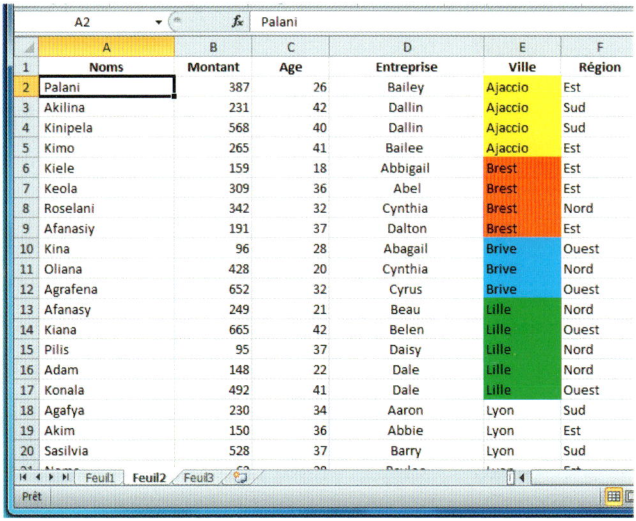

	A	B	C	D	E	F
1	Noms	Montant	Age	Entreprise	Ville	Région
2	Palani	387	26	Bailey	Ajaccio	Est
3	Akilina	231	42	Dallin	Ajaccio	Sud
4	Kinipela	568	40	Dallin	Ajaccio	Sud
5	Kimo	265	41	Bailee	Ajaccio	Est
6	Kiele	159	18	Abbigail	Brest	Est
7	Keola	309	36	Abel	Brest	Est
8	Roselani	342	32	Cynthia	Brest	Nord
9	Afanasiy	191	37	Dalton	Brest	Est
10	Kina	96	28	Abagail	Brive	Ouest
11	Oliana	428	20	Cynthia	Brive	Nord
12	Agrafena	652	32	Cyrus	Brive	Ouest
13	Afanasy	249	21	Beau	Lille	Nord
14	Kiana	665	42	Belen	Lille	Ouest
15	Pilis	95	37	Daisy	Lille	Nord
16	Adam	148	22	Dale	Lille	Nord
17	Konala	492	41	Dale	Lille	Ouest
18	Agafya	230	34	Aaron	Lyon	Sud
19	Akim	150	36	Abbie	Lyon	Est
20	Sasilvia	528	37	Barry	Lyon	Sud

Figure 11.12

Recherher des données

1. Cliquez sur Accueil > Rechercher et sélectionner > Rechercher dans le groupe Edition. La boîte de dialogue Rechercher et remplacer s'ouvre.

   Autre possibilité : appuyez sur Ctrl+F pour ouvrir la boîte de dialogue Rechercher et remplacer.

2. Dans la zone Rechercher, entrez la valeur ou le mot à rechercher.
3. Cliquez sur le bouton Options et spécifiez les options souhaitées (voir Figure 11.13) :
   - **Dans** : recherche dans la feuille de calcul active ou dans tout le classeur.
   - **Sens** : lance la recherche en commençant par les lignes ou par les colonnes.
   - **Regarder dans** : recherche également dans les valeurs ou le résultat des formules, dans les formules ou dans les commentaires.

   Sélectionnez Formules dans la liste Regarder dans si vous recherchez une formule contenant une référence à une cellule spécifique.

   - **Respecter la casse** : cochez cette option si vous voulez que la recherche respecte la casse (par exemple BONJOUR au lieu de BonJour ou Bonjour).
   - **Totalité du contenu dans la cellule :** cochez cette option si vous voulez que les résultats correspondent exactement à vos critères de recherche.
4. Cliquez sur Suivant. Excel sélectionne la première occurrence trouvée (voir Figure 11.14). S'il ne s'agit pas de l'entrée que vous recherchez, cliquez encore sur Suivant. Si Excel ne trouve pas les données recherchées, un message vous en informe.
5. Cliquez sur Fermer lorsque vous avez trouvé l'entrée recherchée.

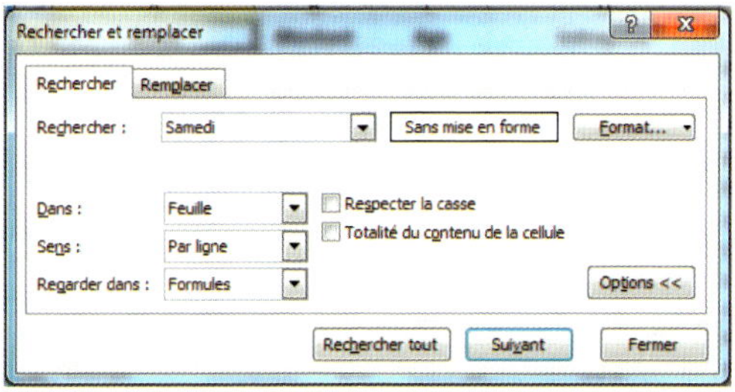

Figure 11.13

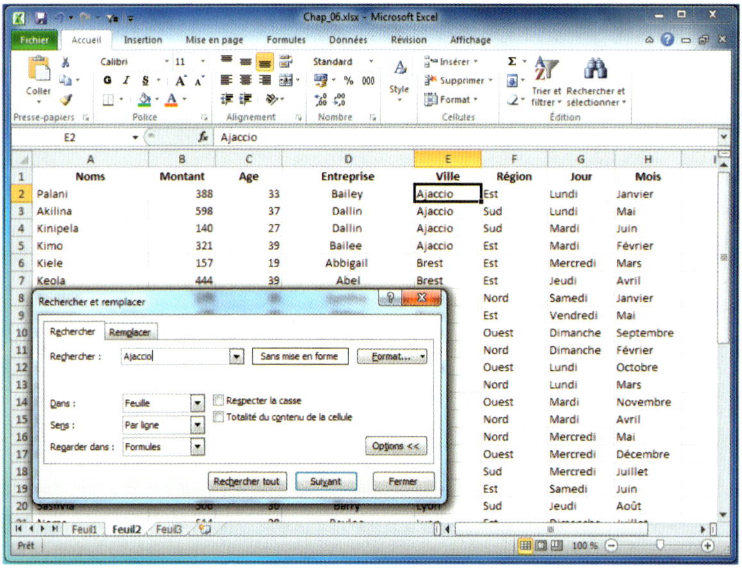

Figure 11.14

Rechercher toutes les occurrences

1. Cliquez sur Accueil > Rechercher et sélectionner > Rechercher dans le groupe Edition. La boîte de dialogue Rechercher et remplacer s'ouvre.
2. Dans la zone Rechercher, entrez la valeur ou le mot à rechercher.
3. Cliquez sur Options et spécifiez les options souhaitées (consultez la section précédente).
4. Cliquez sur le bouton Rechercher tout. La boîte de dialogue Rechercher et remplacer se développe et affiche une liste de toutes les cellules qui contiennent les données recherchées (voir Figure 11.15).
5. Cliquez sur l'entrée souhaitée. La cellule spécifiée est sélectionnée. Cliquez sur Fermer à la fin de la recherche.

Rechercher par mise en forme

1. Cliquez sur Accueil > Rechercher et sélectionner > Rechercher dans le groupe Edition. La boîte de dialogue Rechercher et remplacer s'ouvre.
2. Cliquez sur le bouton Format. La boîte de dialogue Rechercher le format s'ouvre.

   Pour sélectionner un format à partir d'une cellule existante, cliquez sur la flèche du bouton Format puis sur Choisir le format à partir de la cellule. Cliquez sur la cellule souhaitée et continuez à définir les options de recherche.

3. Dans les différents onglets proposés, sélectionnez les options de mise en forme à rechercher (voir Figure 11.16).
4. Cliquez sur OK. La boîte de dialogue Rechercher le format se ferme et la boîte de dialogue Rechercher et remplacer affiche un aperçu du format sélectionné.
5. Cliquez sur le bouton Suivant ou Rechercher tout. Excel lance la recherche par mise en forme.

6. Cliquez sur le bouton Fermer pour fermer la boîte de dialogue Rechercher et remplacer.

Pour supprimer des options de recherche par mise en forme, ouvrez la boîte de dialogue Rechercher et remplacer, cliquez sur la flèche du bouton Format et sélectionnez Effacer la recherche de format.

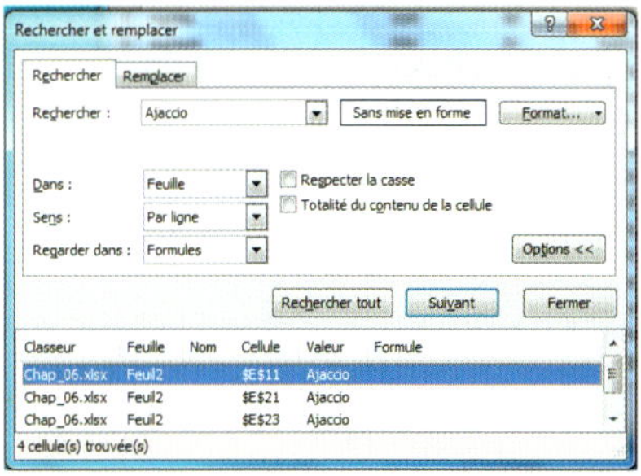

Figure 11.15

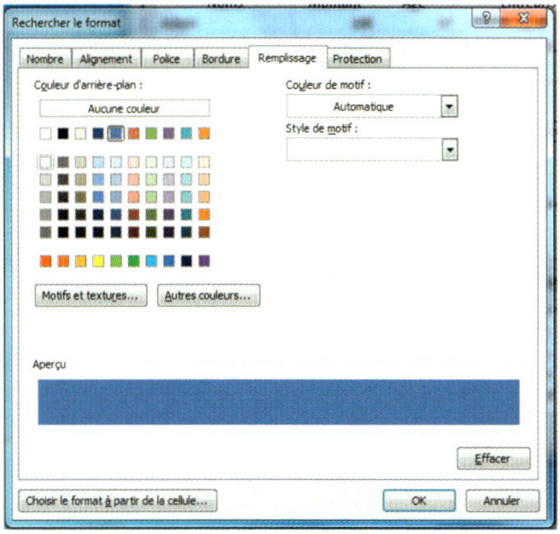

Figure 11.16

Utiliser la commande Remplacer

1. Cliquez sur Accueil > Rechercher et sélectionner > Remplacer dans le groupe Edition. La boîte de dialogue Rechercher et remplacer s'affiche avec l'onglet Remplacer ouvert.

   Si vous voulez remplacer des données seulement dans certaines cellules, lignes ou colonnes, sélectionnez-les avant d'ouvrir la boîte de dialogue Rechercher et remplacer.

   Vous pouvez aussi cliquer sur Ctrl+H pour ouvrir la boîte de dialogue Rechercher et remplacer.

2. Dans la zone Rechercher, entrez les données à rechercher.

   Cliquez sur le bouton Options pour afficher et sélectionner des options de recherche comme la mise en forme.

   Pour rechercher des données avec une mise en forme spécifique, cliquez sur le bouton Format et spécifiez la mise en forme recherchée.

3. Dans la zone Remplacer par, entrez les données qui vont remplacer les données trouvées (voir Figure 11.17).

   Comme pour les données à rechercher, vous pouvez spécifier une mise en forme pour les données de remplacement.

4. Cliquez sur Suivant pour trouver la première occurrence ou sur Rechercher tout pour afficher la liste de toutes les occurrences.

   Vous pouvez trier les résultats renvoyés par la commande Rechercher tout en cliquant sur un en-tête de colonne.

5. Si vous voulez utiliser les données de remplacement, cliquez sur Remplacer. Excel remplace les données et passe à l'occurrence suivante.

6. Si vous voulez remplacer toutes les occurrences en même temps, cliquez sur Remplacer tout. Excel affiche un message d'information, illustré dans la Figure 11.18, indiquant le nombre de remplacements effectués.
7. Cliquez sur OK.

Cliquez sur le bouton Fermer pour fermer la boîte de dialogue Rechercher et remplacer.

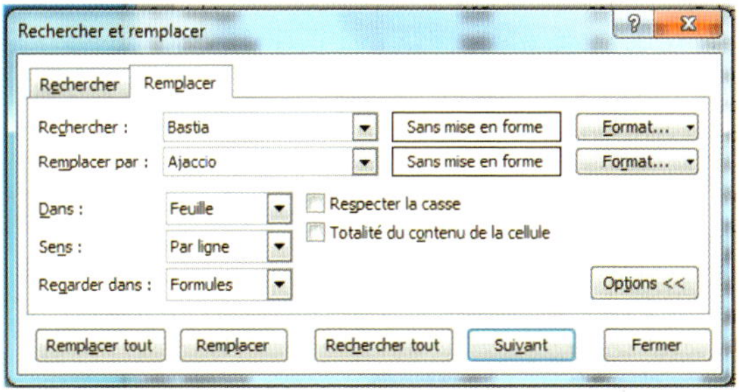

Figure 11.17

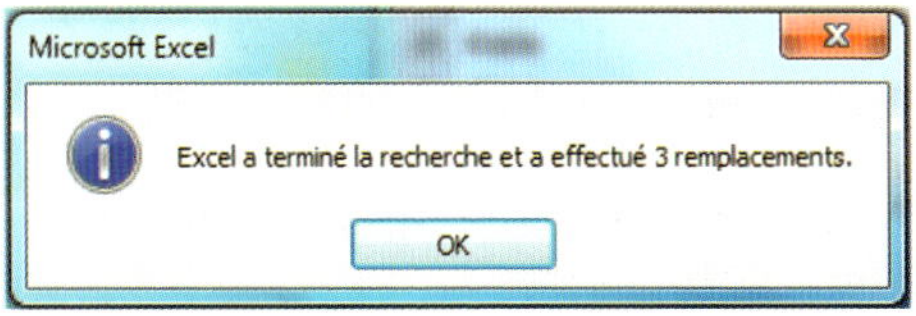

Figure 11.18

Chapitre 12

Créer des graphiques

Une image vaut mieux que de longs discours. Cet adage pourrait très facilement s'appliquer aux graphiques. C'est un fait, nous préférons regarder des images que des feuilles de calcul. Les graphiques offrent un moyen efficace d'illustrer des données et de visualiser les liens entre les valeurs. Ils représentent les nombres avec des formes et vous permettent de comparer ces formes les unes par rapport aux autres.

Si vous avez déjà passé des heures à dessiner un graphique sur du papier millimétré, vous allez réellement apprécier la facilité avec laquelle vous pouvez créer des dizaines de styles de graphiques différents sous Excel. De plus, vous n'avez rien à dessiner ! Il vous suffit de faire votre choix et, en quelques clics, vous obtenez une représentation en 2D ou 3D de vos données.

Les graphiques favorisent la réflexion : comme différents graphiques vous amènent à tirer des conclusions variées, vous vous posez des questions par rapport à ce que vous avez sous les yeux. Quelle que soit l'idée à transmettre, un graphique la simplifie forcément.

Les graphiques sparkline sont une nouveauté d'Excel 2010. Il s'agit de graphiques miniatures qui s'insèrent à côté de vos données dans les cellules. Il est possible de créer des graphiques sparkline en courbes, en colonnes ou positif/négatif.

Dans ce chapitre, vous allez découvrir comment :

- Travailler avec les graphiques sparkline.
- Créer un graphique rapidement et facilement.
- Modifier l'apparence ou le contenu d'un graphique.
- Travailler avec un graphique en 3D.

Insérer un graphique sparkline

1. Sélectionnez la cellule dans laquelle vous voulez insérer le graphique sparkline. Généralement, cette cellule est proche des données.
2. Cliquez sur Insertion et, dans le groupe Graphiques sparkline, sélectionnez un type de graphique sparkline : Courbes, Histogramme ou Positif/Négatif. La boîte de dialogue Créer des graphiques sparkline s'ouvre.
3. Dans la zone Plage de données, entrez (ou sélectionnez avec la souris) les cellules contenant les données à représenter graphiquement (voir Figure 12.1).
4. Si nécessaire, modifiez la cellule dans laquelle doit s'afficher le graphique sparkline dans la zone Plage d'emplacements.
5. Cliquez sur OK. Excel crée un graphique sparkline dans la cellule sélectionnée.

Pour supprimer un graphique sparkline, cliquez sur la cellule concernée puis sur Outils sparkline > Création > Effacer dans le groupe Groupe.

Pour économiser du temps quand vous créez plusieurs graphiques sparkline (comme dans l'exemple de la Figure 12.1), utilisez la poignée de remplissage automatique pour copier les options sparkline. Vous créez ainsi un groupe sparkline et les modifications apportées à un graphique sparkline affectent tous les graphiques sparkline du groupe.

Ajouter des marqueurs de graphique sparkline

1. Sélectionnez les cellules des graphiques sparkline auxquels vous voulez ajouter des marqueurs.
2. Cliquez sur Outils sparkline > Création. Dans le groupe Afficher, sélectionnez les marqueurs que vous voulez afficher. Dans la Figure 12.2, la case Point haut est cochée : seuls les points hauts sont affichés.

Pour modifier le type de graphique sparkline, sélectionnez les cellules concernées, cliquez sur Outils sparkline > Création et sélectionnez un autre type dans le groupe Type.

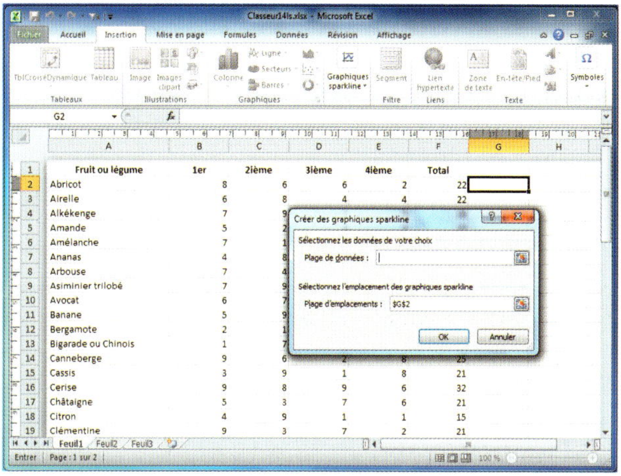

Figure 12.1

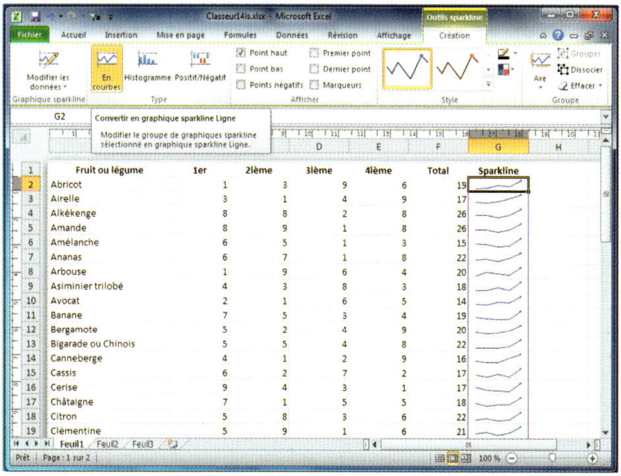

Figure 12.2

Modifier le style de graphique sparkline

1. Sélectionnez les cellules des graphiques sparkline dont vous voulez modifier le style.

   Si les graphiques sparkline appartiennent à un groupe et si vous voulez modifier le style d'un seul de ces graphiques, cliquez sur Outils sparkline > Création > Dissocier.

2. Cliquez sur Outils sparkline > Création. Dans le groupe Style, cliquez sur le bouton Autres situé sous les boutons de défilement. Une galerie de styles s'affiche, comme le montre la Figure 12.3.
3. Sélectionnez le style de graphique sparkline souhaité. Tous les graphiques sparkline sélectionnés adoptent le style choisi.

Modifier les données de graphique sparkline

1. Sélectionnez les cellules des graphiques sparkline dont vous voulez modifier les données.
2. Cliquez sur Outils sparkline > Création > Modifier les données dans le groupe Graphique sparkline. Un menu s'affiche.
3. Cliquez sur Modifier les données et l'emplacement du groupe si vous travaillez avec un groupe de graphiques sparkline. La boîte de dialogue Modifier les graphiques sparkline s'ouvre, comme le montre la Figure 12.4.

   Si vous voulez modifier les données d'un seul graphique sparkline, cliquez sur Modifier les données d'un seul graphique sparkline.

4. Dans la zone Plage de données, entrez la nouvelle plage de données à inclure dans les graphiques sparkline.
5. Dans la zone Plage d'emplacements, entrez ou sélectionnez éventuellement un nouvel emplacement.
6. Cliquez sur OK.

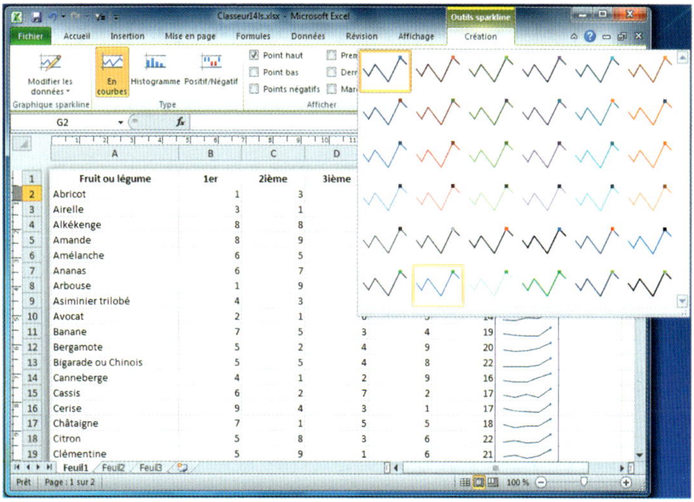

Figure 12.3

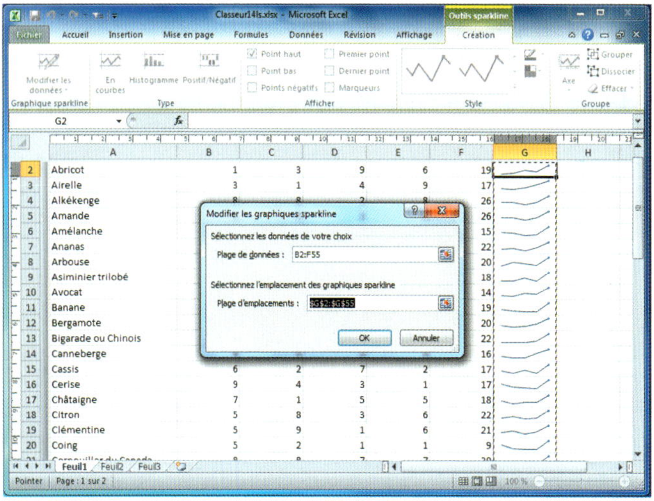

Figure 12.4

Créer un graphique basique

1. Sélectionnez les données (proches ou éloignées) que vous voulez représenter sous forme de graphique. La Figure 12.5 propose un exemple de données voisines, sélectionnées pour créer un graphique.

2. Appuyez sur F11. Excel ajoute immédiatement une nouvelle feuille (Graph1) dans votre classeur. Les données sélectionnées y sont représentées sous forme d'histogramme. Tous les graphiques sont numérotés à la suite (Graph2, Graph3, etc.). La Figure 12.6 vous présente les différents éléments qui constituent un graphique :

   Certains nouveaux claviers utilisent une touche différente de la touche F11. Si aucun graphique n'est généré quand vous appuyez sur F11, utilisez l'onglet Insertion, comme je l'explique dans la section suivante.

   Tout au long de ce chapitre, vous allez apprendre à modifier le style et l'apparence d'un graphique.

   - **Titre** : nom descriptif du graphique. Par défaut, un graphique basique n'a pas de titre mais vous pouvez en ajouter un manuellement ou à l'aide de l'assistant graphique.
   - **X ou axe des catégories** : Excel utilise les en-têtes de colonnes et de lignes des données sélectionnées comme noms de catégories. Dans un histogramme, les catégories s'affichent au bas. Dans d'autres graphiques (comme le graphique à barres), l'axe des catégories apparaît sur le côté gauche.
   - **Titre de l'axe des catégories** : nom descriptif de l'axe des catégories. Par défaut, un graphique basique ne contient pas de titre de catégorie mais vous pouvez en ajouter un manuellement ou à l'aide de l'assistant graphique.
   - **Étiquettes de données** : il s'agit généralement de nombres qui représentent les données mais il peut aussi s'agir de noms de catégories ou d'autres informations.

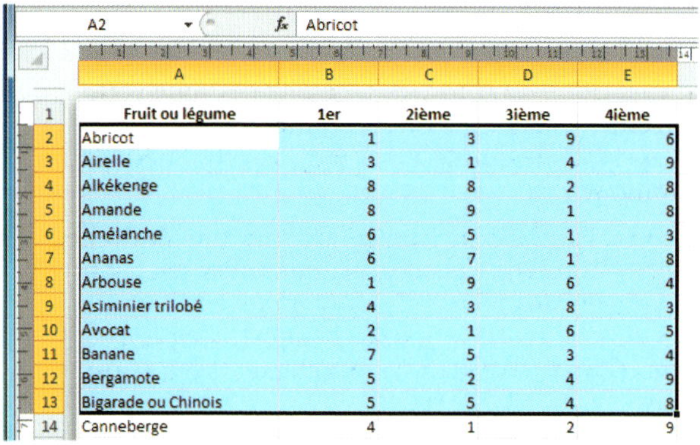

Fruit ou légume	1er	2ième	3ième	4ième
Abricot	1	3	9	6
Airelle	3	1	4	9
Alkékenge	8	8	2	8
Amande	8	9	1	8
Amélanche	6	5	1	3
Ananas	6	7	1	8
Arbouse	1	9	6	4
Asiminier trilobé	4	3	8	3
Avocat	2	1	6	5
Banane	7	5	3	4
Bergamote	5	2	4	9
Bigarade ou Chinois	5	5	4	8
Canneberge	4	1	2	9

Figure 12.5

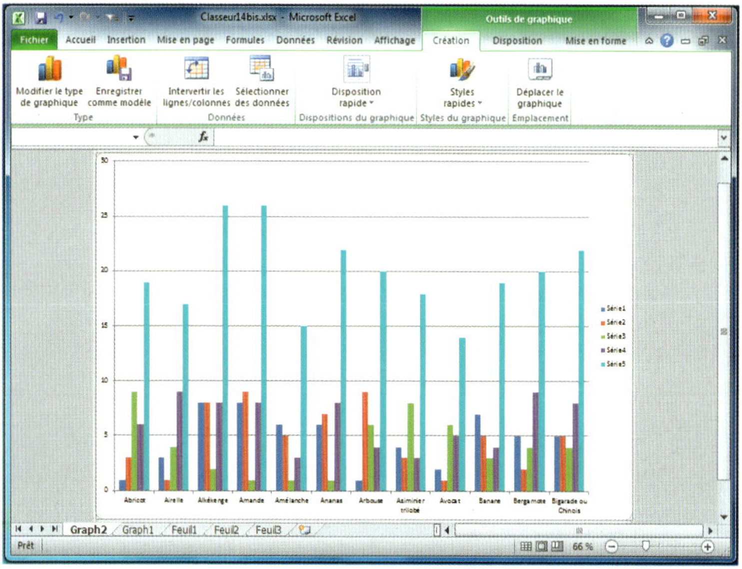

Figure 12.6

- **Y ou axe des valeurs** : échelle représentant le zéro ou le nombre le plus bas et le plus élevé des données représentées graphiquement. L'axe des valeurs est généralement situé à gauche dans un histogramme ou au bas d'un graphique à barres.
- **Titre de l'axe des valeurs** : nom descriptif pour les valeurs. Par défaut, un graphique basique ne contient pas de titre de valeur mais vous pouvez en ajouter un manuellement ou à l'aide de l'assistant graphique.
- **Légende** : ce petit encadré, généralement situé à droite, identifie les formes ou les couleurs attribuées aux séries de données du graphique. Dans la Figure 12.7, la légende indique les couleurs utilisées pour représenter les mois de janvier, février et mars.
- **Marques de graduation** : petites extensions de lignes qui apparaissent hors du graphique et représentent les graduations de l'axe des valeurs ou des catégories.
- **Quadrillage** : ces lignes partent des marques de graduation et s'étendent dans la zone de graphique pour faciliter l'observation et l'évaluation des données.
- **Séries** : Excel utilise les valeurs contenues dans les cellules de la feuille de calcul pour générer des séries. Chaque élément, appelé point de données, représente une valeur contenue dans une cellule de la feuille de calcul. Les points de données forment une série de données et ont le même motif ou la même couleur. Dans la Figure 12.8, vous pouvez observer la différence entre les valeurs des données de l'axe Y et les valeurs des séries.
- **Zone de traçage** : arrière-plan qui représente toute la zone de traçage du graphique.

Pour supprimer un graphique, effectuez un clic droit sur l'onglet du graphique et cliquez sur Supprimer. Si Excel vous demande de confirmer, cliquez sur Supprimer.

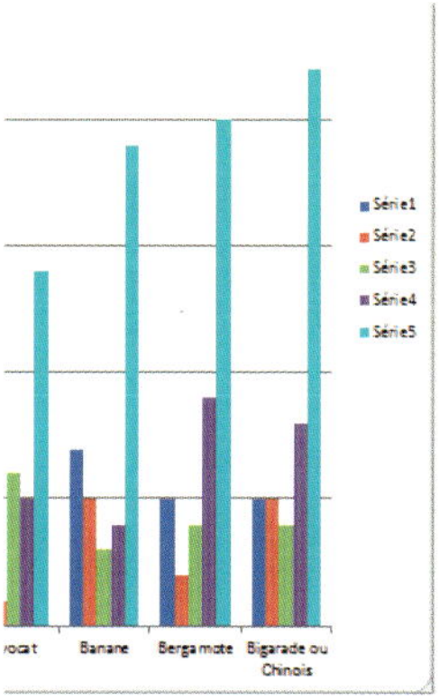

Figure 12.7.

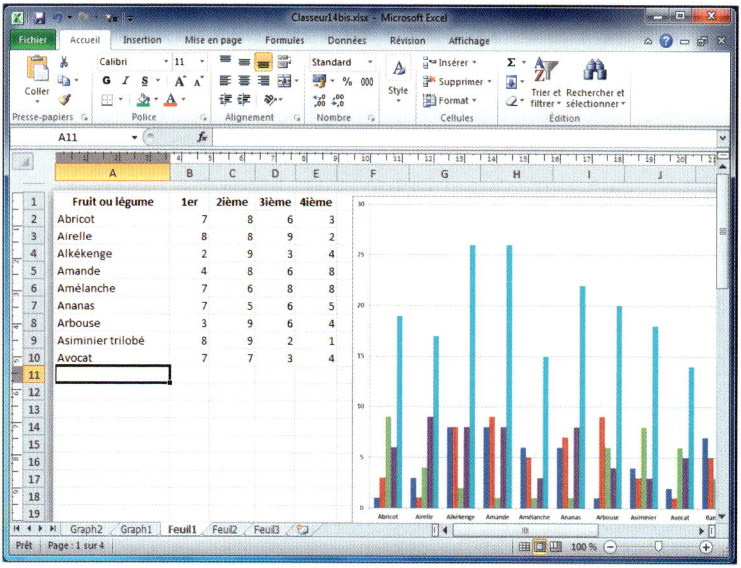

Figure 12.8

Insérer un graphique

1. Sélectionnez les données à représenter sous forme graphique.

   Si vous sélectionnez des valeurs comme des résultats mensuels, vous n'avez pas besoin d'inclure la totalité des données dans le graphique.

2. Cliquez sur Insertion. Dans le groupe Graphiques, sélectionnez le type de graphique souhaité. Excel peut créer différents types de graphiques ; chacun compare les données de manière différente (voir Figure 12.9). Les types de graphiques les plus couramment utilisés sont les suivants :

   Cliquez sur un type de graphique pour afficher un exemple et une description du graphique.

   - **Colonnes (histogramme)** : l'histogramme compare les valeurs aux catégories en utilisant des séries de colonnes verticales pour représenter les séries.
   - **Barres** : tout comme l'histogramme, ce graphique compare les valeurs aux catégories mais utilise des séries de barres horizontales pour représenter les séries.
   - **Ligne** : semblable au graphique à barres sauf qu'il utilise des points de données reliés par des lignes.
   - **Secteurs** : compare des parties à un ensemble. Généralement, un graphique en secteurs représente seulement une série de données. La Figure 12.10 illustre des données représentées sous forme de graphique en secteurs.
   - **Aires** : affiche la tendance de chaque valeur, généralement sur une période spécifique.
   - **Nuage de points** : propose deux axes de valeurs. L'un affiche une série de valeurs numériques sur l'axe X et l'autre des données le long de l'axe Y.

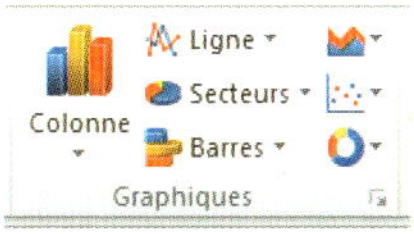

Figure 12.9

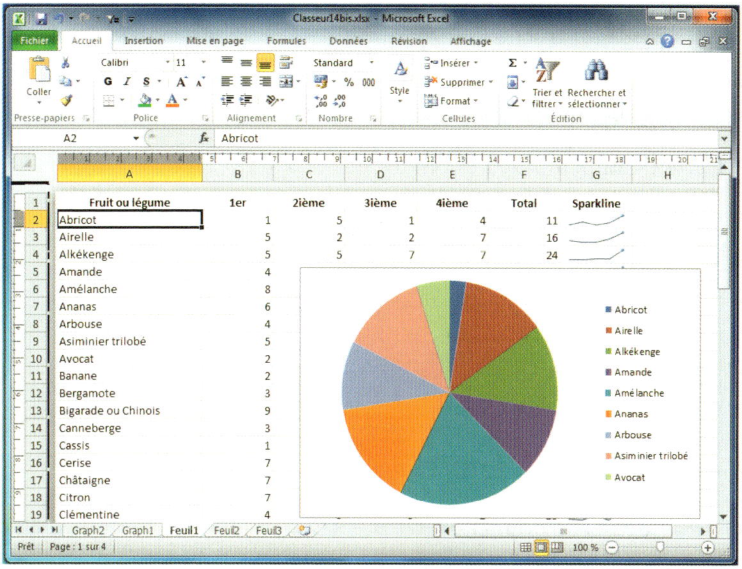

Figure 12.10

- **Surface** : représente les tendances de valeurs sous forme de courbes continues.
- **Anneau** : il fonctionne comme un graphique en secteurs, compare des parties à un ensemble mais contient plusieurs séries.
- **Stock** : est généralement (mais pas uniquement) utilisé pour représenter la fluctuation d'indices boursiers. Dans ce type de graphique, l'ordre des données est très important et les en-têtes sont Max, Min et Clôture ou Ouverture, Max, Min et Clôture. La Figure 12.11 propose un exemple de ce type de graphique.
- **Radar** : représente les variations de valeurs par rapport à un point central en comparant les valeurs cumulées de plusieurs séries de données.
- **Bulles** : est semblable au graphique Nuage de points mais il compare trois séries de valeurs en affichant une série de cercles.
- **Cylindre, Cône et Pyramide** : ces trois types de graphiques permettent de créer un graphique à colonnes ou à barres utilisant des cylindres, des cônes ou des pyramides 3D.

3. Sélectionnez un sous-type de graphique. En fonction du type de graphique, certains sous-types affichent les séries de données côte à côte, d'autres les empilent. Certains graphiques sont présentés en 2D, d'autres en 3D. Comme le montre la Figure 12.12, Excel crée le graphique dans la feuille de calcul, à l'endroit où figurent les données.

Vous allez bientôt apprendre à déplacer le graphique dans votre feuille de calcul. Pensez à enregistrer votre feuille de calcul avant d'entreprendre des modifications qui risquent de ne pas vous satisfaire. De cette manière, vous enregistrez aussi votre graphique.

Les graphiques sont des objets qu'il est possible de redimensionner ou de supprimer, comme tout objet graphique.

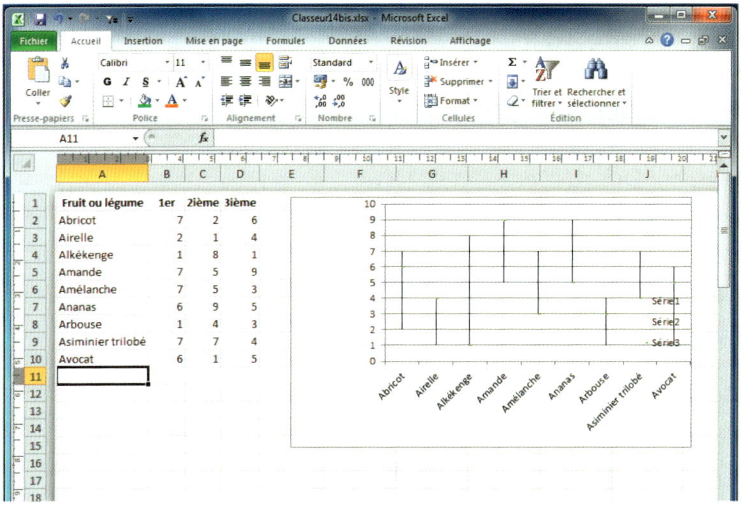

Figure 12.11

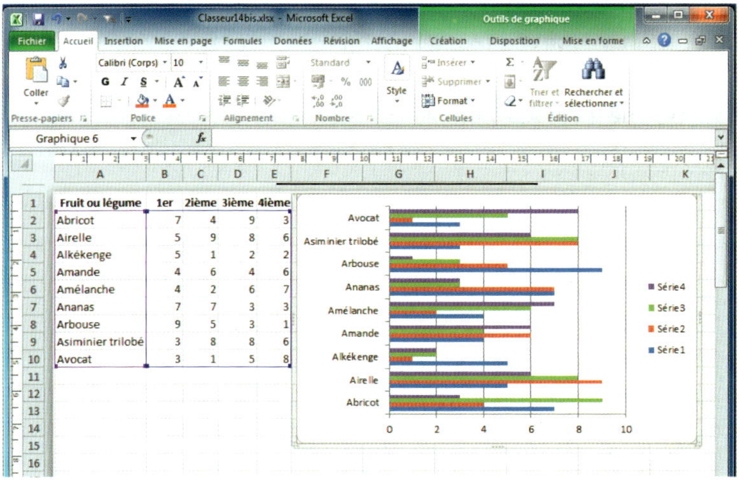

Figure 12.12

Modifier le type de graphique

1. Cliquez sur le graphique pour le sélectionner, qu'il dispose de sa propre feuille de calcul ou qu'il soit intégré dans une feuille de données. L'onglet Outils de graphique, divisé en trois sous-onglets, apparaît dans le Ruban.

   Des poignées de sélection apparaissent autour du graphique.

2. Cliquez sur Outils de graphique > Création > Modifier le type de graphique dans le groupe Type. La boîte de dialogue Modifier le type de graphique s'affiche.
3. Sélectionnez le type et le sous-type de graphique (voir Figure 12.13).
4. Cliquez sur OK. Excel modifie le graphique existant.

Déplacer un graphique

1. Cliquez n'importe où dans le graphique à déplacer.

   Si vous ne sélectionnez pas le graphique, l'onglet Outils de graphique ne s'affiche pas.

2. Dans l'onglet Outils de graphique > Création, cliquez sur Déplacer le graphique dans le groupe Emplacement. La boîte de dialogue Déplacer le graphique s'ouvre (voir Figure 12.14).
3. Sélectionnez un emplacement :
   - **Nouvelle feuille** : crée une nouvelle feuille de calcul et y place le graphique.
   - **Objet dans** : déplace le graphique dans une feuille existante du classeur. Cliquez sur la flèche de la liste déroulante pour sélectionner la feuille de calcul dans laquelle vous voulez déplacer le graphique.

4. Cliquez sur OK. Votre graphique est déplacé à l'emplacement spécifié.

Pour déplacer le graphique dans la même feuille de calcul, placez le pointeur de la souris sur la bordure du graphique et déplacez-le vers son nouvel emplacement.

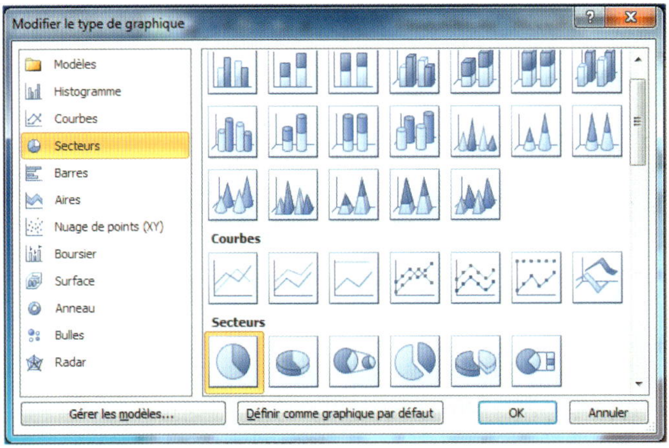

Figure 12.13

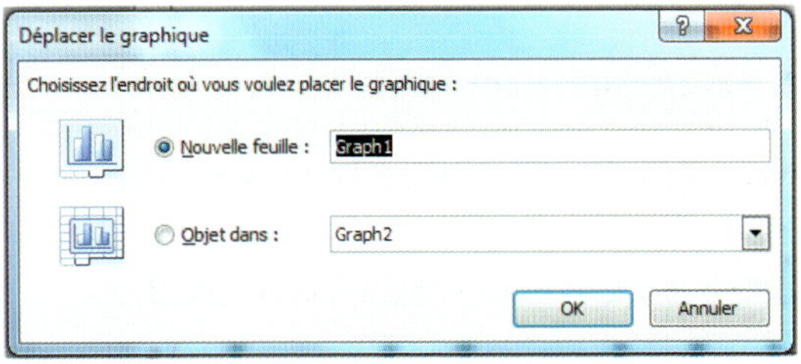

Figure 12.14

Afficher le titre d'un graphique

1. Cliquez n'importe où dans le graphique à modifier.
2. Cliquez sur Outils de graphique > Disposition. Dans le groupe Étiquettes, cliquez sur Titre du graphique. Vous disposez d'une liste d'options :
   - **Aucun** : option par défaut si vous ne voulez pas afficher de titre. Utilisez aussi cette option pour supprimer un titre de graphique.
   - **Titre de graphique superposé centré** : centre le titre au-dessus du graphique et conserve la taille du graphique.
   - **Au-dessus du graphique** : centre le titre au-dessus du graphique et ajoute de l'espace en dessus pour que le titre n'interfère pas avec le graphique.
3. Faites votre choix. Une zone de texte affichant *Titre du graphique* (voir Figure 12.15) apparaît au-dessus du graphique.
4. Saisissez le titre. Le texte saisi s'inscrit dans la barre de formule.
5. Appuyez sur Entrée. Le texte saisi remplace *Titre du graphique*.
6. Cliquez hors de la zone de titre pour la désélectionner.
7. Si vous le voulez, vous pouvez mettre en forme le titre du graphique. Pour ce faire, cliquez sur Outils de graphique > Disposition > Titre du graphique > Autres options de titre dans le groupe Étiquettes. La boîte de dialogue Mettre en forme le titre du graphique s'ouvre, comme le montre la Figure 12.16.
8. Sélectionnez Remplissage puis les options de remplissage à appliquer au titre du graphique.
9. Sélectionnez Couleur de la bordure, Styles de bordure et d'autres options de mise en forme du titre comme l'ombre, le format 3D, etc.

   Il est impossible d'appliquer un format 3D ou une ombre au titre du graphique s'il n'a pas de bordure.

10. Cliquez sur Fermer.

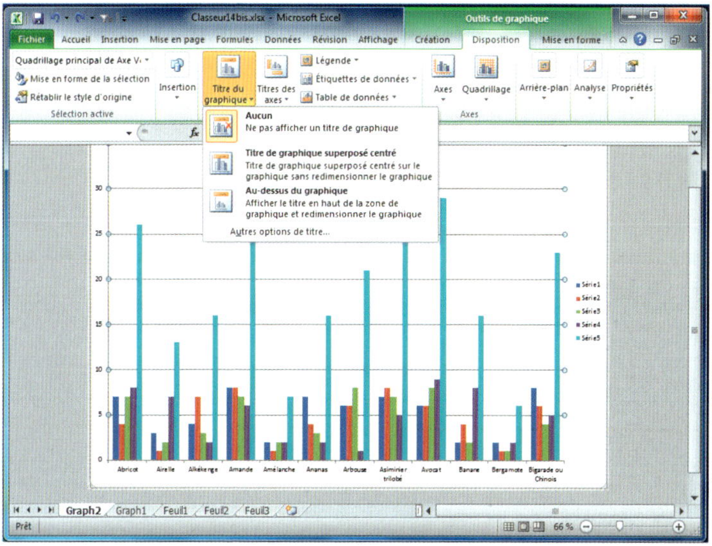

Figure 12.15

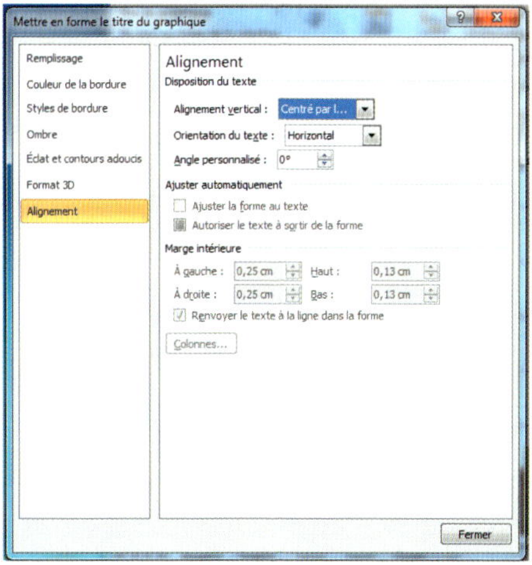

Figure 12.16

Personnaliser la légende d'un graphique.

1. Cliquez n'importe où dans le graphique concerné et cliquez sur Outils de graphique > Disposition > Légende dans le groupe Étiquettes.
2. Dans la liste déroulante qui vous est proposée, sélectionnez le placement souhaité ou cliquez sur Aucun pour supprimer la légende du graphique (voir Figure 12.17).
3. Cliquez sur Outils de graphique > Disposition > Légende > Autres options de légende dans le groupe Étiquettes.
4. La boîte de dialogue Format de légende s'ouvre et vous propose le même type d'options que pour la mise en forme du titre. Sélectionnez les options souhaitées.
5. Cliquez sur Fermer.

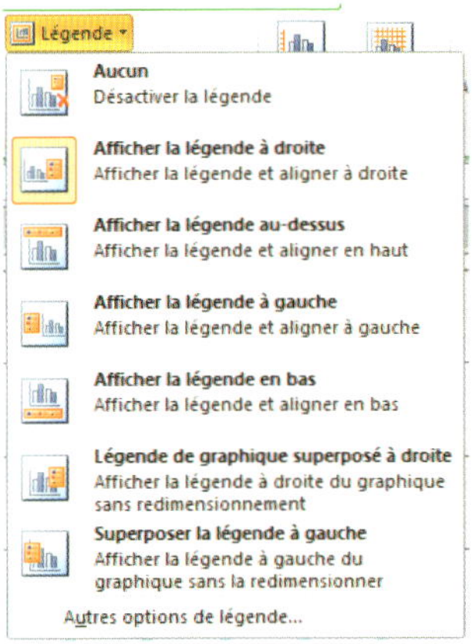
Légende
Aucun
Désactiver la légende
Afficher la légende à droite
Afficher la légende et aligner à droite
Afficher la légende au-dessus
Afficher la légende et aligner en haut
Afficher la légende à gauche
Afficher la légende et aligner à gauche
Afficher la légende en bas
Afficher la légende et aligner en bas
Légende de graphique superposé à droite
Afficher la légende à droite du graphique sans redimensionnement
Superposer la légende à gauche
Afficher la légende à gauche du graphique sans la redimensionner
Autres options de légende...

Figure 12.17

Insérer une table de données

1. Cliquez n'importe où dans le graphique à modifier.

   Les tables de données peuvent être insérées dans des graphiques affichés dans une feuille de données classique mais cette pratique n'est pas très courante car la feuille de calcul contient déjà les données.

2. Cliquez sur Outils de graphique > Disposition > Table de données dans le groupe Étiquettes. Les options disponibles permettent de n'afficher aucune table de données, d'afficher une table de données sans légende ou d'afficher une table de données avec sa légende.

   Les tables de données présentent les valeurs du graphique dans un tableau placé en dessous de ce dernier. Elles sont très utiles pour que le lecteur puisse visualiser les valeurs exactes en même temps que le graphique, en particulier pour un graphique en 3D.

3. Sélectionnez l'option qui vous convient. Comme le montre la Figure 12.18, une table de données est insérée sous le graphique.

   Pour modifier l'apparence de la table de données, cliquez sur Outils de graphique > Disposition > Table de données > Autres options de tables de données dans le groupe Étiquettes. Sélectionnez les options qui vous conviennent dans la boîte de dialogue Format de table de données et cliquez sur Fermer.

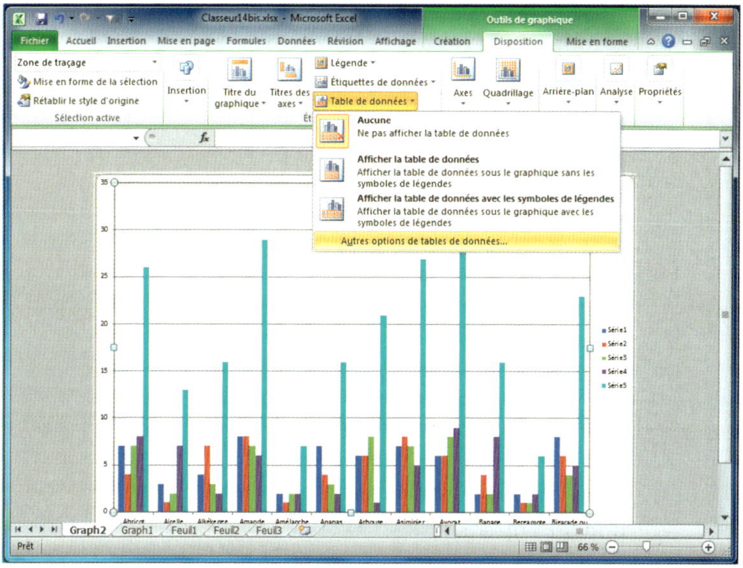
Classeur14bis.xlsx - Microsoft Excel
Outils de graphique
Fichier
Accueil
Insertion
Mise en page
Formules
Données
Révision
Affichage
Création
Disposition
Mise en forme
Zone de traçage
Mise en forme de la sélection
Rétablir le style d'origine
Sélection active
Insertion
Titre du graphique
Titres des axes
Légende
Étiquettes de données
Table de données
Axes
Quadrillage
Arrière-plan
Analyse
Propriétés
Aucune
Ne pas afficher la table de données
Afficher la table de données
Afficher la table de données sous le graphique sans les symboles de légendes
Afficher la table de données avec les symboles de légendes
Afficher la table de données sous le graphique avec les symboles de légendes
Autres options de tables de données...
Série1
Série2
Série3
Série4
Série5
Graph2
Graph1
Feuil1
Feuil2
Feuil3
Prêt
66 %

Figure 12.18

Afficher les étiquettes de données

1. Cliquez n'importe où dans le graphique à modifier.
2. Cliquez sur Outils de graphique > Disposition > Étiquettes de données. Un menu s'ouvre et vous propose différents emplacements pour les étiquettes de données.

   Vous pouvez utiliser des étiquettes de données pour identifier les valeurs des séries de données qui sont parfois difficiles à lire sur l'axe Y.

3. Sélectionnez une option. La Figure 12.19 représente des étiquettes de données placées au Bord extérieur.
4. Cliquez sur Outils de graphique > Disposition > Étiquettes de données > Autres options d'étiquettes de données. La boîte de dialogue Format des étiquettes de données s'ouvre.
5. Si vous ne voulez pas que l'étiquette indique la valeur, sélectionnez une autre option dans la section Options d'étiquettes (par exemple, Nom de série ou Nom de catégorie).
6. Dans la section Nombre, sélectionnez le format à appliquer aux étiquettes de données.
7. Sélectionnez toutes les options souhaitées et cliquez sur Fermer.

Définir un style de graphique

1. Cliquez n'importe où dans le graphique à modifier.
2. Cliquez sur Outils de graphique > Création. Dans le groupe Styles du graphique, cliquez sur le bouton Autres, qui affiche la galerie de styles de graphique comme le montre la Figure 12.20.
3. Sélectionnez un style de graphique. N'hésitez pas à faire défiler la galerie, vous allez être surpris par la variété de choix proposés.

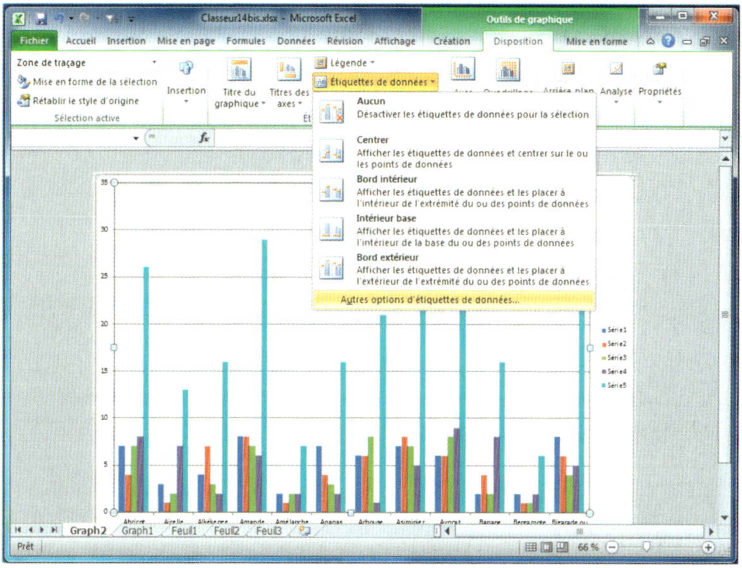

Figure 12.19

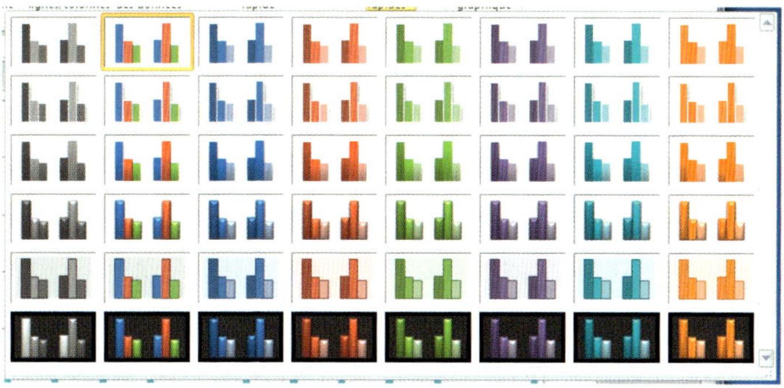

Figure 12.20

Modifier les options des axes

1. Cliquez n'importe où dans le graphique à modifier.
2. Cliquez sur Outils de graphique > Disposition > Titres des axes dans le groupe Étiquettes.
3. Sélectionnez Titre de l'axe horizontal principal ou Titre de l'axe vertical principal.
4. Choisissez l'emplacement du titre de l'axe. Pour l'axe horizontal, vous ne disposez que de deux options : Titre en dessous de l'axe ou Aucun. Pour le titre de l'axe vertical, vous pouvez le faire pivoter, le placer à l'horizontale ou à la verticale le long de l'axe. Je vous déconseille l'option Titre horizontal car ce dernier occupera une trop grande place sur le graphique. La Figure 12.21 présente des exemples de titres d'axe horizontal et vertical.
5. Sélectionnez le texte par défaut et remplacez-le par le titre de votre choix.
6. Si vous le souhaitez, vous pouvez spécifier la mise en forme du titre d'un axe. Pour ce faire, cliquez sur Outils de graphique > Disposition et, dans le groupe Étiquettes, cliquez sur Titres des axes puis sur Autres options de titre pour l'axe horizontal ou vertical. Choisissez les options qui vous conviennent et cliquez sur Fermer.
7. Cliquez sur Outils de graphique > Disposition. Dans le groupe Axes, deux options sont disponibles :
   - **Axes** : sélectionnez cette option pour modifier l'affichage de l'axe horizontal ou vertical. Vous pouvez ne pas afficher un axe ou modifier la représentation de la valeur le long de l'axe vertical. Sélectionnez l'axe à modifier et cliquez sur Autres options pour modifier la mise en forme, par exemple, des nombres de l'axe (voir Figure 12.22).
   - **Quadrillage** : sélectionnez cette option pour modifier l'affichage du quadrillage en arrière-plan du graphique. Vous pouvez ajouter, modifier ou supprimer le quadrillage horizontal ou vertical. Sélectionnez le quadrillage à modifier et cliquez sur Autres options de quadrillage pour modifier, par exemple, la couleur du trait.

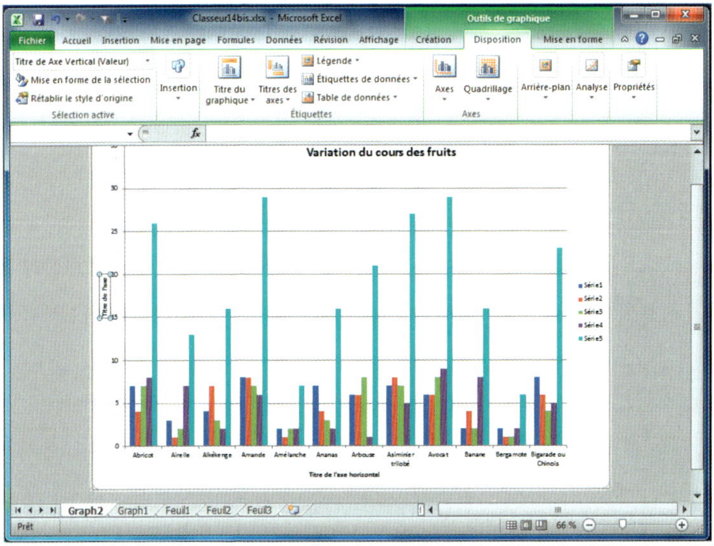

Figure 12.21

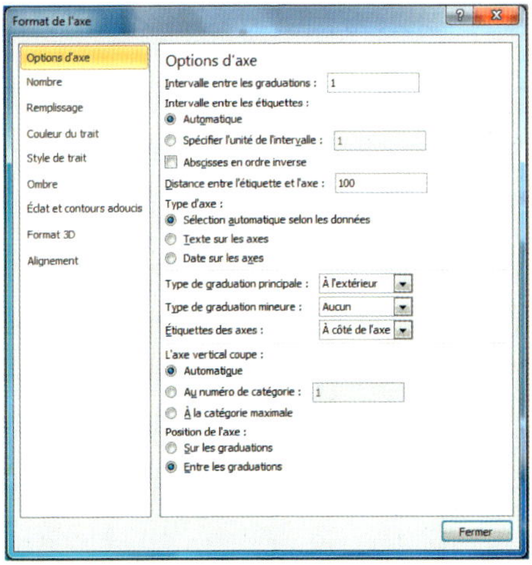

Figure 12.22

Optimiser un graphique 3D

1. Cliquez n'importe où dans le graphique 3D à modifier.
2. Cliquez sur Outils de graphique > Disposition > Rotation 3D dans le groupe Arrière-plan. La boîte de dialogue Format de la zone de graphique s'ouvre, comme le montre la Figure 12.23. Les options qu'elle contient dépendent du type de graphique que vous voulez modifier.
3. Dans Rotation 3D :
   - Cliquez sur les flèches droite/gauche de la commande X ou entrez le degré de rotation droite/gauche (entre 0 et 360) que vous voulez appliquer au graphique. Ceci permet de faire pivoter l'axe des x ou les parties d'un secteur vers la gauche ou la droite.
   - Cliquez sur les flèches de rotation haut ou bas de la commande Y ou entrez un degré de rotation haut/bas.
   - Cliquez sur les flèches de la commande Perspective pour modifier le champ de vision ou la vue en plongée. Vous pouvez également entrer directement l'angle d'élévation (entre 0,1 et 120) dans la zone Perspective.
4. Dans Format 3D, sélectionnez un style de biseau pour le bord supérieur ou inférieur du graphique.
5. Cliquez sur Fermer. Le graphique apparaît à l'écran, pivoté conformément aux angles sélectionnés. La Figure 12.24 représente un secteur 3D avant et après modification des options de perspective et de rotation.

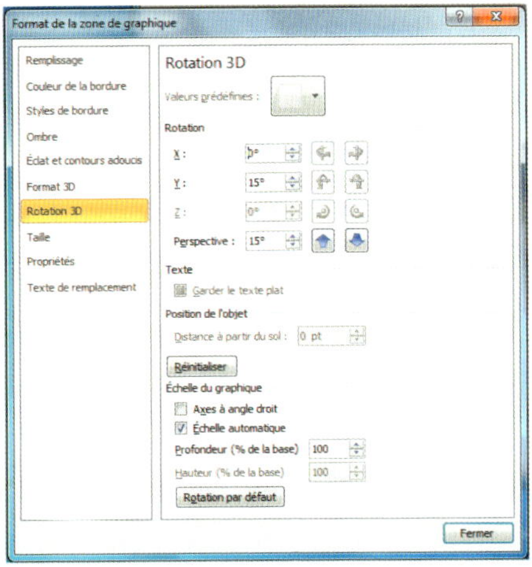

Figure 12.23

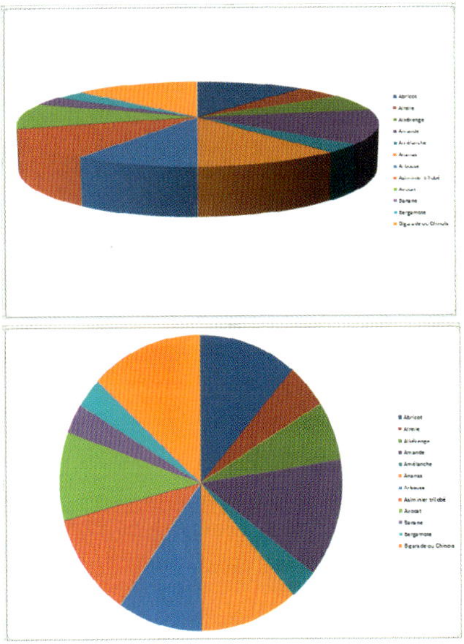

Figure 12.24

Insérer une image dans une série de données

1. Effectuez un clic droit sur les séries ou points de données à modifier. Un menu contextuel apparaît.
2. Cliquez sur Mise en forme des séries de données. La boîte de dialogue Mise en forme des séries de données s'ouvre.
3. Sélectionnez Remplissage. Les options de remplissage s'affichent à droite.
4. Sélectionnez Remplissage avec image ou texture et cliquez sur Fichier. La boîte de dialogue Insérer une image s'ouvre.
5. Localisez et sélectionnez l'image à insérer. Cliquez sur Insérer. La boîte de dialogue Mise en forme des séries de données est toujours ouverte.
6. Cliquez sur Fermer. La Figure 12.25 représente un graphique en secteur avec une texture, un motif et une image.

Modifier les données d'un graphique

1. Cliquez n'importe où dans le graphique à modifier
2. Cliquez sur Outils de graphique > Création > Sélectionner des données dans le groupe Données. La boîte de dialogue Sélectionner la source de données s'ouvre et la table de données du graphique est sélectionnée dans la feuille de calcul (voir Figure 12.26).
3. Sélectionnez la nouvelle plage de données dans la feuille de calcul. La boîte de dialogue Sélectionner la source de données se réduit pour vous permettre de mieux visualiser vos données.
4. Quand la sélection est terminée, la boîte de dialogue Sélectionner la source de données réapparaît et la nouvelle plage de données figure dans la zone Plage de données du graphique.
5. Cliquez sur OK. La boîte de dialogue Sélectionner la source de données se ferme.

Figure 12.25

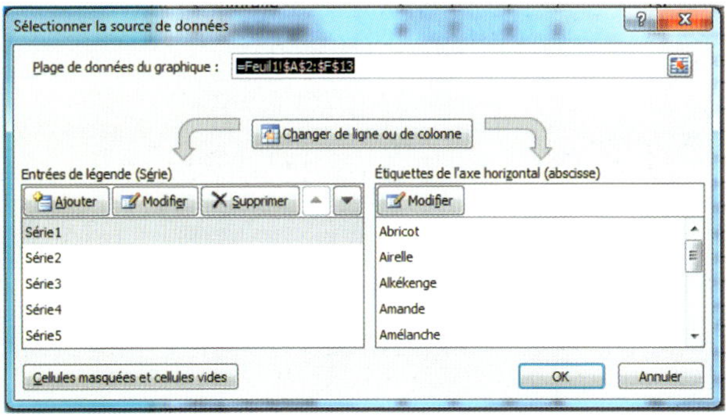

Figure 12.26

Chapitre 13

Imprimer des classeurs

Une fois votre feuille de calcul terminée, vous voudrez sans doute en imprimer une copie ou l'envoyer par mail. Ce chapitre vous présente des outils Excel que vous pouvez utiliser pour améliorer la mise en page de votre document et gérer les en-têtes, les pieds de page, l'orientation de la page et les marges.

Quand vous imprimez, Excel suppose que vous voulez imprimer l'intégralité de la feuille de calcul. Dans ce chapitre, vous allez apprendre à spécifier exactement ce que vous voulez imprimer. Vous allez aussi :

- Travailler avec les sauts de page.
- Définir le format du papier.
- Ajuster une feuille de calcul pour ajouter quelques lignes ou colonnes sur une page.
- Imprimer le quadrillage ou les en-têtes de lignes et de colonnes sur la page et découvrir d'autres options pour imprimer feuille de calcul et graphique.

Insérer un saut de page manuel

1. Cliquez sur une cellule de la ligne marquant le début de la nouvelle page.
2. Cliquez sur Mise en page > Sauts de page > Insérer un saut de page dans le groupe Mise en page. Des lignes de saut de page en pointillés apparaissent, semblables à celles illustrées dans la Figure 13.1.

Pour supprimer un saut de page, cliquez sur une cellule de la ligne située sous le saut de page et cliquez sur Mise en page > Sauts de page > Supprimer le saut de page dans le groupe Mise en page.

Spécifier une zone d'impression

1. Sélectionnez la zone à imprimer.

Excel imprime l'intégralité de la feuille de calcul, à moins que vous ne définissiez une zone d'impression spécifique.

2. Cliquez sur Mise en page > ZoneImpr > Définir dans le groupe Mise en page (voir Figure 13.2). Des pointillés entourent la zone d'impression. Quand vous lancez l'impression, seule la zone marquée par les pointillés est imprimée. Consultez la section « Imprimer feuille de calcul et graphique », proposée à la fin de ce chapitre.

Pour annuler la zone d'impression afin qu'Excel imprime l'intégralité de la feuille de calcul, cliquez sur Mise en page > ZoneImpr > Annuler.

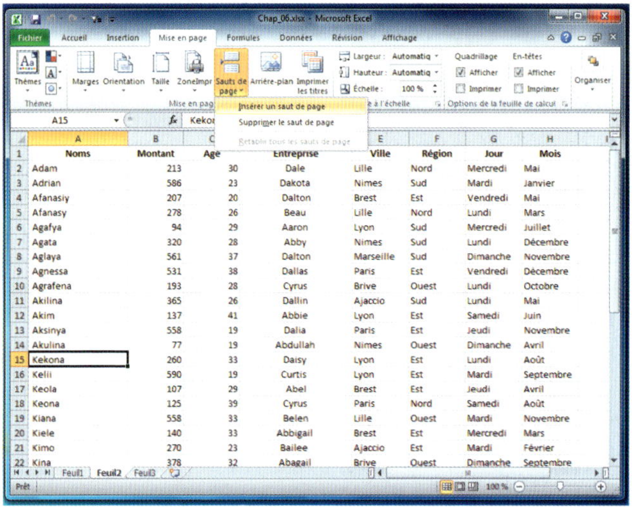

Figure 13.1

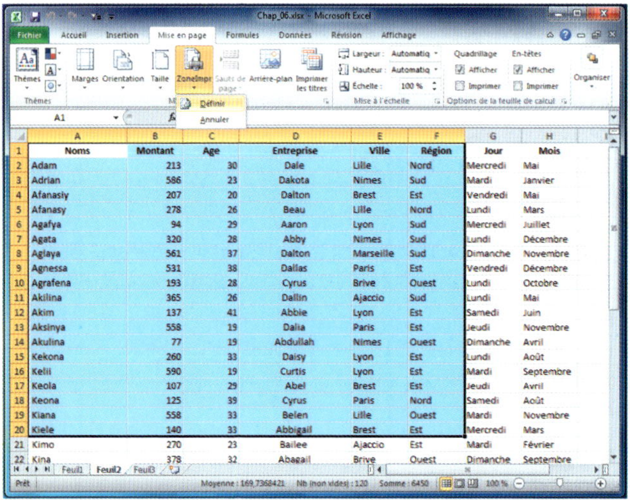

Figure 13.2

Définir l'orientation et le format du papier

1. Cliquez sur Mise en page > Orientation dans le groupe Mise en page et sélectionnez Portrait ou Paysage.

   L'orientation portrait imprime le document à la verticale tandis que l'orientation paysage l'imprime à l'horizontale.

2. Cliquez sur Mise en page > Taille dans le groupe Mise en page. Une liste de formats de papier apparaît.

3. Sélectionnez un format de papier. Votre choix dépend de l'imprimante que vous utilisez. Le format le plus utilisé est A4. Il est d'ailleurs sélectionné par défaut (voir Figure 13.3).

   Cliquez sur Autres tailles de papier pour ouvrir la boîte de dialogue Mise en page, dans laquelle vous pouvez sélectionner d'autres formats de papier.

Ajuster une feuille de calcul à la page

1. Cliquez sur Mise en page puis sur le lanceur de la boîte de dialogue Mise en page (flèche située dans le coin inférieur droit du groupe Mise à l'échelle). La boîte de dialogue Mise en page s'ouvre.

2. Dans la section Echelle, définissez les options suivantes, représentées dans la Figure 13.4 :

   - **Réduire/agrandir à :** permet d'agrandir ou de réduire la taille d'impression de la police en définissant un pourcentage compris entre 10 % et 400 %.

   - **Ajuster** : permet de préciser un nombre spécifique de pages en largeur et en hauteur.

   N'essayez pas de trop réduire le document car Excel réduit la police, ce qui peut rendre le document illisible.

3. Cliquez sur OK.

Autre possibilité : plutôt que d'ouvrir la boîte de dialogue Mise en page, configurez les options Largeur, Hauteur et Echelle du groupe Mise à l'échelle de l'onglet Mise en page.

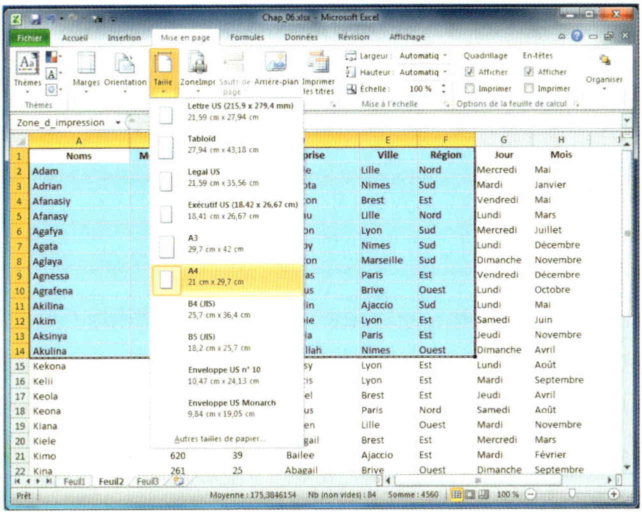

Figure 13.3

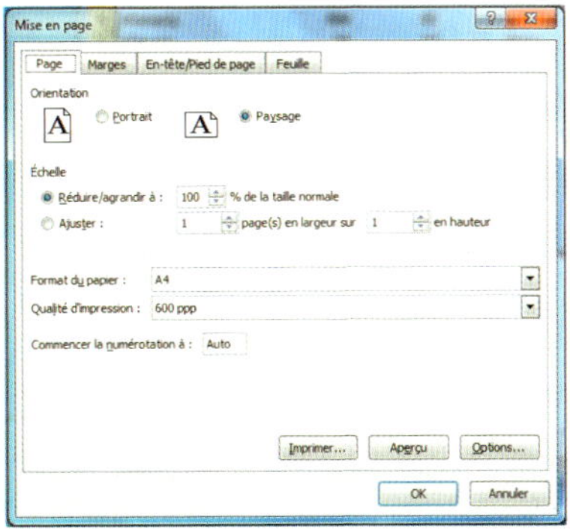

Figure 13.4

Définir les marges de la page

1. Cliquez sur Mise en page > Marges dans le groupe Mise en page. La Figure 13.5 présente la liste des options qui s'affiche.
2. Sélectionnez l'option qui vous convient ou cliquez sur Marges personnalisées pour ouvrir la boîte de dialogue Mise en page et y définir vos propres options de marges.

   Dans la boîte de dialogue Mise en page, sélectionnez l'option Horizontalement et/ou Verticalement dans la section Centrer sur la page pour centrer la feuille de calcul sur la page, sans tenir compte des marges.

3. Cliquez sur OK.

Spécifier des lignes et des colonnes à répéter

1. Cliquez sur Mise en page > Imprimer les titres dans le groupe Mise en page. La boîte de dialogue Mise en page s'ouvre.
2. Dans l'onglet Feuille, tapez le signe du dollar ($) suivi des numéros des lignes ou des lettres des colonnes à imprimer comme titres, dans la section Titres à imprimer. Si vous entrez $1:$1, comme dans la Figure 13.6, la ligne 1 est répétée en haut de chaque page.

   Cliquez sur l'icône représentant la feuille de calcul pour réduire la boîte de dialogue Mise en page et sélectionner les lignes ou les colonnes à insérer. Cliquez une nouvelle fois sur cette icône pour rétablir la boîte de dialogue Mise en page.

3. Cliquez sur OK.

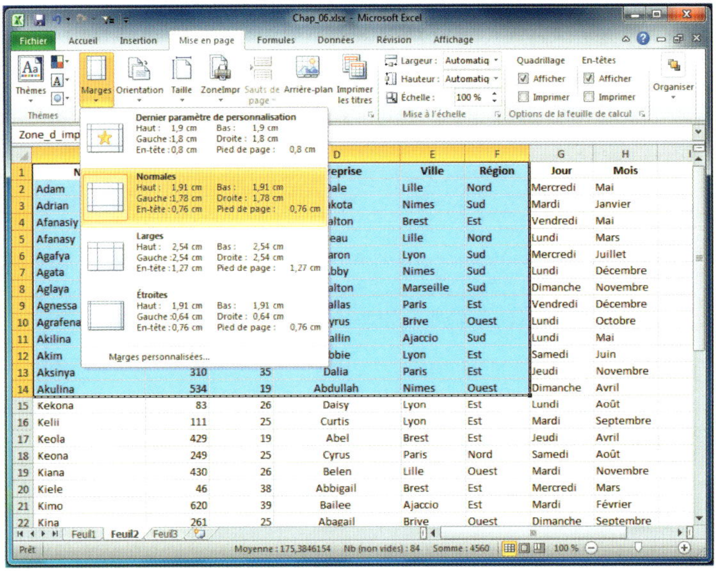

Figure 13.5

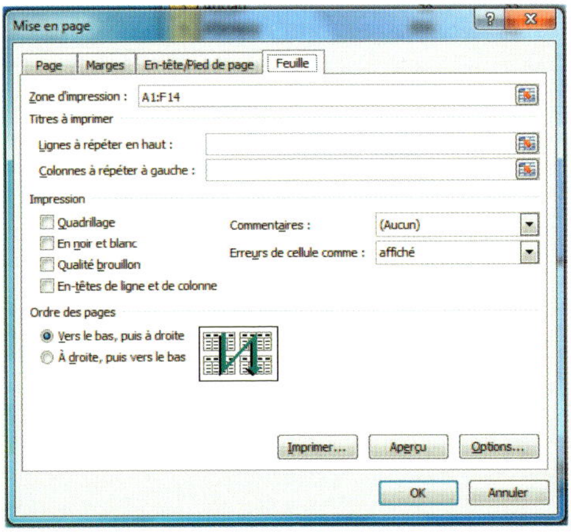

Figure 13.6

Imprimer le quadrillage et les en-têtes de lignes et de colonnes

1. Cliquez sur Mise en page. Dans le groupe Options de la feuille de calcul, sélectionnez une ou plusieurs des options suivantes :

   - **Quadrillage > Imprimer** : sélectionnez cette option pour imprimer le quadrillage qui marque chaque cellule de la feuille de calcul.

     L'option Quadrillage > Afficher est sélectionnée par défaut. Désélectionnez-la si vous voulez masquer le quadrillage dans votre feuille de calcul.

   - **En-têtes > Imprimer** : sélectionnez cette option pour imprimer les numéros des lignes et les lettres des colonnes autour de la feuille de calcul. La Figure 13.7 représente une feuille de calcul imprimée avec le quadrillage et les en-têtes de lignes et de colonnes.

     Par défaut, le quadrillage est gris clair. Vous pouvez modifier la couleur du quadrillage. Pour ce faire, ouvrez l'onglet Fichier, cliquez sur Options puis sur Options avancées et sélectionnez une autre couleur de quadrillage.

	A	B	C	D	E	F
1	Noms	Montant	Age	Entreprise	Ville	Région
2	Adam	200	40	Dale	Lille	Nord
3	Adrian	403	32	Dakota	Nimes	Sud
4	Afanasiy	487	19	Dalton	Brest	Est
5	Afanasy	347	33	Beau	Lille	Nord
6	Agafya	187	25	Aaron	Lyon	Sud
7	Agata	125	37	Abby	Nimes	Sud
8	Aglaya	174	31	Dalton	Marseille	Sud
9	Agnessa	517	28	Dallas	Paris	Est
10	Agrafena	449	32	Cyrus	Brive	Ouest
11	Akilina	315	18	Dallin	Ajaccio	Sud
12	Akim	466	27	Abbie	Lyon	Est
13	Aksinya	462	24	Dalia	Paris	Est
14	Akulina	675	31	Abdullah	Nimes	Ouest

Figure 13.7

Afficher un aperçu avant impression

1. Ouvrez l'onglet Fichier. Dans le mode Backstage, cliquez sur Imprimer. Les options d'impression s'affichent à gauche tandis qu'un aperçu de la feuille de calcul vous est proposé à droite.
2. Dans la zone d'aperçu, illustrée dans la Figure 13.8, sélectionnez l'une des options suivantes :
    - Si vous disposez de plusieurs pages, cliquez sur les boutons Page précédente et Page suivante (en bas, au centre) pour consulter les autres pages.
    - Cliquez sur le bouton Zoom situé dans le coin inférieur droit pour agrandir l'aperçu. Cliquez une seconde fois sur ce bouton pour réduire l'aperçu.
    - Cliquez sur le bouton Afficher les marges pour afficher les marges de la page. Déplacez les lignes qui délimitent les marges pour définir manuellement la taille des marges. Cliquez une seconde fois sur ce bouton pour masquer les marges.

    Reportez-vous à la section « Imprimer feuille de calcul et graphique » pour découvrir les options d'impression.
3. Cliquez sur l'onglet Fichier pour retourner en mode Normal.

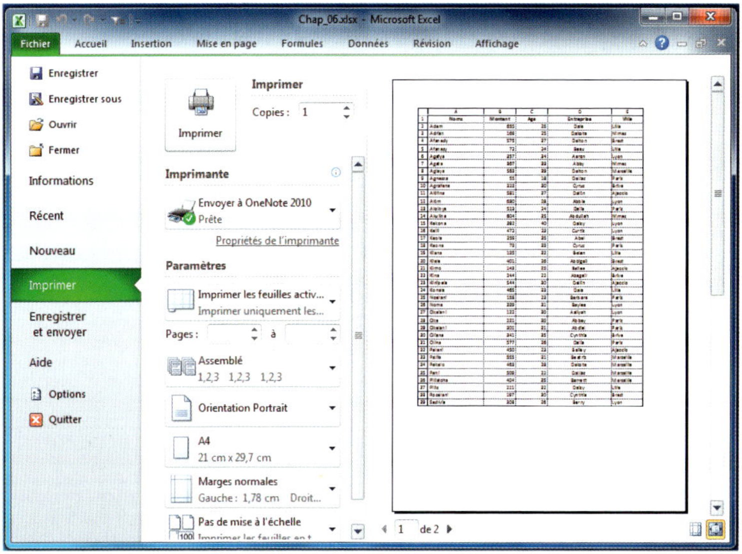
Chap_06.xlsx - Microsoft Excel
Fichier
Accueil
Insertion
Mise en page
Formules
Données
Révision
Affichage
Enregistrer
Enregistrer sous
Ouvrir
Fermer
Informations
Récent
Nouveau
Imprimer
Enregistrer et envoyer
Aide
Options
Quitter
Imprimer
Copies : 1
Imprimer
Imprimante
Envoyer à OneNote 2010
Prête
Propriétés de l'imprimante
Paramètres
Imprimer les feuilles activ...
Imprimer uniquement les...
Pages : à
Assemblé
1,2,3 1,2,3 1,2,3
Orientation Portrait
A4
21 cm x 29,7 cm
Marges normales
Gauche : 1,78 cm Droit...
Pas de mise à l'échelle
1 de 2

Figure 13.8

Insérer un en-tête ou pied de page standard

1. Cliquez sur Affichage > Mise en page dans le groupe Affichages classeur. Ainsi, vous pouvez visualiser la zone d'en-tête et de pied de page de votre feuille de calcul. Les en-têtes figurent en haut de chaque page imprimée et les pieds de page en bas de chaque page imprimée.
2. Cliquez dans la zone d'en-tête ou de pied de page dans laquelle vous voulez insérer des données. L'onglet Outils En-têtes et pieds de page prend place dans le Ruban.
3. Cliquez sur Outils En-têtes et pieds de page > Création > En-tête (ou Pied de page) dans le groupe En-tête et pied de page. Une liste d'en-têtes (ou de pieds de page) prédéfinis apparaît, comme le montre la Figure 13.9.
4. Sélectionnez l'en-tête (ou le pied de page) que vous voulez utiliser.

Définir d'autres options d'en-tête et de pied de page

1. Cliquez sur Affichage > Affichages classeur > Mise en page et cliquez dans la zone d'en-tête ou de pied de page.
2. Cliquez sur l'onglet Outils En-têtes et pieds de page > Création et, dans le groupe Options, sélectionnez les options qui vous conviennent (voir Figure 13.10) :
   - **Première page différente** : Excel n'imprime pas l'en-tête ou le pied de page sur la première page.
   - **Pages paires et impaires différentes** : les pages impaires du document affichent un en-tête ou un pied de page différent par rapport aux pages paires.
   - **Mettre à l'échelle du document** : cette option est sélectionnée par défaut. L'en-tête et le pied de page utilisent la

même taille de police et la même échelle que la feuille de calcul. Désélectionnez cette option si vous voulez que la taille de police et l'échelle de l'en-tête et du pied de page soient indépendantes de celles de la feuille de calcul.

- **Aligner sur les marges de page** : aligne l'en-tête et le pied de page sur les marges gauches et droites de la feuille de calcul.

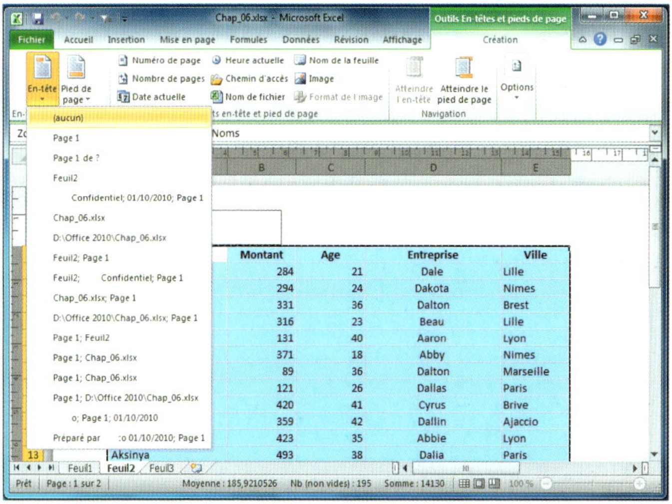

Figure 13.9

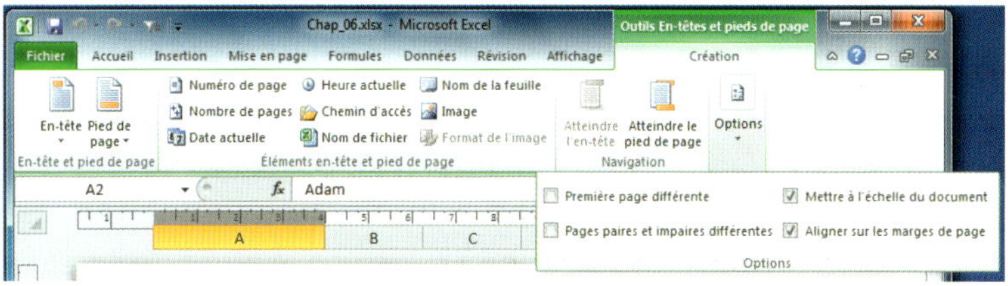

Figure 13.10

Créer un en-tête ou pied de page personnalisé

1. Cliquez sur Affichage > Mise en page dans le groupe Affichages classeur.

   Cliquez sur le bouton Atteindre le pied de page de l'onglet Outils En-têtes et pieds de page > Création pour basculer directement dans la zone de pied de page.

2. Dans la zone d'en-tête ou de pied de page souhaitée, entrez le texte que vous voulez insérer. Comme vous pouvez le voir dans la Figure 13.11, il est possible de mettre en forme le texte de l'en-tête ou du pied de page comme vous le faites pour les données saisies dans les cellules.

3. Cliquez sur Outils En-têtes et pieds de page > Création et sélectionnez l'une des options du groupe Eléments en-tête et pied de page :

   - **Numéro de page :** insère le code *&[Page]* qui représente le numéro de la page.
   - **Nombre de pages** : insère le code *&[Pages]* qui représente le nombre total de pages.

   Vous pouvez ajouter du texte au code. Par exemple, Page &[Page] sur &[Pages] imprime Page 3 sur 5 ou Page 1 sur 2.

   - **Date actuelle ou Heure actuelle** : insère respectivement la date ou l'heure d'impression (voir Figure 13.12).
   - **Chemin d'accès, Nom de fichier ou Nom de la feuille** : insèrent des informations sur le fichier.
   - **Image** : insère une image, par exemple le logo d'une entreprise.
   - **Format de l'image** : permet de redimensionner, de pivoter ou de rogner l'image insérée dans l'en-tête ou le pied de page.

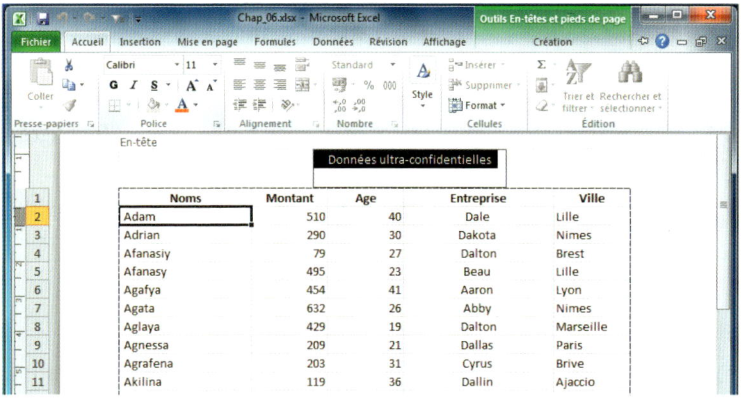

Figure 13.11

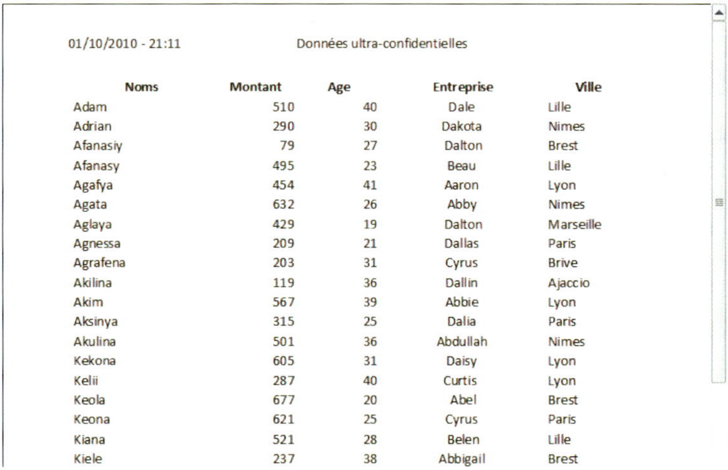

01/10/2010 - 21:11 Données ultra-confidentielles

Noms	Montant	Age	Entreprise	Ville
Adam	510	40	Dale	Lille
Adrian	290	30	Dakota	Nimes
Afanasiy	79	27	Dalton	Brest
Afanasy	495	23	Beau	Lille
Agafya	454	41	Aaron	Lyon
Agata	632	26	Abby	Nimes
Aglaya	429	19	Dalton	Marseille
Agnessa	209	21	Dallas	Paris
Agrafena	203	31	Cyrus	Brive
Akilina	119	36	Dallin	Ajaccio
Akim	567	39	Abbie	Lyon
Aksinya	315	25	Dalia	Paris
Akulina	501	36	Abdullah	Nimes
Kekona	605	31	Daisy	Lyon
Kelii	287	40	Curtis	Lyon
Keola	677	20	Abel	Brest
Keona	621	25	Cyrus	Paris
Kiana	521	28	Belen	Lille
Kiele	237	38	Abbigail	Brest

Figure 13.12

Imprimer feuille de calcul et graphique

1. Cliquez sur Fichier > Imprimer. La section Imprimer apparaît à gauche tandis qu'un aperçu de la feuille de calcul vous est proposé à droite.
2. Dans la section Imprimer, illustrée dans la Figure 13.13, vous disposez des options suivantes :
   - **Copies** : spécifiez le nombre de copies à imprimer.
   - **Imprimante** : sélectionnez l'imprimante à utiliser.
   - **Paramètres** : précisez si vous voulez imprimer les feuilles de calcul actives, le classeur entier ou la sélection. Vous pouvez aussi spécifier le numéro de certaines pages. D'autres options sont disponibles, notamment la possibilité d'imprimer recto verso (si votre imprimante le permet), de définir l'ordre, l'orientation, le format du papier et les marges.
3. Cliquez sur le bouton Imprimer pour imprimer la feuille de calcul avec les paramètres sélectionnés.

Envoyer un classeur par mail

1. Ouvrez l'onglet Fichier. Dans le mode Backstage, cliquez sur Enregistrer et envoyer > Envoyer à l'aide de la messagerie puis sur le bouton Envoyer en tant que pièce jointe. Comme le montre la Figure 13.14, votre programme de messagerie s'ouvre avec le classeur en pièce jointe.

   Les destinataires doivent posséder Excel pour pouvoir ouvrir le fichier.

2. Entrez l'adresse des destinataires et rédigez votre message.

   Plutôt que d'envoyer le classeur Excel en tant que pièce jointe (fichier modifiable), vous pouvez l'envoyer en tant que PDF ou XPS (non modifiable).

3. Cliquez sur Envoyer.

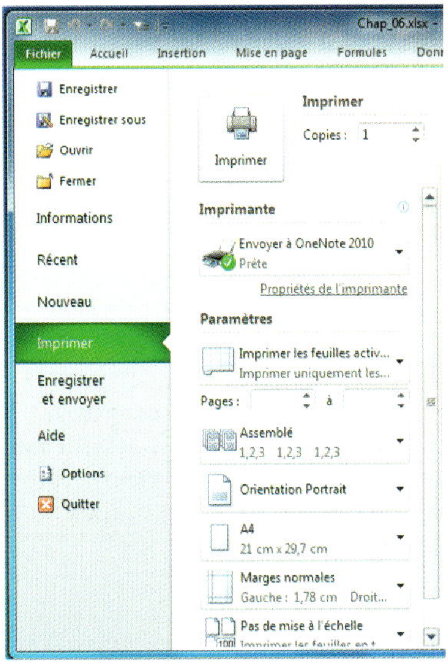

Figure 13.13

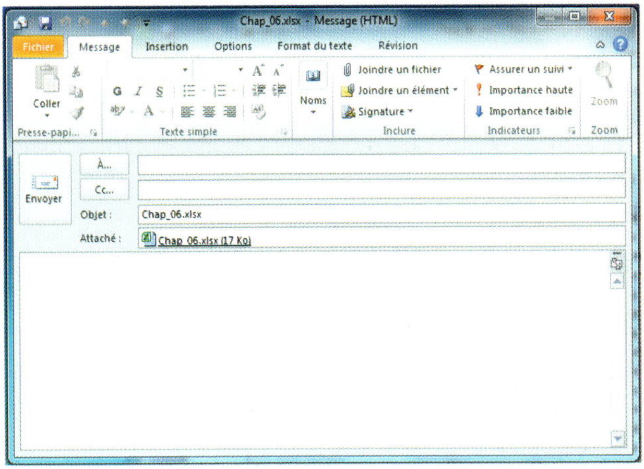

Figure 13.14

Chapitre 14

Gagner du temps avec les outils Excel

Ce chapitre est consacré aux outils… d'Excel bien sûr. Dans les chapitres précédents, je vous ai présenté les différents éléments qui font d'Excel un logiciel puissant visant à vous faciliter la tâche. Ce chapitre vous présente différents types d'outils Excel créés pour accélérer la saisie des données et améliorer la qualité des feuilles de calcul.

Dans ce chapitre, vous allez découvrir comment :

- Définir et gérer les options Excel, notamment spécifier un emplacement par défaut pour stocker vos fichiers.
- Personnaliser le Ruban et la barre d'outils Accès rapide.
- Gérer les options de correction automatique d'Excel pour corriger automatiquement les fautes de frappe ou les problèmes de mise en forme.
- Ajouter des caractères spéciaux tels le symbole du copyright ou de la marque déposée, des caractères étrangers ou des émoticônes.
- Vérifier l'orthographe. Excel dispose d'un dictionnaire intégré que vous pouvez utiliser pour détecter d'éventuelles fautes d'orthographe dans vos classeurs. Certes, il n'est pas infaillible mais l'association de la vérification orthographique avec une relecture attentive donne de bons résultats.
- Travailler avec les balises d'assistance, ces petites icônes qui apparaissent quand vous exécutez certaines fonctions Excel, comme coller des données, ou entrez une formule contenant une erreur. Les balises d'assistance vous proposent des options au bout du pointeur de la souris.
- Diviser des données dans plusieurs colonnes. Vous pouvez, par exemple, séparer le nom et le prénom ou la ville, la région et le code postal dans des colonnes différentes.
- Fusionner des cellules en utilisant la fonction CONCATENER pour combiner des données.

Configurer les options générales d'Excel

1. Cliquez sur Fichier > Options. La boîte de dialogue Options Excel s'ouvre et propose plusieurs catégories à gauche.
2. Sur la gauche, sélectionnez Général (voir Figure 14.1) et modifiez éventuellement une ou plusieurs des options suivantes :
   - **Afficher la mini barre d'outils lors de la sélection** : contrôle l'affichage de la mini barre d'outils (voir Chapitre 7).
   - **Activer l'aperçu instantané** : contrôle l'aperçu instantané des options de mise en forme comme les polices et les styles rapides quand vous passez le pointeur sur les différentes options.
   - **Jeu de couleurs** : contrôle la couleur du Ruban et des autres éléments Office.
   - **Style d'info-bulle** : contrôle l'affichage des infos-bulles qui s'affichent quand vous placez le curseur sur une commande. La Figure 14.2 représente une info-bulle.
   - **Utiliser cette police** : contrôle la police à utiliser quand vous créez un nouveau classeur. L'option Police corps indique à Excel d'utiliser la police associée au thème actif (voir Chapitre 7).
   - **Taille de la police** : contrôle la taille de police par défaut, utilisée pour toute nouvelle création de classeur (voir Chapitre 6).
   - **Mode d'affichage par défaut des nouvelles feuilles** : contrôle le mode d'affichage utilisé pour toute nouvelle création de classeur (voir Chapitre 10).
   - **Inclure ces feuilles** : contrôle le nombre par défaut de feuilles de calcul à inclure dans tout nouveau classeur (voir Chapitre 9).
   - **Nom d'utilisateur** : contrôle le nom d'utilisateur qui s'affiche quand vous ajoutez des commentaires ou des indications de révision.
3. Cliquez sur OK quand vous avez terminé.

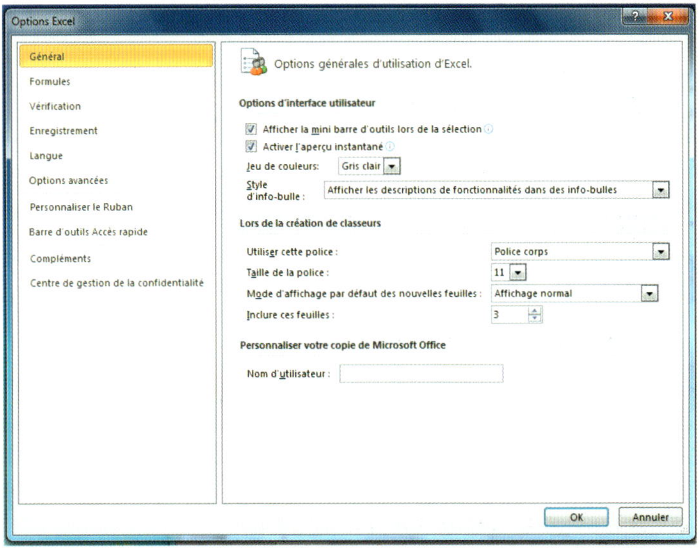

Figure 14.1

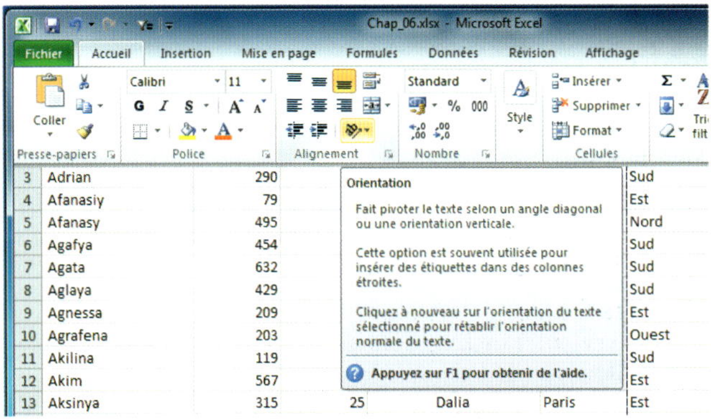

Figure 14.2

Définir l'emplacement par défaut d'un fichier

1. Cliquez sur Fichier > Options et sélectionnez la catégorie Enregistrement. Les options proposées sont illustrées dans la Figure 14.3.
2. Dans la zone Dossier par défaut, entrez le chemin du dossier dans lequel vous voulez enregistrer la plupart de vos fichiers. Par défaut, Excel enregistre vos fichiers dans le dossier Documents, stocké sur votre disque dur. Il se peut que votre entreprise vous demande d'enregistrer les fichiers Excel à un autre emplacement, par exemple G:\DOCUMENTS_ENTREPRISE\DIANE.

   Pour annuler le dossier par défaut quand vous enregistrez ou ouvrez un fichier, cliquez sur la liste Favoris et sélectionnez un emplacement différent de celui par défaut.

3. Cliquez sur OK.

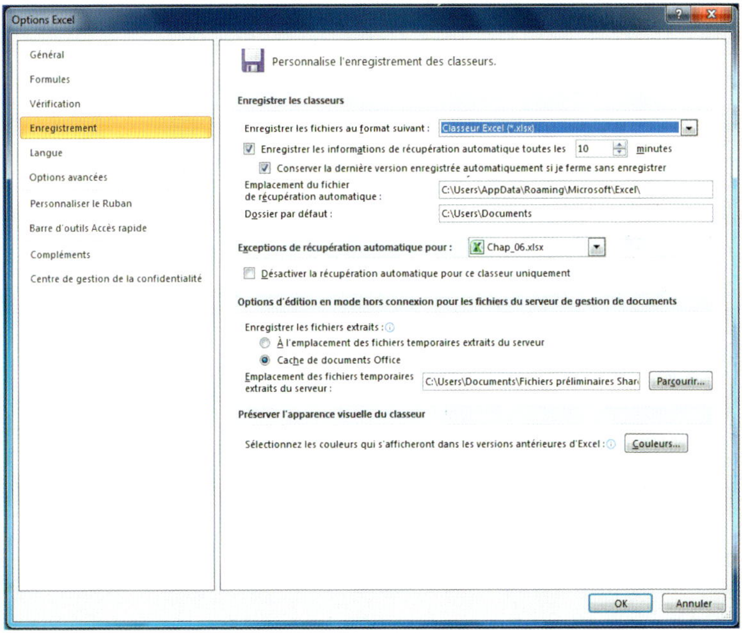
Options Excel
Général
Formules
Vérification
Enregistrement
Langue
Options avancées
Personnaliser le Ruban
Barre d'outils Accès rapide
Compléments
Centre de gestion de la confidentialité
Personnalise l'enregistrement des classeurs.
Enregistrer les classeurs
Enregistrer les fichiers au format suivant : Classeur Excel (*.xlsx)
Enregistrer les informations de récupération automatique toutes les 10 minutes
Conserver la dernière version enregistrée automatiquement si je ferme sans enregistrer
Emplacement du fichier de récupération automatique : C:\Users\AppData\Roaming\Microsoft\Excel\
Dossier par défaut : C:\Users\Documents
Exceptions de récupération automatique pour : Chap_06.xlsx
Désactiver la récupération automatique pour ce classeur uniquement
Options d'édition en mode hors connexion pour les fichiers du serveur de gestion de documents
Enregistrer les fichiers extraits :
À l'emplacement des fichiers temporaires extraits du serveur
Cache de documents Office
Emplacement des fichiers temporaires extraits du serveur : C:\Users\Documents\Fichiers préliminaires Shar
Parcourir...
Préserver l'apparence visuelle du classeur
Sélectionnez les couleurs qui s'afficheront dans les versions antérieures d'Excel :
Couleurs...
OK
Annuler

Figure 14.3

Gérer la correction automatique

1. Cliquez sur Fichier > Options. Dans la catégorie Vérification, cliquez sur Options de correction automatique. La boîte de dialogue Correction automatique s'ouvre.
2. Décochez les cases des options qu'Excel ne doit pas corriger automatiquement.
3. Dans la zone Remplacer, entrez une erreur de frappe courante.
4. Dans la zone Par, entrez le mot correct, comme dans la Figure 14.4 et cliquez sur Ajouter.

Pour supprimer une entrée indésirable, sélectionnez-la et cliquez sur le bouton Supprimer.

5. Ouvrez l'onglet Mise en forme automatique au cours de la frappe et décochez les cases des actions qu'Excel ne doit pas exécuter automatiquement.
6. Cliquez deux fois sur OK.

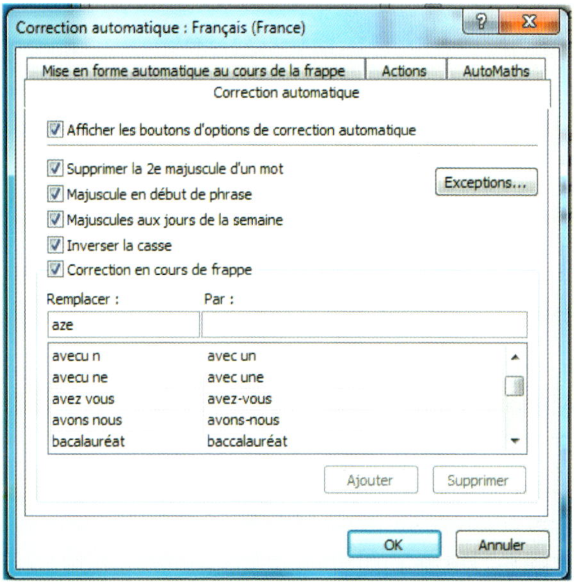
Correction automatique : Français (France)
Mise en forme automatique au cours de la frappe
Actions
AutoMaths
Correction automatique
Afficher les boutons d'options de correction automatique
Supprimer la 2e majuscule d'un mot
Exceptions...
Majuscule en début de phrase
Majuscules aux jours de la semaine
Inverser la casse
Correction en cours de frappe
Remplacer :
Par :
aze
avecu n
avec un
avecu ne
avec une
avez vous
avez-vous
avons nous
avons-nous
bacalauréat
baccalauréat
Ajouter
Supprimer
OK
Annuler
Figure 14.4

Vérifier les options d'édition avancées

1. Cliquez sur Fichier > Options et sélectionnez Options avancées (voir Figure 14.5). La première section de la catégorie Options avancées s'intitule Options d'édition.
2. Elle regroupe les options d'édition les plus couramment utilisées. Activez ou désactivez une ou plusieurs des options suivantes :
   - **Déplacer la sélection après validation** : permet de modifier la cellule qu'Excel sélectionne par défaut après pression de la touche Entrée. Si cette option est désactivée, la sélection reste sur la cellule active.
   - **Décimale fixe** : si cette option est activée, Excel insère automatiquement une décimale quand vous entrez une valeur. Par exemple, si vous entrez *105*, Excel insère *1,05*. Vous pouvez définir le nombre de décimales à afficher.
   - **Glissement-déplacement de la cellule** : quand cette option est activée, vous pouvez copier et déplacer des données en glissant les cellules vers un nouvel emplacement (voir Chapitre 2).
   - **Modification directe** : cette option détermine si vous pouvez modifier le contenu d'une cellule en double-cliquant sur la cellule. Si elle est désactivée, vous pouvez uniquement modifier le contenu d'une cellule dans la barre de formule.
   - **Etendre les formules et formats de plage de données** : quand cette option est activée, Excel met automatiquement en forme les nouveaux éléments que vous ajoutez à la suite d'une liste pour que le format corresponde à celui du reste de la liste.
   - **Saisie semi-automatique des valeurs de cellule** : comme le montre la Figure 14.6, cette option détermine si Excel doit compléter les entrées texte quand les premières lettres de la saisie correspondent à une entrée figurant déjà dans la même colonne.
3. Cliquez sur OK quand vous avez terminé.

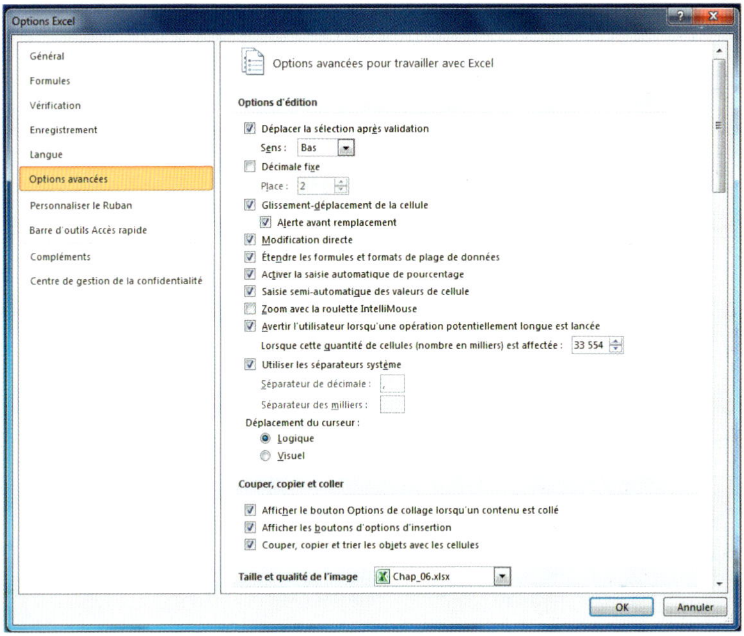

Figure 14.5

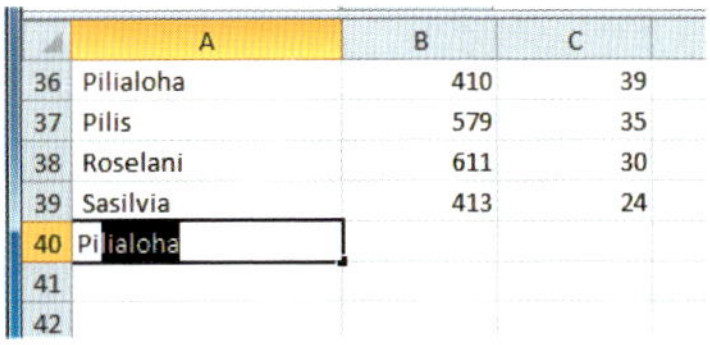

Figure 14.6

Personnaliser la barre d'outils Accès rapide

1. Cliquez sur Fichier > Options. La boîte de dialogue Options Excel s'ouvre.
2. Sélectionnez Barre d'outils Accès rapide. Les options permettant de personnaliser la barre d'outils Accès rapide s'affichent.
3. Cliquez sur la flèche de la liste déroulante Choisir les commandes dans les catégories suivantes et sélectionnez Toutes les commandes. Toutes les commandes Excel apparaissent dans la liste de gauche.
4. Sélectionnez une commande que vous voulez ajouter à la barre d'outils Accès rapide et cliquez sur le bouton Ajouter. Dans la Figure 14.7, j'ajoute le bouton Impression rapide.

   Dans la colonne de droite, cliquez sur une commande puis sur la flèche pointant vers le bas ou le haut pour déplacer l'icône. Cliquez sur le bouton Réinitialiser pour rétablir la barre d'outils Accès rapide par défaut.

5. Cliquez sur OK quand vous avez terminé.

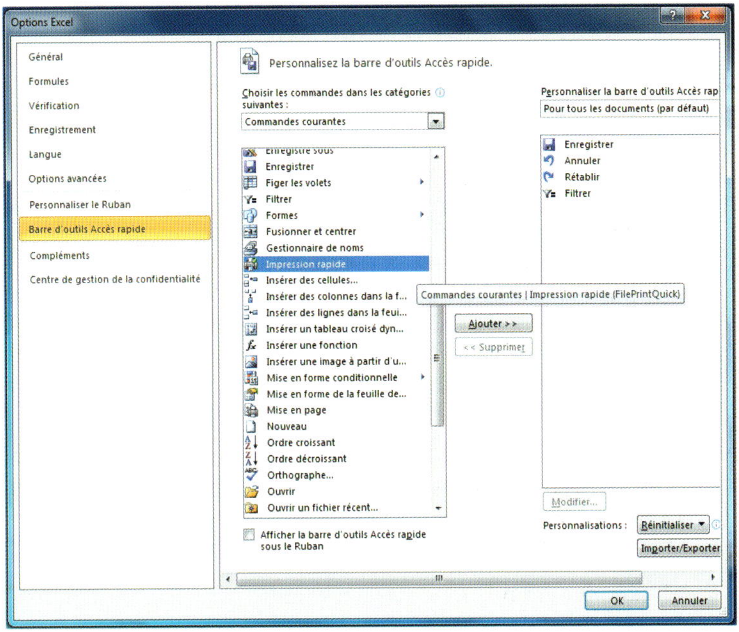
Options Excel
Général
Formules
Vérification
Enregistrement
Langue
Options avancées
Personnaliser le Ruban
Barre d'outils Accès rapide
Compléments
Centre de gestion de la confidentialité
Personnalisez la barre d'outils Accès rapide.
Choisir les commandes dans les catégories suivantes :
Commandes courantes
Enregistrer
Figer les volets
Filtrer
Formes
Fusionner et centrer
Gestionnaire de noms
Impression rapide
Insérer des cellules...
Insérer des colonnes dans la f...
Insérer des lignes dans la feui...
Insérer un tableau croisé dyn...
Insérer une fonction
Insérer une image à partir d'u...
Mise en forme conditionnelle
Mise en forme de la feuille de...
Mise en page
Nouveau
Ordre croissant
Ordre décroissant
Orthographe...
Ouvrir
Ouvrir un fichier récent...
Commandes courantes | Impression rapide (FilePrintQuick)
Ajouter >>
<< Supprimer
Personnaliser la barre d'outils Accès rap
Pour tous les documents (par défaut)
Enregistrer
Annuler
Rétablir
Filtrer
Modifier...
Personnalisations :
Réinitialiser
Importer/Exporter
Afficher la barre d'outils Accès rapide sous le Ruban
OK
Annuler

Figure 14.7

Personnaliser le Ruban

1. Cliquez sur Fichier > Options et sélectionnez Personnaliser le Ruban.
2. Dans la colonne de droite, sélectionnez le nom de l'onglet du Ruban auquel vous voulez ajouter une commande et cliquez sur Nouveau groupe. Un nouveau groupe apparaît au bas de la liste de l'onglet sélectionné. Il est impossible de modifier les groupes existants mais vous pouvez en ajouter de nouveaux.

   Si vous voulez créer un nouvel onglet à insérer dans le Ruban, cliquez sur Nouvel onglet au lieu de Nouveau groupe.

3. Sélectionnez Nouveau groupe (Personnalisé) et, dans la liste de gauche, cliquez sur l'outil que vous voulez ajouter puis sur le bouton Ajouter. L'outil apparaît sous le nouveau groupe. Dans la Figure 14.8, j'ajoute les boutons Nouveau, Ouvrir, Impression rapide et Courrier électronique dans un nouveau groupe.

   Cliquez sur les flèches pointant vers le haut ou vers le bas pour réorganiser les boutons. Pour nommer le nouveau groupe personnalisé (ou onglet), cliquez sur le nouveau groupe puis sur le bouton Renommer. Pour supprimer un outil, un groupe ou un onglet personnalisé, cliquez sur l'élément puis sur le bouton Supprimer.

4. Cliquez sur OK quand vous avez terminé.

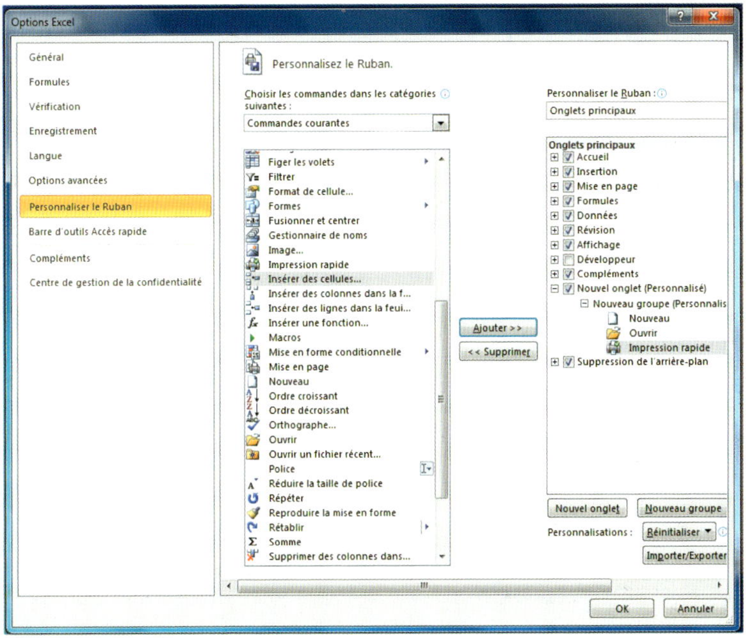
Options Excel
Général
Formules
Vérification
Enregistrement
Langue
Options avancées
Personnaliser le Ruban
Barre d'outils Accès rapide
Compléments
Centre de gestion de la confidentialité
Personnalisez le Ruban.
Choisir les commandes dans les catégories suivantes :
Commandes courantes
Figer les volets
Filtrer
Format de cellule...
Formes
Fusionner et centrer
Gestionnaire de noms
Image...
Impression rapide
Insérer des cellules...
Insérer des colonnes dans la f...
Insérer des lignes dans la feui...
Insérer une fonction...
Macros
Mise en forme conditionnelle
Mise en page
Nouveau
Ordre croissant
Ordre décroissant
Orthographe...
Ouvrir
Ouvrir un fichier récent...
Police
Réduire la taille de police
Répéter
Reproduire la mise en forme
Rétablir
Somme
Supprimer des colonnes dans...
Ajouter >>
<< Supprimer
Personnaliser le Ruban :
Onglets principaux
Onglets principaux
Accueil
Insertion
Mise en page
Formules
Données
Révision
Affichage
Développeur
Compléments
Nouvel onglet (Personnalisé)
Nouveau groupe (Personnalis
Nouveau
Ouvrir
Impression rapide
Suppression de l'arrière-plan
Nouvel onglet
Nouveau groupe
Personnalisations :
Réinitialiser
Importer/Exporter
OK
Annuler

Figure 14.8

Insérer des caractères spéciaux

1. Cliquez dans la cellule dans laquelle vous voulez insérer le symbole. Les caractères spéciaux peuvent être insérés seuls dans des cellules ou au milieu de texte ou de valeurs.
2. Cliquez sur Insertion > Symbole dans le groupe Symboles. La boîte de dialogue Caractères spéciaux s'ouvre (voir Figure 14.9).
3. Dans l'onglet Symboles, cliquez sur le symbole à insérer.

   Les symboles proposés dépendent de la police utilisée. Si vous ne trouvez pas le symbole souhaité, modifiez la police dans la liste déroulante Police. Pour une grande variété de symboles, optez pour les polices Wingdings. D'autres caractères spéciaux sont disponibles dans l'onglet Caractères spéciaux.

4. Cliquez sur Insérer. Excel insère le symbole dans la cellule active. Cliquez sur le bouton Fermer (X).

Rechercher un mot dans le dictionnaire des synonymes

1. Sélectionnez le mot que vous voulez remplacer.
2. Cliquez sur Révision > Dictionnaire des synonymes dans le groupe Vérification. Le volet Rechercher, illustré dans la Figure 14.10, s'ouvre à droite de l'écran et affiche une liste de synonymes.

   Vous pouvez aussi appuyer sur Maj+F7 pour ouvrir le dictionnaire des synonymes.

3. Si vous ne voyez pas le mot que vous recherchez, cliquez sur un autre mot pour afficher ses synonymes. Cliquez sur le bouton Précédent pour revenir au mot précédent.
4. Dès que vous avez trouvé le mot qui vous convient, cliquez sur la flèche qui lui est associée puis sur Insérer. Excel remplace le mot par celui que vous venez de sélectionner.

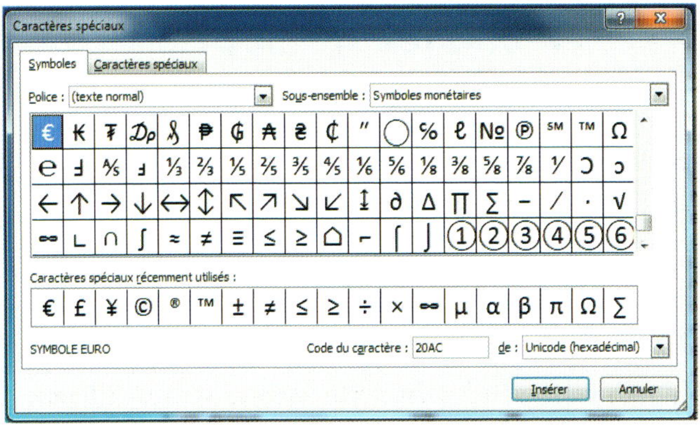

Figure 14.9

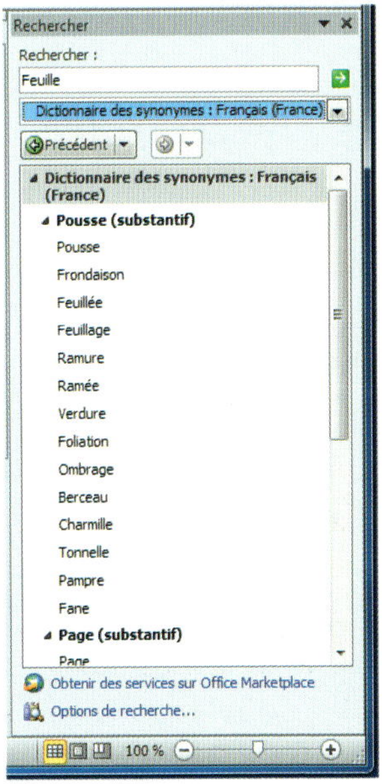

Figure 14.10

Vérifier l'orthographe

1. Cliquez sur Révision > Orthographe dans le groupe Vérification. La boîte de dialogue Orthographe s'ouvre et affiche la première erreur potentielle, comme vous pouvez le voir dans la Figure 14.11.

   Le correcteur orthographique examine les données des cellules, les commentaires, les graphiques intégrés, les zones de texte, les boutons, les en-têtes et les pieds de page mais ne vérifie pas les feuilles de calcul protégées, les formules ou le texte qui résulte d'une formule.

2. Cliquez sur l'un des boutons suivants :
   - **Remplacer ou Remplacer tout** : sélectionnez l'une des suggestions, cliquez sur le bouton Remplacer pour corriger uniquement l'erreur détectée ou sur Remplacer tout pour si vous pensez avoir commis cette faute plusieurs fois.
   - **Correction automatique** : dans les futurs classeurs, Excel corrigera automatiquement l'erreur en la remplaçant par la suggestion sélectionnée.
   - **Ignorer** : cliquez sur ce bouton si vous ne voulez pas modifier l'orthographe du terme sélectionné.
   - **Ignorer tout** : cliquez sur ce bouton si vous ne voulez modifier l'orthographe d'aucune occurrence du terme sélectionné.
   - **Ajouter au dictionnaire** : ajoute un mot, comme un nom propre ou un terme médical ou légal, dans le dictionnaire intégré d'Excel. Ultérieurement, Excel ne le considèrera plus comme une erreur.

3. Dès que vous avez cliqué sur l'un de ces boutons, Excel passe à la faute suivante. Une fois que toutes les erreurs potentielles ont été détectées, Excel affiche le message illustré dans la Figure 14.12. Cliquez sur OK.

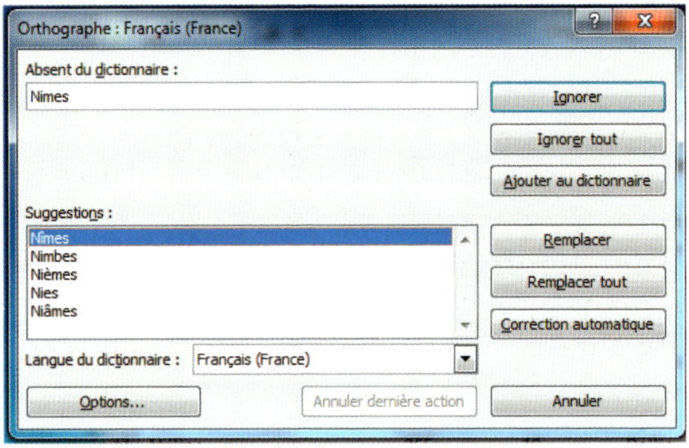

Figure 14.11

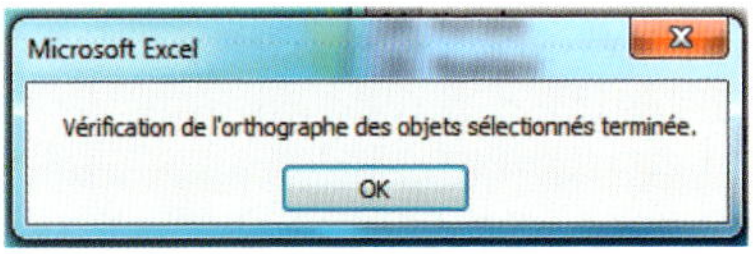

Figure 14.12

Travailler avec les balises d'assistance

1. Dans la feuille de calcul, cliquez sur une icône de balise d'assistance. Chaque balise d'assistance se présente sous forme d'icône spécifique et propose plusieurs options :
   - **Options de collage** : cette icône apparaît quand vous collez des données (voir Figure 14.13) et vous propose différentes options de collage comme conserver la mise en forme, coller des valeurs, etc.
   - **Options de recopie incrémentée** : cette icône apparaît quand vous entrez des données dans une feuille de calcul. Elle propose des options pour la saisie automatique de texte ou de données.
   - **Options d'insertion** : cette icône s'affiche à proximité de cellules, lignes ou colonnes insérées et offre une liste d'options de mise en forme (voir Figure 14.14).
   - **Options de vérification des erreurs :** cette icône s'affiche pour signifier une erreur potentielle dans une formule. Les balises de vérification des erreurs sont symbolisées par un triangle vert logé dans le coin supérieur gauche d'une cellule.
2. Sélectionnez l'option souhaitée.

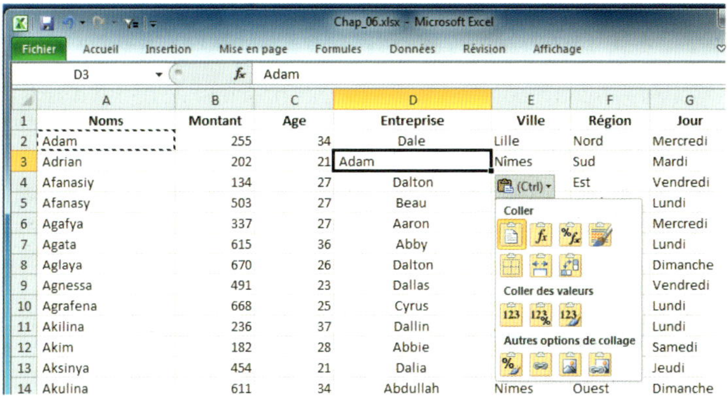

Figure 14.13

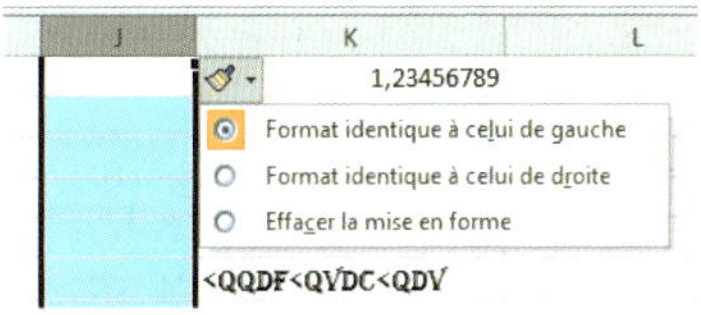

Figure 14.14

Séparer des données dans plusieurs colonnes

1. Si nécessaire, insérez des colonnes vides à gauche des cellules à convertir en plusieurs colonnes. Si vous voulez séparer vos données dans trois colonnes, vous devez disposer de deux colonnes vides.

2. Sélectionnez les cellules à convertir.

   Il est impossible de fractionner des cellules vides et des cellules fusionnées. Il faut d'abord annuler la fusion (voir Chapitre 6 pour plus d'informations sur les cellules fusionnées).

3. Cliquez sur Données > Convertir dans le groupe Outils de données. L'Assistant Conversion apparaît.

4. Sélectionnez le type de données d'origine qui correspond à vos données. Par exemple, si vous fractionnez du texte dont la longueur est variable (comme un nom et un prénom), sélectionnez Délimité. Le type délimité est parfaitement adapté si vos données présentent le même format. Si toutes les cellules contiennent un nombre spécifique de caractères, sélectionnez Largeur fixe.

   Si le type de données est délimité, assurez-vous que chaque section est séparée par un même caractère, par exemple une virgule, un point, une apostrophe ou une tabulation.

5. Cliquez sur Suivant. L'option dépend du type de données sélectionné dans l'étape 4.

6. Si vous avez sélectionné Largeur fixe, cliquez sur la règle à l'emplacement où vous voulez séparer les données. Si vous avez sélectionné Délimité, spécifiez le caractère utilisé pour séparer votre texte. Dans la Figure 14.15, le texte est séparé par un espace.

7. Cliquez sur Terminer. Excel sépare les cellules sélectionnées dans plusieurs colonnes (voir Figure 14.16).

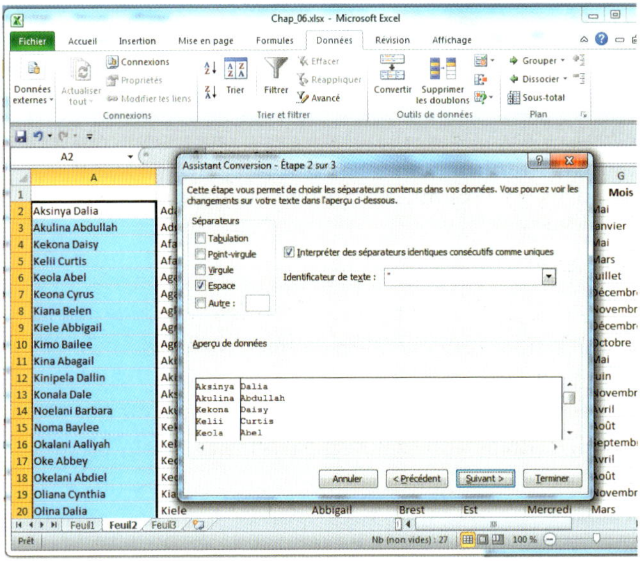

Figure 14.15

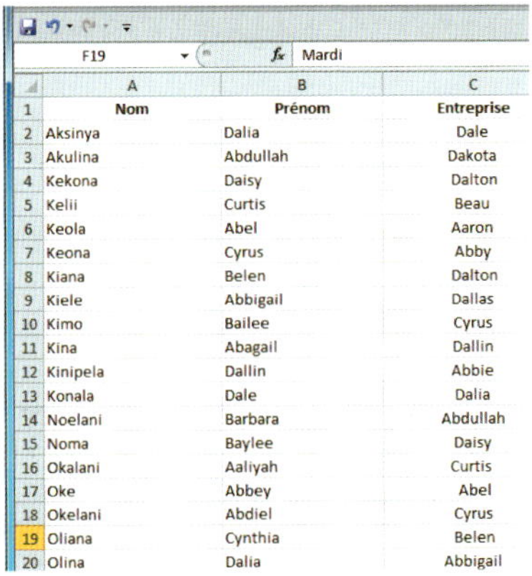

Figure 14.16

Fusionner des cellules

1. Cliquez dans la cellule dans laquelle vous voulez insérer les données fusionnées.
2. Cliquez sur Formules > Texte > CONCATENER dans le groupe Bibliothèque de fonctions. La boîte de dialogue Arguments de la fonction s'ouvre, comme le montre la Figure 14.17.
3. Entrez la première référence de cellule ou cliquez sur la cellule à insérer. Excel affiche la référence de cellule dans la zone Texte1.

   Si vous voulez ajouter du texte spécifique qui ne figure pas dans une cellule, tapez le texte ou la ponctuation (espaces comprises). Excel place les espaces, la ponctuation ou le texte entre guillemets.

4. Dans la zone Texte2, cliquez sur la cellule ou tapez le texte à insérer. Chaque élément doit tenir dans la ligne de sa zone.

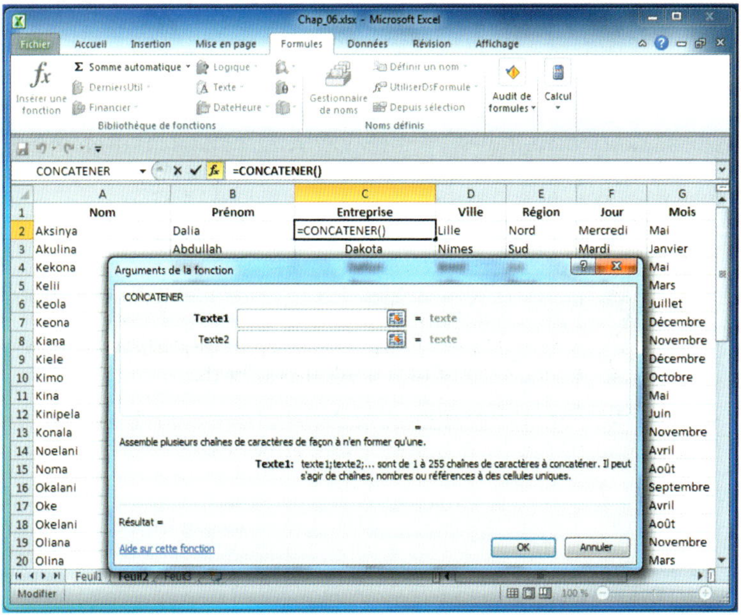
Chap_06.xlsx - Microsoft Excel
Fichier
Accueil
Insertion
Mise en page
Formules
Données
Révision
Affichage
Insérer une fonction
Somme automatique
DerniersUtil
Financier
Logique
Texte
DateHeure
Bibliothèque de fonctions
Gestionnaire de noms
Définir un nom
UtiliserDsFormule
Depuis sélection
Noms définis
Audit de formules
Calcul
CONCATENER
=CONCATENER()
Nom
Prénom
Entreprise
Ville
Région
Jour
Mois
Aksinya
Dalia
=CONCATENER()
Lille
Nord
Mercredi
Mai
Akulina
Abdullah
Dakota
Nimes
Sud
Mardi
Janvier
Kekona
Kelii
Keola
Keona
Kiana
Kiele
Kimo
Kina
Kinipela
Konala
Noelani
Noma
Okalani
Oke
Okelani
Oliana
Olina
Mai
Mars
Juillet
Décembre
Novembre
Décembre
Octobre
Mai
Juin
Novembre
Avril
Août
Septembre
Avril
Août
Novembre
Mars
Arguments de la fonction
CONCATENER
Texte1
= texte
Texte2
= texte
Assemble plusieurs chaînes de caractères de façon à n'en former qu'une.
Texte1: texte1;texte2;... sont de 1 à 255 chaînes de caractères à concaténer. Il peut s'agir de chaînes, nombres ou références à des cellules uniques.
Résultat =
Aide sur cette fonction
OK
Annuler
Feuil1
Feuil2
Feuil3
Modifier
100 %

Figure 14.17

5. Répétez l'étape 4 pour chaque élément à ajouter. La Figure 14.18 représente un exemple dans lequel j'ajoute une virgule et une espace entre la première cellule (Ville) et la deuxième (Région). J'ajoute aussi deux espaces entre la cellule Ville et la cellule Code postal. Vous pouvez visualiser le résultat dans la boîte de dialogue Arguments de la fonction.

6. Cliquez sur OK.

Pour convertir les cellules fusionnées en texte (pour remplacer les formules), sélectionnez les cellules fusionnées, cliquez sur Accueil > Copier puis sur Accueil > Coller > Collage Spécial. Dans la boîte de dialogue Collage spécial, cochez Valeurs.

Vous pouvez aussi utiliser le et commercial (&) entre des références de cellules pour assembler du texte. Par exemple, =A1&B1 renvoie la même valeur que =CONCATENER(A1;B1). Notez que les cellules concaténées avec le « et » commercial (&) ne peuvent pas être vides.

Vous pouvez également utiliser la fonction CONCATENER avec d'autres fonctions pour afficher certains chiffres, par exemple, les quatre derniers chiffres d'une cellule contenant le numéro d'une carte de crédit. Si la cellule C5 contient le numéro de carte de crédit et que vous voulez que la cellule D5 affiche ****-****-****-1234, entrez la formule suivante dans la cellule D5 : =CONCATENER(REPT(«****-»;3);DROITE(C5;4)). La fonction REPT répète l'expression ****- trois fois et l'associe aux quatre derniers chiffres du numéro de carte de crédit, extraits par la fonction DROITE.

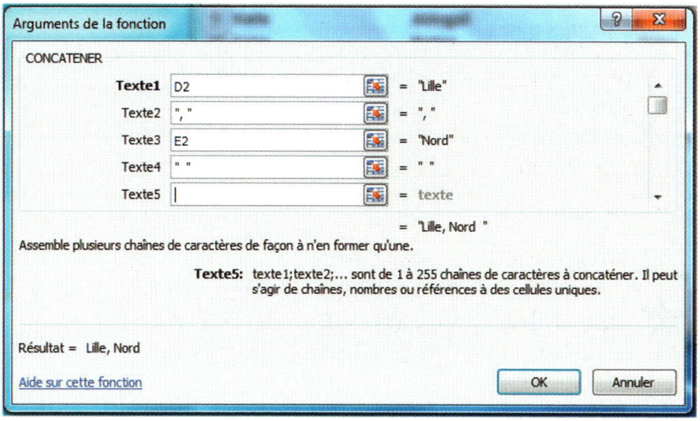
Arguments de la fonction
CONCATENER
Texte1 D2 = "Lille"
Texte2 ", " = ", "
Texte3 E2 = "Nord"
Texte4 " " = " "
Texte5 = texte
= "Lille, Nord "
Assemble plusieurs chaînes de caractères de façon à n'en former qu'une.
Texte5: texte1;texte2;... sont de 1 à 255 chaînes de caractères à concaténer. Il peut s'agir de chaînes, nombres ou références à des cellules uniques.
Résultat = Lille, Nord
Aide sur cette fonction
OK
Annuler

Figure 14.18

Quatrième Partie

Analyser les données avec Excel

Chapitre 15

Travailler avec des plans

Lorsque vous travaillez dans une très grande feuille de calcul, il vous est difficile d'examiner l'immense quantité de données qui s'offre à vous. Fort heureusement, grâce à Excel, vous pouvez calculer automatiquement des totaux et sous-totaux dans les lignes contenant des données (quelquefois appelées base de données). Lorsque vous créez des sous-totaux, Excel encadre la liste pour que vous puissiez afficher ou masquer les lignes de chaque sous-total.

Deux autres termes relatifs aux bases de données devraient vous être familiers, les *champs* et les enregistrements. Les champs forment la base de données. Ces éléments maniables déterminent les colonnes d'Excel. Par exemple, un carnet d'adresses peut inclure des champs tels que nom, adresse ou numéro de téléphone. Les enregistrements sont les lignes qui contiennent les informations que vous saisissez. Dans la base de données d'un carnet d'adresses, une seule ligne contient toutes les informations sur une personne spécifique.

Avant d'utiliser la fonction Sous-total, vous devez commencer par trier la liste des données afin que les lignes dont vous souhaitez faire le sous-total soient regroupées. Vous pouvez ensuite calculer les sous-totaux et effectuer d'autres opérations arithmétiques dans n'importe quelle colonne qui contient des nombres. Vous pouvez également compter le nombre d'éléments dans un champ sélectionné.

Si les données ne sont pas dans un format base de données, vous pouvez grouper des parties pour pouvoir rapidement les afficher ou les masquer. De la même manière qu'il crée des sous-totaux, Excel affiche les groupes dans un format de plan. Dans ce chapitre, je vous présente les fonctionnalités Sous-total, Grouper et Plan. Je vous explique également comment créer un formulaire de saisie de données pour accélérer la saisie. Par défaut, Excel 2010 n'inclut pas la commande Formulaire mais je vous montre comment l'ajouter dans la barre d'outils Accès rapide.

Ajouter le bouton Formulaire

1. Cliquez sur Fichier > Options. La boîte de dialogue Options Excel s'ouvre.
2. Cliquez sur Barre d'outils Accès rapide et, dans la liste déroulante Choisir les commandes dans les catégories suivantes, sélectionnez Commandes non présentes sur le Ruban.
3. Sélectionnez Formulaire et cliquez sur Ajouter. Excel affiche la commande Formulaire dans la colonne de droite (voir Figure 15.1).
4. Cliquez sur OK. Excel place la commande Formulaire dans la barre d'outils Accès rapide.

Utiliser un formulaire pour saisir des données est plus simple que d'entrer les données dans les cellules quand vous disposez de plusieurs colonnes qui font la taille de l'écran.

Créer une grille de saisie de données

1. Saisissez les en-têtes de colonnes de la base de données dans la ligne 1. Lorsque vous créez une grille de saisie de données, les en-têtes de colonnes apparaissent sous forme de noms de champs. Chaque table de base de données devrait traiter d'un sujet spécifique, comme des éléments d'inventaire ou des adresses de vendeurs et compter au moins deux champs. Deux champs ne peuvent pas porter le même nom.

   Pour une saisie plus rapide, appliquez le format nombre approprié aux colonnes numériques. Ainsi, quand vous utilisez la grille de saisie de données, vous entrez seulement les numéros, sans virgule ni signe dollar ($).

2. Cliquez dans une cellule contenant un en-tête puis cliquez sur le bouton Formulaire dans la barre d'outils Accès rapide.
3. Cliquez sur OK si un message apparaît. Si vous avez déjà entré des enregistrements, Excel n'affiche pas de message. En revanche, il affiche un formulaire contenant les en-têtes comme noms de champs (voir Figure 15.2).

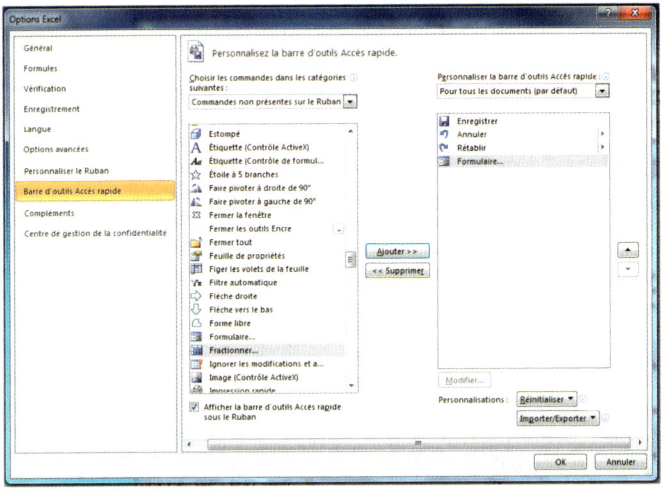

Figure 15.1

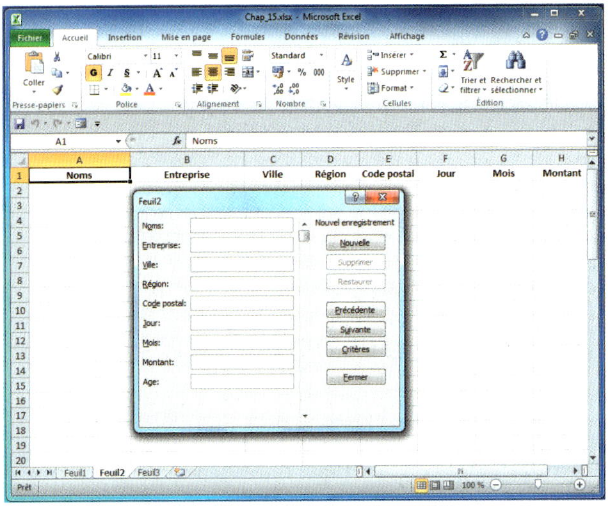

Figure 15.2

Chaque étiquette est placée en regard d'une zone dans laquelle vous pouvez saisir des données.

Pour élargir les zones de saisie, élargissez les colonnes dans la feuille de calcul (voir Chapitre 6).

4. Dans le formulaire, entrez les informations du premier enregistrement puis appuyez sur la touche de tabulation pour passer au suivant (voir Figure 15.3).

Appuyez sur Maj+tabulation pour revenir à l'enregistrement précédent.

5. Cliquez sur Nouvelle. Excel ajoute l'enregistrement dans la base de données et affiche une zone vierge pour l'enregistrement suivant.

6. Cliquez sur Fermer lorsque vous avez terminé de saisir les données.

Vous pouvez rouvrir le formulaire de saisie des données à tout moment. Pour cela, il suffit de cliquer sur le bouton Formulaire dans la barre d'outils Accès rapide.

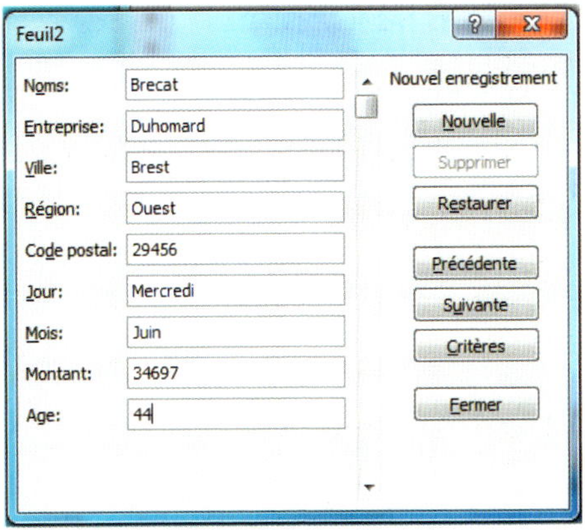
Feuil2
Noms:
Brecat
Entreprise:
Duhomard
Ville:
Brest
Région:
Ouest
Code postal:
29456
Jour:
Mercredi
Mois:
Juin
Montant:
34697
Age:
44
Nouvel enregistrement
Nouvelle
Supprimer
Restaurer
Précédente
Suivante
Critères
Fermer

Figure 15.3

Gérer les enregistrements dans le formulaire

1. Cliquez sur le bouton Formulaire dans la barre d'outils Accès rapide. Le formulaire s'ouvre.

Vous devez activer une cellule de la base de données contenant un en-tête ou des données.

2. Cliquez sur Suivante. Le formulaire affiche l'enregistrement suivant de la base de données.
3. Cliquez sur Précédente. Le précédent enregistrement de la base de données s'affiche.
4. Pour supprimer l'enregistrement affiché, cliquez sur le bouton Supprimer. Le message illustré dans la Figure 15.4 s'affiche.
5. Cliquez sur OK si vous voulez supprimer l'enregistrement. Attention, cette action est définitive !

Cliquez sur Nouvelle pour afficher un formulaire vierge, prêt à accueillir un nouvel enregistrement.

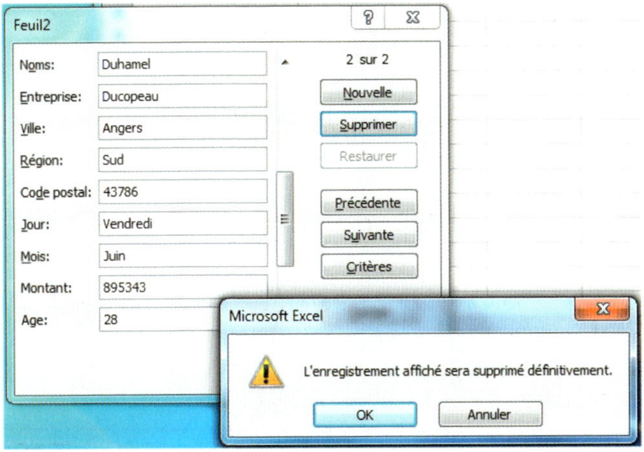
Feuil2
Noms:
Duhamel
Entreprise:
Ducopeau
Ville:
Angers
Région:
Sud
Code postal:
43786
Jour:
Vendredi
Mois:
Juin
Montant:
895343
Age:
28
2 sur 2
Nouvelle
Supprimer
Restaurer
Précédente
Suivante
Critères
Microsoft Excel
L'enregistrement affiché sera supprimé définitivement.
OK
Annuler

Figure 15.4

Générer un sous-total

1. Triez le champ à utiliser pour générer le sous-total. Par exemple, si vous voulez connaître le total des ventes par région, triez le champ par région. Reportez-vous aux instructions du Chapitre 11 pour savoir comment trier.

   Les données de sous-total ne doivent pas contenir de lignes ou de colonnes vierges et chaque colonne de la base de données doit posséder une étiquette dans la première ligne.

2. Cliquez sur Données > Sous-total dans le groupe Plan. La boîte de dialogue Sous-total s'ouvre.
3. Dans la liste déroulante À chaque changement de, sélectionnez le champ de sous-total.
4. Sélectionnez une fonction dans la liste déroulante Utiliser la fonction. Les options sont Somme (totalise les valeurs d'un champ), Nombre (renvoie le nombre d'éléments contenus dans le champ), Chiffres (renvoie le nombre d'éléments numériques contenus dans le champ), Moyenne (calcule la valeur moyenne du champ), Max et Min (affichent la valeur la plus haute et la plus basse du champ) et Produit (renvoie le total de la multiplication de tous les nombres du champ). Les autres options sont des fonctions statistiques : Ecartype, Ecartypep, Var et Varp.
5. Cochez les champs dont vous voulez calculer le sous-total dans la liste Ajouter un sous-total à (voir Figure 15.5). Vous pouvez sélectionner plusieurs champs.
6. Cochez la case Remplacer les sous-totaux existants si vous avez déjà effectué des calculs de sous-totaux. Excel remplace les sous-totaux précédents par les nouveaux.
7. Cochez la case Saut de page entre les groupes pour commencer tous les groupes de sous-totaux sur une nouvelle page.
8. Cliquez sur OK. Excel calcule le sous-total. La Figure 15.6 représente le sous-total des ventes par région.

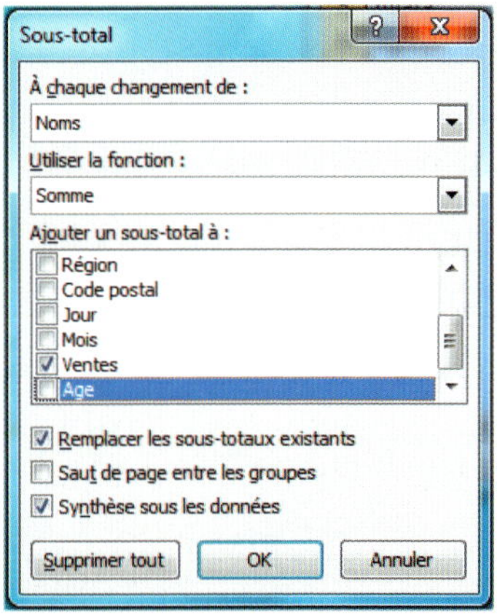

Figure 15.5

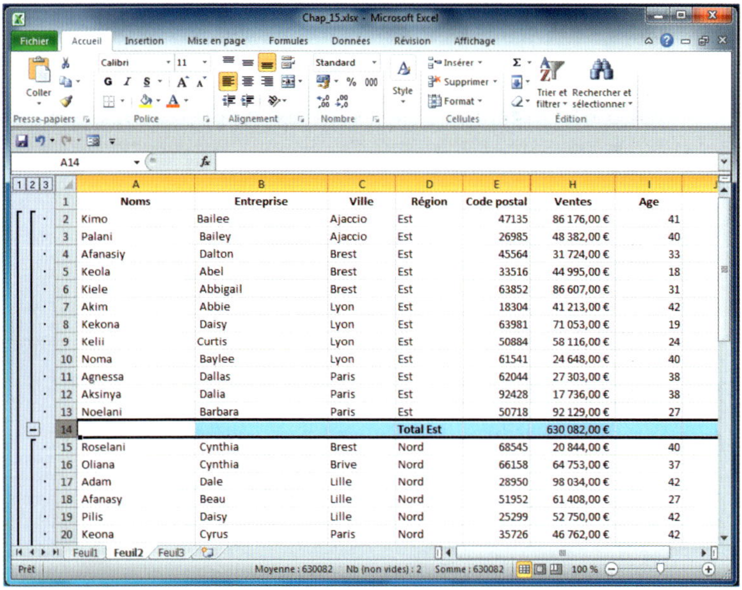

Figure 15.6

Masquer les en-têtes de sous-total

1. Créez les sous-totaux de vos données (reportez-vous à la section précédente « Générer un sous-total »).

   Avec les sous-totaux, Excel définit des groupes sous forme de plan et base les groupes sur les lignes utilisées pour calculer les sous-totaux.

2. Masquez et affichez les données à l'aide des méthodes suivantes :

   - **Afficher uniquement le total général** : cliquez sur 1 dans les en-têtes de sous-totaux (colonne à gauche de la feuille de calcul).
   - **Afficher les catégories et les valeurs des sous-totaux (les détails sont masqués)** : cliquez sur 2 dans les en-têtes de sous-totaux (voir Figure 15.7).

     Excel utilise la fonction SOUS.TOTAL pour créer les sous-totaux.

   - **Afficher tous les détails et tous les sous-totaux** : cliquez sur 3 dans les en-têtes de sous-totaux. Excel affiche toutes les lignes de la feuille de calcul.

Contrôler les sous-totaux

1. Calculez les sous-totaux de vos données (reportez-vous à la section « Générer un sous-total »).
2. Cliquez sur le bouton Afficher les détails (signe plus (+)) situé à côté de chaque ligne de sous-total. Comme le montre la Figure 15.8, les détails du sous-total sélectionné s'affichent. Vous pouvez visualiser les détails pour l'Ile-de-France mais ceux des autres régions sont toujours masqués.
3. Cliquez sur le bouton Masquer les détails (signe moins (-)) à côté de la ligne de sous-total. Les détails de la ligne sélectionnée sont masqués.

Vous pouvez aussi cliquer sur Données puis sur les boutons Afficher les détails ou Masquer dans le groupe Plan.

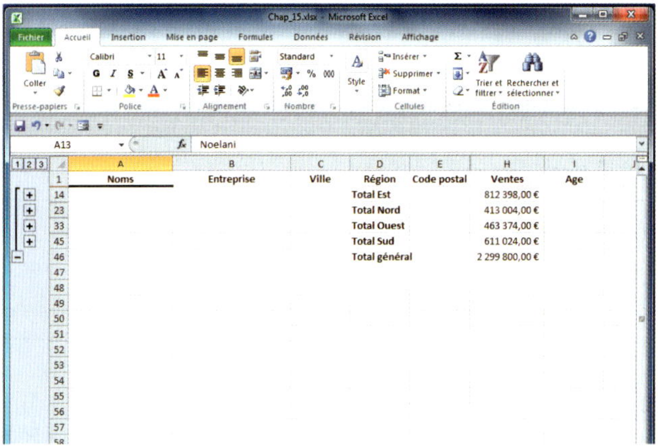

Figure 15.7

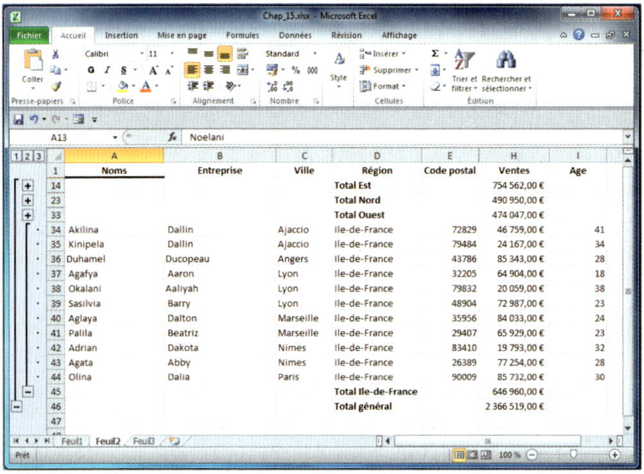

Figure 15.8

Créer plusieurs sous-totaux

1. Dans la boîte de dialogue Tri (cliquez sur Données > Trier dans le groupe Trier et filtrer), sélectionnez la colonne à utiliser pour générer le premier sous-total puis celle à utiliser pour générer le deuxième sous-total. Par exemple, si vous voulez calculer le sous-total des ventes par région puis par ville, commencez par trier par région puis par ville. Reportez-vous à l'exemple de la Figure 15.9.
2. Cliquez sur Données > Sous-total pour afficher la boîte de dialogue Sous-total.
3. Sélectionnez le premier champ pour calculer le sous-total dans la liste déroulante À chaque changement de.
4. Sélectionnez une fonction dans la liste Utiliser la fonction. Dans cet exemple, utilisez Nombre si vous voulez savoir combien de valeurs compte le champ ou Somme si vous voulez calculer le total du champ.
5. Sélectionnez un ou plusieurs champs pour calculer le sous-total dans Ajouter un sous-total à.
6. Cliquez sur OK. Excel affiche le sous-total des données du premier champ sélectionné.
7. Cliquez sur Données > Sous-total. Excel affiche encore une fois la boîte de dialogue Sous-total.
8. Sélectionnez le deuxième champ pour calculer le sous-total, le type de fonction et les champs pour lesquels vous voulez générer un sous-total. Dans cet exemple, après un sous-total par région, je veux obtenir un sous-total par ville.
9. Décochez la case Remplacer les sous-totaux existants et cliquez sur OK. La Figure 15.10 représente la liste avec les sous-totaux par région puis par ville.

Lorsque vous ajoutez des sous-totaux, Excel ajoute des niveaux. Dans la Figure 15.10, vous pouvez voir quatre niveaux d'en-têtes. Le niveau 1 affiche le total général, le niveau 2 affiche le total par région, le niveau 3 affiche le total par ville et le niveau 4 affiche les détails.

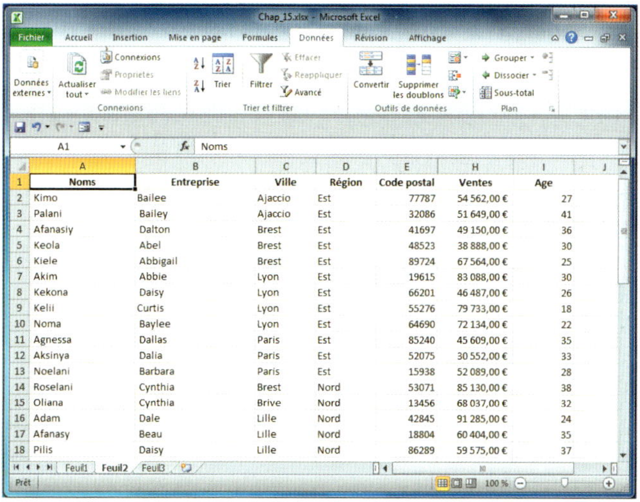

Figure 15.9

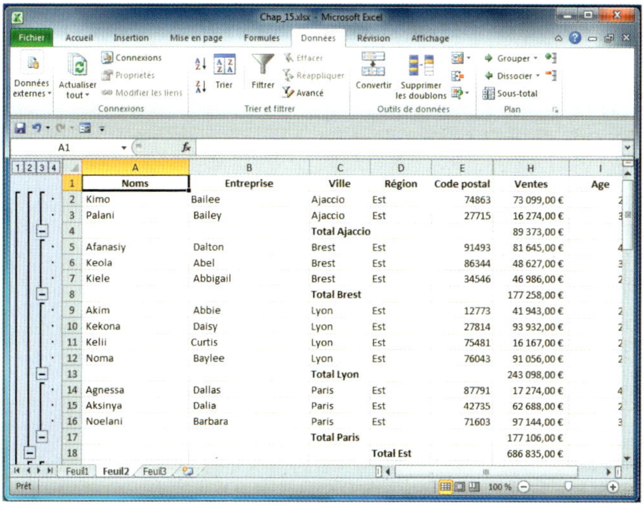

Figure 15.10

Copier des sous-totaux

1. Cliquez sur le bouton Afficher ou Masquer pour masquer les détails que vous ne voulez pas copier.
2. Sélectionnez les données à copier.
3. Cliquez sur Accueil > Rechercher et sélectionner > Sélectionner les cellules dans le groupe Edition. La boîte de dialogue Sélectionner les cellules s'ouvre (voir Figure 15.11).
4. Sélectionnez l'option Cellules visibles seulement.

Vous pouvez aussi utiliser la boîte de dialogue Sélectionner les cellules pour sélectionner uniquement les cellules contenant des valeurs constantes ou des formules.

5. Cliquez sur OK. Des lignes blanches entourent les cellules sélectionnées.
6. Cliquez sur Accueil > Copier dans le groupe Presse-papiers. Un rectangle de sélection entoure les cellules sélectionnées.
7. Sélectionnez la première cellule de la plage dans laquelle vous voulez copier les données.
8. Cliquez sur Accueil > Coller dans le groupe Presse-papiers. Excel copie seulement les valeurs des sous-totaux et non les formules ou les cellules masquées.

La copie de sous-totaux fonctionne aussi si vos données sont organisées sous forme de plan (sujet abordé ultérieurement dans ce chapitre).

Supprimer des sous-totaux

1. Sélectionnez une cellule de la plage contenant les sous-totaux et cliquez sur Données > Sous-total. La boîte de dialogue Sous-total s'ouvre (voir Figure 15.12).
2. Cliquez sur Supprimer tout. Excel supprime toutes les informations sur les sous-totaux dans la base de données, y compris les boutons Afficher et Masquer, situés à gauche de la feuille de calcul. Les données restent classées dans l'ordre du dernier tri.

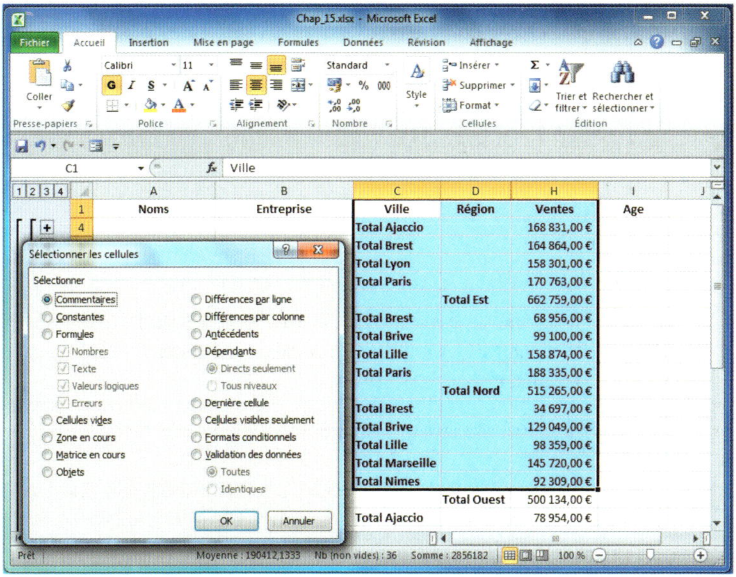

Figure 15.11

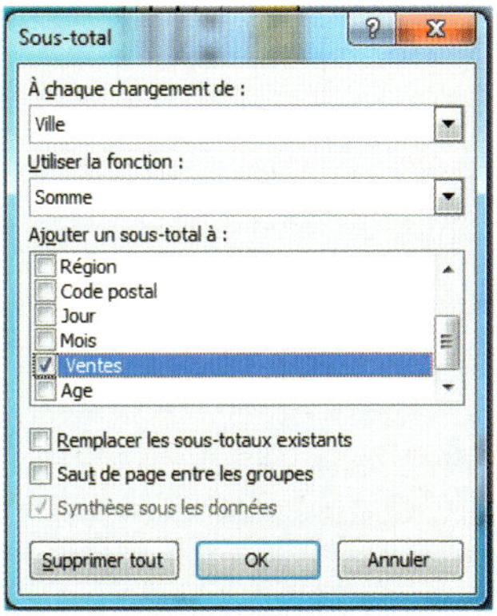

Figure 15.12

Utiliser Plan automatique

1. Cliquez sur Données et, dans le groupe Plan, cliquez sur la flèche Grouper et sélectionnez Plan automatique. La Figure 15.13 représente une feuille de calcul avec des en-têtes de plan pour les lignes et les colonnes. Les symboles de plan pour les lignes se situent à gauche et les symboles de plan pour les colonnes se situent en haut de la feuille de calcul.

   Plan automatique fonctionne en analysant les formules qui font référence aux cellules dans les détails. Les formules doivent être adjacentes aux détails. En se basant sur les informations contenues dans les fonctions, Excel crée tous les niveaux de plan possibles conformément à la disposition de vos données.

   Vous pouvez créer et appliquer une mise en forme à un plan avant ou après sa création. Reportez-vous au Chapitre 6 pour de plus amples informations.

2. Pour développer le plan, cliquez sur le bouton plus (+) à gauche des lignes ou au-dessus des en-têtes de colonnes ou cliquez sur Données > Afficher les détails dans le groupe Plan.

3. Pour réduire le plan, cliquez sur le bouton moins (–) à gauche des lignes ou au-dessus des en-têtes de colonnes ou cliquez sur Données > Masquer dans le groupe Plan (voir Figure 15.14).

   Quand vous imprimez une feuille de calcul sous forme de plan, Excel imprime la feuille de calcul telle qu'elle apparaît sur l'écran. Les détails masqués ne sont pas imprimés.

4. Pour supprimer le plan automatique, cliquez sur Données et, dans le groupe Plan, cliquez sur la flèche Dissocier et sélectionnez Effacer le plan.

   Pour masquer un plan sans le supprimer, cliquez sur le chiffre le plus élevé des symboles du plan pour afficher toutes les données et cliquez sur Fichier > Options. La boîte de dialogue Options Excel s'ouvre. Dans Options avancées, décochez la case Afficher les symboles du plan si un plan est appliqué.

   Excel ne supprime aucune donnée quand vous supprimez un plan. Il supprime seulement les symboles du plan.

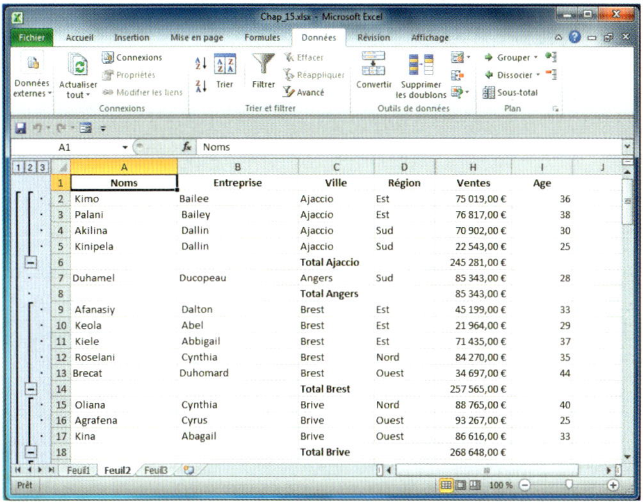

Figure 15.13

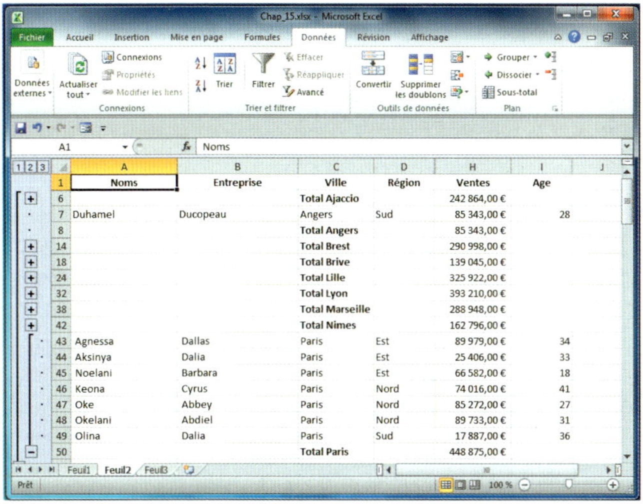

Figure 15.14

Grouper les éléments d'un plan

1. Sélectionnez les lignes à grouper.
2. Cliquez sur Données > Grouper dans le groupe Plan. Dans la Figure 15.15, toutes les ventes de la catégorie Nord sont groupées.

Pour créer un groupe, vous pouvez également sélectionner les lignes ou les colonnes puis appuyer sur les touches Alt+Maj+flèche droite.

Cliquez sur les boutons plus (+) ou moins (–) pour afficher ou masquer les détails du groupe.

3. Répétez les étapes 1 et 2 jusqu'à ce que vous ayez créé tous les niveaux du plan. Une feuille de calcul peut comporter au maximum huit niveaux de plan.

Les zones groupées ne peuvent pas être adjacentes à d'autres zones groupées. Si vous créez un groupe puis en créez un autre juste à côté, Excel ne crée pas deux groupes mais un seul groupe plus étendu.

Supprimer des éléments d'un groupe

1. Sélectionnez les lignes ou les colonnes à supprimer du groupe. Si vous voulez supprimer tout le groupe, sélectionnez toutes les lignes ou colonnes du groupe.
2. Cliquez sur Données > Dissocier dans le groupe Plan. La boîte de dialogue Dissocier le groupe s'ouvre.
3. Sélectionnez Lignes ou Colonnes et cliquez sur OK. Excel supprime les lignes ou les colonnes du groupe. Si les lignes ou les colonnes supprimées sont au milieu du groupe, Excel scinde le groupe en deux groupes plus petits. Dans la Figure 15.16, les lignes 7 et 8 sont supprimées du groupe et le reste des ventes du Nord est divisé en deux groupes plus petits.

Pour dissocier un groupe, vous pouvez aussi sélectionner les lignes ou les colonnes et appuyer sur Alt+Maj+flèche gauche.

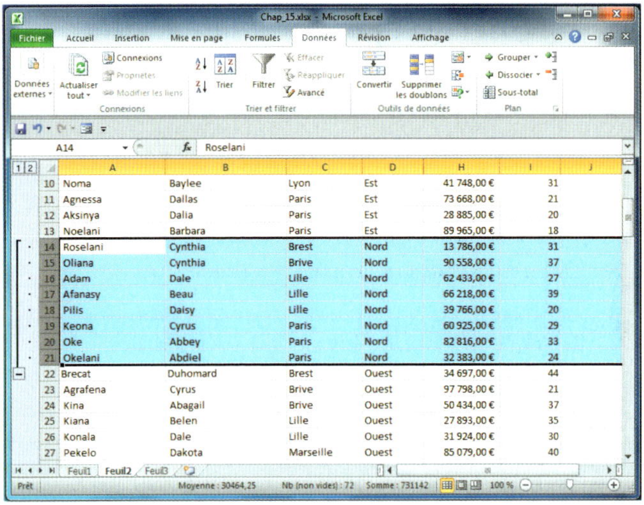

Figure 15.15

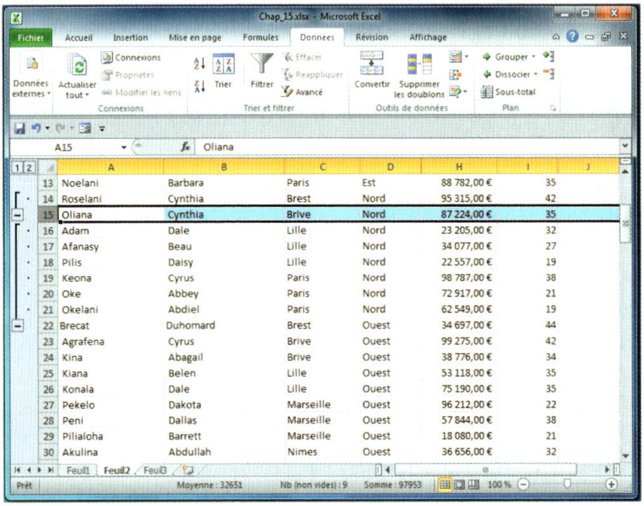

Figure 15.16

Consolider des données par catégorie

1. Définissez les données à consolider. Les plages de données peuvent figurer dans la même feuille de calcul, dans plusieurs feuilles d'un même classeur ou dans différents classeurs.
2. Cliquez dans la cellule supérieure gauche de la plage dans laquelle vous voulez afficher les données consolidées. Les données consolidées liées doivent figurer sur la même feuille de calcul.

   Si d'autres informations figurent sur la feuille de consolidation, assurez-vous qu'il y ait assez de cellules à droite et sous cette cellule pour accueillir les données consolidées.

3. Cliquez sur Données > Consolider dans le groupe Outils de données. La boîte de dialogue Consolider s'ouvre.
4. Dans la liste déroulante Fonction, sélectionnez la fonction (Somme, Nombre, Moyenne, etc.) qui détermine la consolidation.
5. Dans la zone Référence, tapez ou cliquez sur le bouton Masquer pour sélectionner la première plage de données à consolider et cliquez sur Ajouter.

   Pour faire référence à une feuille de calcul d'un autre classeur, cliquez sur Parcourir et localisez le classeur.

6. Répétez cette étape pour chaque plage. Dans la Figure 15.17, j'ai ajouté quatre plages.

   Utilisez des plages nommées pour vous faciliter la tâche.

7. Si vous voulez que les valeurs consolidées soient mises à jour quand les valeurs d'origine sont modifiées, cochez la case Liées aux données source. Si cette option n'est pas activée, les valeurs consolidées sont statiques, c'est-à-dire que quand les données d'origine sont modifiées, les valeurs consolidées ne le sont pas. Vous devez alors les reconsolider.

8. Cliquez sur OK. Excel consolide les données, comme le montre la Figure 15.18.

Si vous créez des liaisons avec les données source, Excel affiche les données dans un plan. Cliquez sur Données > Afficher les détails pour afficher les liaisons.

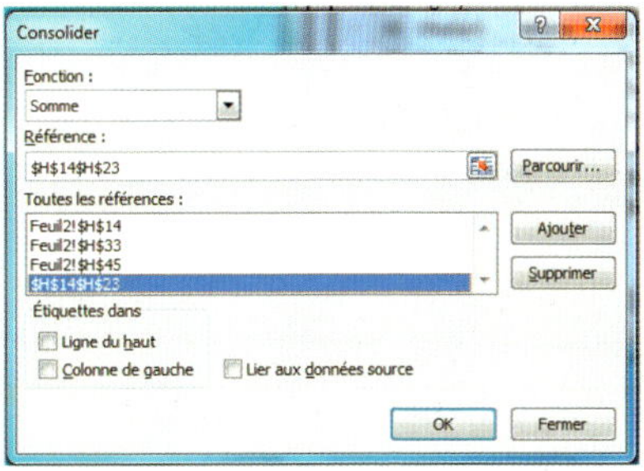

Figure 15.17

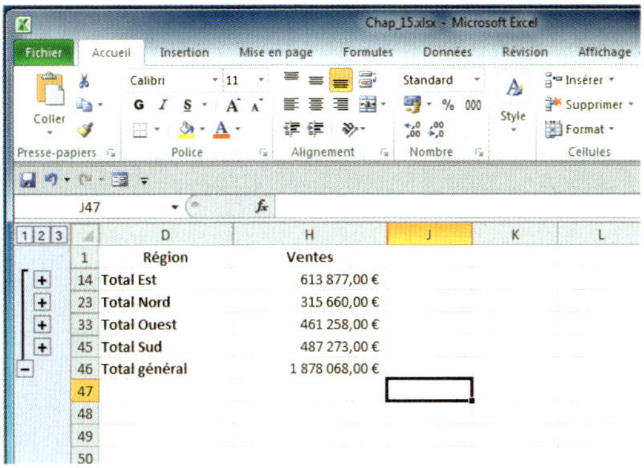

Figure 15.18

Chapitre 16

Filtrer les données

Une fois que vous avez créé une base de données Excel et que vous avez recueilli une grande quantité de données, vous allez probablement vouloir les analyser. Vous vous posez peut-être des questions par rapport à vos données, par exemple : quels sont vos meilleurs clients ? Quels produits livrés par un fournisseur spécifique coûtent moins cher qu'un certain montant ? Quels employés travaillent le moins d'heures ? Excel dispose de plusieurs outils qui vous permettent de répondre à ces questions et d'analyser les données afin de prendre de meilleures décisions.

Filtrer signifie qu'Excel peut extraire des enregistrements spécifiques pour les analyser. Cela vous permet de rassembler vos données par groupes plus restreints et plus faciles à gérer. Filtrer ne consiste pas à réorganiser les données mais à masquer temporairement certains enregistrements que vous ne souhaitez pas analyser afin de mieux examiner les autres.

Vous pouvez appliquer un filtre à une base de données avec un simple clic dans la fenêtre Excel. Vous pouvez également utiliser la grille de saisie de données d'Excel mais ce n'est pas forcément nécessaire.

Ce chapitre est entièrement consacré aux différentes manières de filtrer vos données et vous explique comment :

- Utiliser le filtre automatique qui vous permet de sélectionner les éléments clés de vos données.
- Sélectionner les enregistrements en imposant plusieurs conditions.
- Afficher seulement un nombre x d'enregistrements.
- Utiliser plusieurs filtres pour rechercher des enregistrements qui correspondent à un, plusieurs ou tous les critères de recherche.

Générer un filtre automatique

1. Cliquez n'importe où dans votre base de données et cliquez sur Données > Filtrer dans le groupe Trier et filtrer. Excel affiche une flèche de filtre dans l'en-tête de toutes les colonnes de la base de données.

   Autre possibilité : cliquez sur Accueil > Trier et filtrer > Filtrer dans le groupe Edition.

   Dans le Chapitre 7, vous avez appris à utiliser la commande Mettre sous forme de tableau de l'onglet Accueil, groupe Styles. Après sélection d'un style, votre tableau apparaît automatiquement avec des flèches de filtre.

   Le filtre automatique n'est pas disponible dans les feuilles de calcul protégées.

2. Cliquez sur la flèche dans l'en-tête de la colonne dans laquelle vous voulez rechercher une valeur. Excel affiche une liste déroulante contenant un exemple de chaque entrée (jusqu'à 10 000 entrées) de la colonne sélectionnée, comme le montre la Figure 16.1.

3. Décochez la case Sélectionner tout. Tous les éléments sont désélectionnés.

4. Cliquez sur l'entrée à filtrer puis sur OK. Excel n'affiche que les enregistrements qui correspondent à votre choix. Dans la Figure 16.2, seuls les clients de la région PACA sont affichés.

   Dans les colonnes filtrées, les flèches de filtre changent de forme pour indiquer qu'un filtre est appliqué.

   Pour trier une colonne, cliquez sur la flèche de filtre puis sur l'option de tri souhaitée.

   Pour élargir ou allonger le menu de filtre automatique, actionnez la poignée de dimensionnement dans le coin inférieur droit.

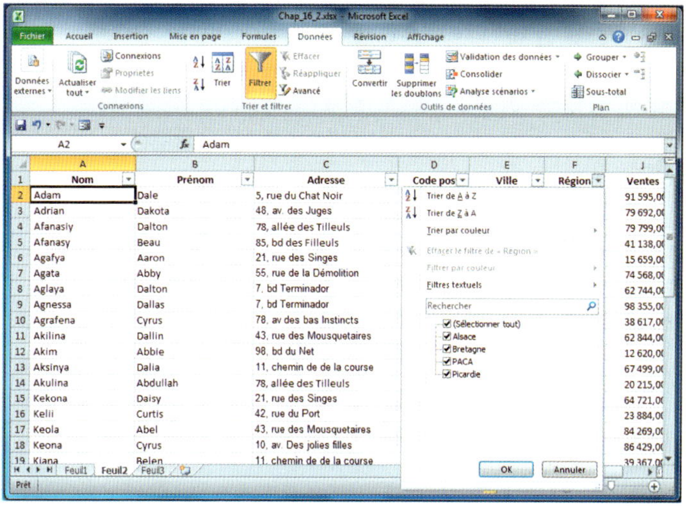

Figure 16.1

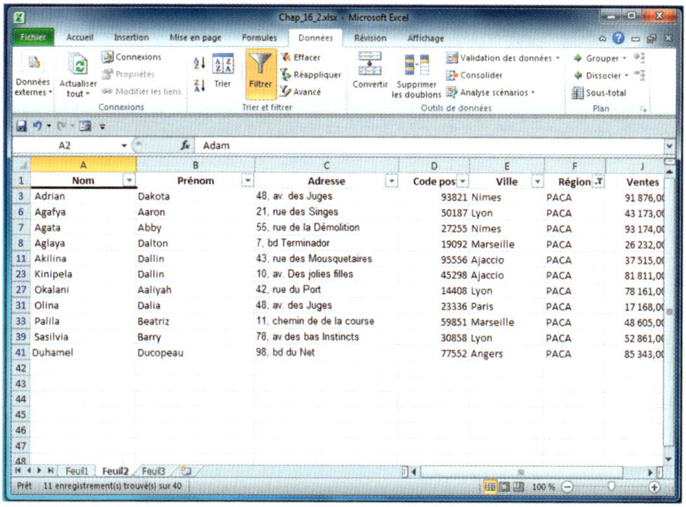

Figure 16.2

Supprimer un filtre

1. Dans la colonne contenant un filtre, cliquez sur la flèche de filtre et sélectionnez Effacer le filtre de *nom de champ* (voir Figure 16.3).

   Vous pouvez également cocher l'option Sélectionner tout.

2. Cliquez sur OK. Le filtre est supprimé du champ sélectionné.
3. Lorsque vous avez terminé de filtrer les données, cliquez sur Données > Filtrer dans le groupe Trier et filtrer pour désactiver le filtre automatique.

   Vous pouvez activer et désactiver le filtre automatique aussi souvent que nécessaire.

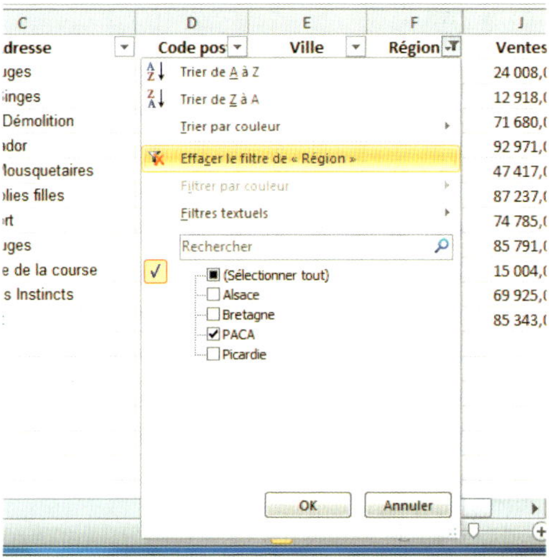
C
D
E
F
J
dresse
Code pos
Ville
Région
Ventes
Trier de A à Z
Trier de Z à A
Trier par couleur
Effacer le filtre de « Région »
Filtrer par couleur
Filtres textuels
Rechercher
(Sélectionner tout)
Alsace
Bretagne
PACA
Picardie
OK
Annuler

Figure 16.3

Rechercher des cellules vides

1. Vérifiez que l'option Filtre automatique est bien activée (cliquez sur Données > Filtrer dans le groupe Trier et filtrer) et donc que les colonnes de votre base de données contiennent bien des flèches de filtre.
2. Cliquez sur la flèche dans l'en-tête de la colonne dans laquelle vous voulez rechercher une cellule vide.
3. Décochez la case Sélectionner tout. Tous les éléments sont désélectionnés.
4. Accédez au bas de la liste à l'aide de la barre de défilement pour cocher l'option (Vides). Ce doit être la seule option sélectionnée.

   L'option (Vides) s'affiche seulement si la colonne contient des cellules vides.

5. Cliquez sur OK. Excel n'affiche que les enregistrements dont les cellules sont vides dans la colonne sélectionnée. Dans la Figure 16.4, j'ai filtré les enregistrements vides du champ Code postal.

   Pour filtrer des cellules non vides, vérifiez que l'option Sélectionner tout est bien cochée dans le menu contextuel du Filtre automatique. En fin de liste, décochez la case (Vides).

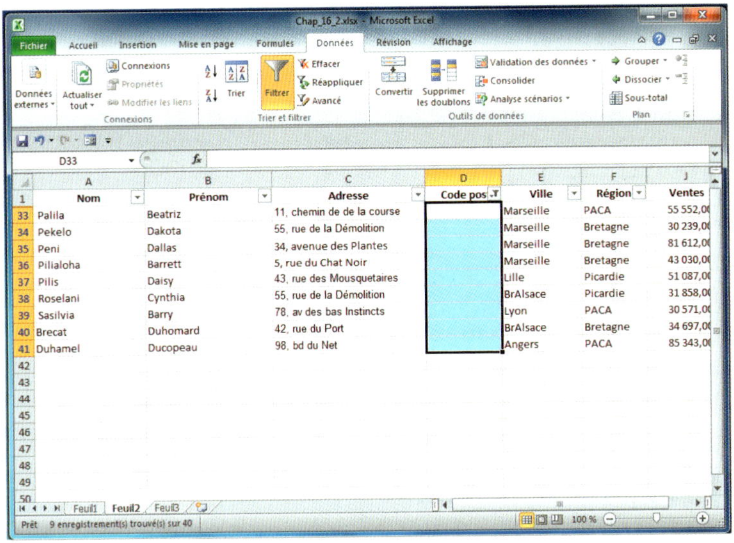
Chap_16_2.xlsx - Microsoft Excel
Fichier
Accueil
Insertion
Mise en page
Formules
Données
Révision
Affichage
Données externes
Actualiser tout
Connexions
Propriétés
Modifier les liens
Connexions
Trier
Filtrer
Effacer
Réappliquer
Avancé
Trier et filtrer
Convertir
Supprimer les doublons
Validation des données
Consolider
Analyse scénarios
Outils de données
Grouper
Dissocier
Sous-total
Plan
D33
Nom
Prénom
Adresse
Code pos
Ville
Région
Ventes
Palila Beatriz 11, chemin de de la course Marseille PACA 55 552,0
Pekelo Dakota 55, rue de la Démolition Marseille Bretagne 30 239,0
Peni Dallas 34, avenue des Plantes Marseille Bretagne 81 612,0
Pilialoha Barrett 5, rue du Chat Noir Marseille Bretagne 43 030,0
Pilis Daisy 43, rue des Mousquetaires Lille Picardie 51 087,0
Roselani Cynthia 55, rue de la Démolition BrAlsace Picardie 31 858,0
Sasilvia Barry 78, av des bas Instincts Lyon PACA 30 571,0
Brecat Duhomard 42, rue du Port BrAlsace Bretagne 34 697,0
Duhamel Ducopeau 98, bd du Net Angers PACA 85 343,0
Feuil1
Feuil2
Feuil3
Prêt
9 enregistrement(s) trouvé(s) sur 40
100 %

Figure 16.4

Créer un deuxième filtre

1. Vérifiez que l'option Filtre automatique est bien activée (cliquez sur Données > Filtrer dans le groupe Trier et filtrer) et que les colonnes de votre base de données contiennent bien des flèches de filtre.
2. Cliquez sur la flèche de la colonne dans laquelle vous voulez appliquer le premier filtre.
3. Sélectionnez les données à filtrer. Dans la Figure 16.5, seules les données correspondant à la région PACA sont affichées. Notez que la région compte les villes de Marseille, Nice et Toulon.
4. Pour isoler d'autres entrées spécifiques, cliquez sur la flèche de filtre en haut d'une autre colonne.

   Chaque filtre supplémentaire se base sur le filtre actif et réduit le sous-ensemble de données.

5. Sélectionnez le champ dans lequel vous allez appliquer le deuxième filtre de sélection. Dans la Figure 16.6, le premier filtre est appliqué à l'entrée PACA dans la colonne Région puis un deuxième filtre est appliqué dans la colonne Ville (car, à l'étape 3, trois villes correspondaient à la région PACA).
6. Répétez les étapes 4 et 5 pour appliquer autant de filtres que nécessaire.
7. Lorsque vous avez terminé, effectuez l'une de ces actions :
   - **Revenir au premier filtre et appliquer un autre filtre secondaire** : cliquez sur la flèche de la colonne du deuxième filtre et cochez une autre entrée.
   - **Uniquement revenir au premier filtre** : cliquez sur la flèche de la colonne du deuxième filtre et cochez Effacer le filtre de *nom de champ*.
   - **Revenir à tous les enregistrements** : cliquez sur Données > Effacer dans le groupe Trier et filtrer.

Quand vous travaillez avec des filtres, mieux vaut ne pas mélanger les formats texte, nombre et dates dans la même colonne car un seul type de commande de filtre est disponible pour chaque colonne. Si vous mêlez plusieurs formats dans une colonne, la commande qui s'affiche utilise le format le plus courant.

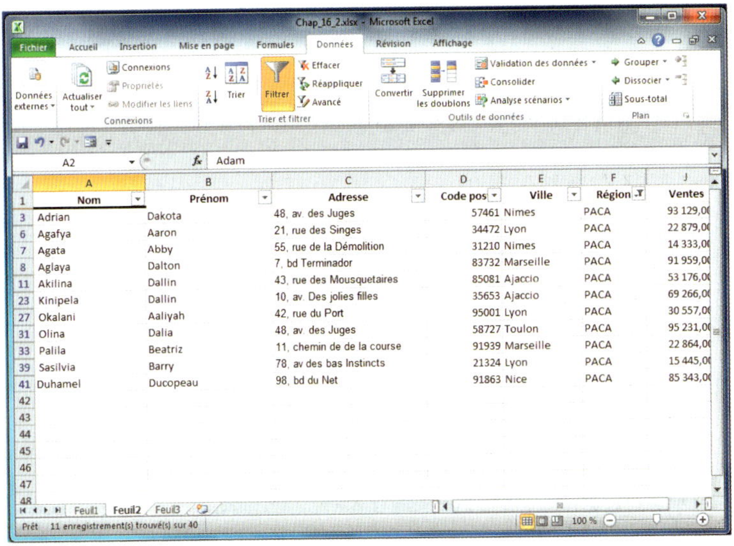

Figure 16.5

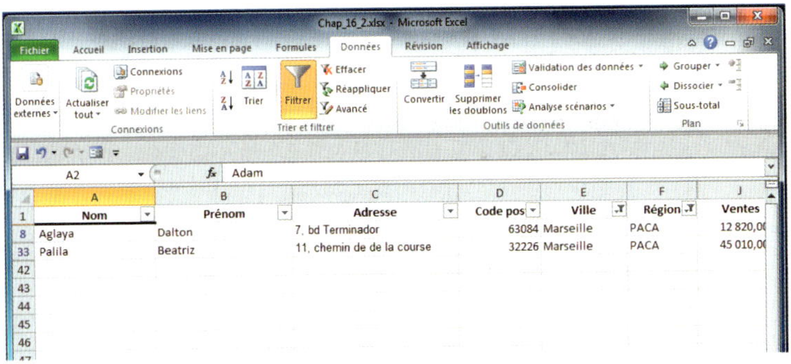

Figure 16.6

Utiliser les filtres textuels

1. Vérifiez que l'option Filtre automatique est bien activée (cliquez sur Données > Filtrer dans le groupe Trier et filtrer) et cliquez sur la flèche de filtre de la colonne de texte dans laquelle vous voulez filtrer les données.

2. Sélectionnez Filtres textuels. Un sous-menu de filtres de comparaison apparaît, comme le montre la Figure 16.7 :

- **Est égal à ou Est différent de :** Est égal à affiche tous les enregistrements dans les cellules du champ sélectionné qui correspondent exactement au texte que vous avez spécifié. Est différent de affiche tous les enregistrements dans les cellules du champ sélectionné qui ne correspondent pas au texte que vous avez spécifié. Par exemple, si vous recherchez les enregistrements correspondant à *Aix*, seuls les enregistrements contenant uniquement Aix s'affichent. Ceux contenant Aix-en-Provence ou Aix-les-Bains ne s'affichent pas. Si vous sélectionnez Est différent de et spécifiez Aix, les enregistrements correspondant à Aix-en-Provence et Aix-les-Bains s'affichent mais pas ceux correspondant à Aix.
- **Commence par ou Se termine par** : recherche tous les enregistrements dans les cellules du champ sélectionné qui commencent ou se terminent par le texte spécifié. Si vous sélectionnez Commence par *Aix*, tous les enregistrements correspondant à Aix-en-Provence ou Aix-les-Bains apparaissent dans votre feuille de calcul. Si vous sélectionnez Se termine par *Provence*, tous les enregistrements correspondant à une ville se terminant par Provence s'affichent dans votre feuille de calcul (par exemple, Aix-en-Provence et Salon-de-Provence).
- **Contient ou Ne contient pas** : recherche tous les enregistrements dans les cellules du champ textuel sélectionné s'ils contiennent ou ne contiennent pas le texte spécifié. Le texte peut se trouver en début, au milieu ou à la fin de la valeur de la cellule.

3. Faites votre choix. La boîte de dialogue Filtre automatique personnalisé s'ouvre, comme le montre la Figure 16.8.

4. Dans la première zone à droite, entrez les données que vous voulez filtrer.

5. Cliquez sur OK pour afficher les enregistrements filtrés.

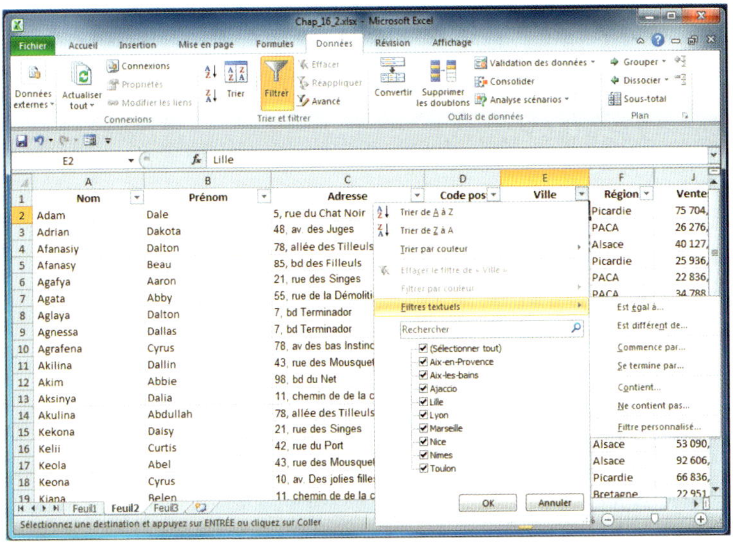

Figure 16.7

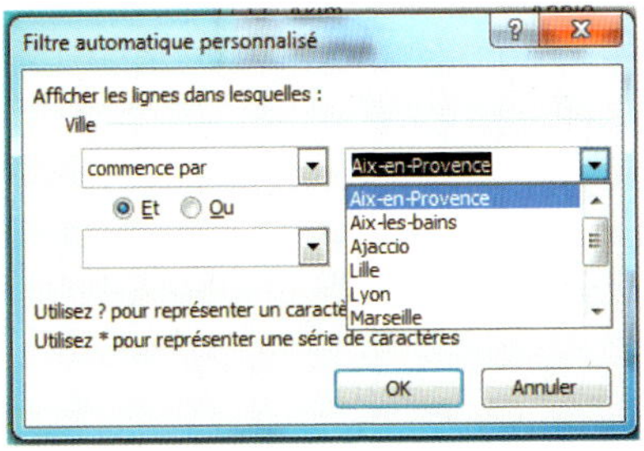

Figure 16.8

Sélectionner des critères de comparaison supplémentaires

1. Exécutez les étapes 1 à 4 de la section précédente, « Utiliser les filtres textuels ».
2. Cochez l'option Et ou Ou dans la boîte de dialogue Filtre automatique personnalisé. Et signifie que les deux critères doivent être pris en compte et Ou que l'un ou l'autre critère doit être respecté.
3. Dans la liste déroulante, sélectionnez un deuxième filtre de comparaison.
4. Entrez la valeur de ce deuxième filtre de comparaison. La Figure 16.9 vous propose un exemple.

   Pour rechercher des cellules qui contiennent certains caractères mais pas d'autres, utilisez le point d'interrogation (?) comme caractère de remplacement.

5. Cliquez sur OK pour afficher les enregistrements filtrés.

Utiliser les filtres numériques

1. Vérifiez que l'option Filtre automatique est bien activée (cliquez sur Données > Filtrer dans le groupe Trier et filtrer) et cliquez sur la flèche de filtre de la colonne qui contient des valeurs numériques à filtrer.
2. Cliquez sur Filtres numériques. Un sous-menu apparaît, semblable à celui de la Figure 16.10. Vous avez notamment le choix entre : Est égal à, Est différent de, Supérieur à, Supérieur ou égal à, Inférieur à, Inférieur ou égal à, Entre.
3. Sélectionnez le filtre de comparaison souhaité pour afficher la boîte de dialogue Filtre automatique personnalisé.
4. Entrez les critères de filtre et cliquez sur OK.

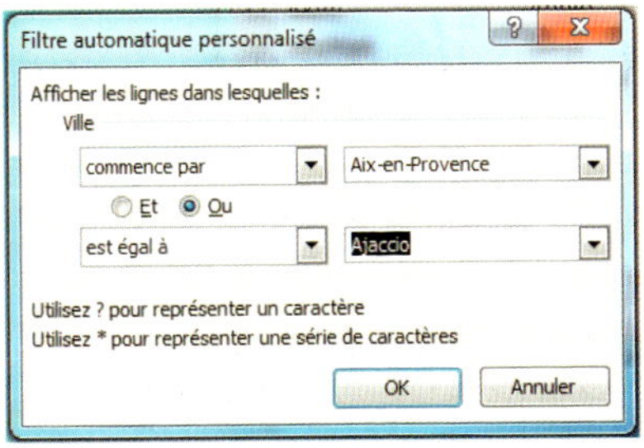

Figure 16.9

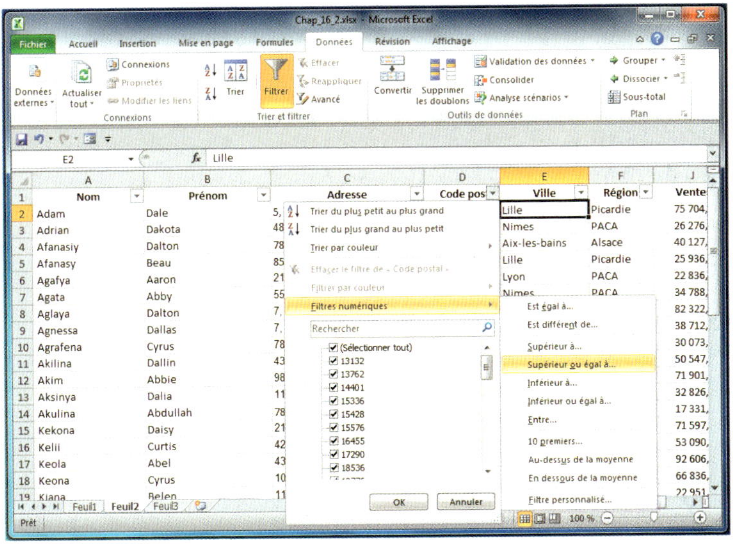

Figure 16.10

Filtrer les 10 premiers ou les 10 derniers

1. Vérifiez que l'option Filtre automatique est bien activée (cliquez sur Données > Filtrer dans le groupe Trier et filtrer) et cliquez sur la flèche de filtre de la colonne qui contient des valeurs numériques à filtrer.
2. Cliquez sur Filtres numériques > 10 premiers. La boîte de dialogue Les 10 premiers s'ouvre, comme le montre la Figure 16.11.
3. Dans la première option, sélectionnez Haut (valeurs les plus élevées) ou Bas (valeurs les plus basses).
4. Dans la deuxième option, sélectionnez le nombre d'éléments que vous voulez afficher (entre 1 et 500).
5. Dans la troisième option, précisez si vous voulez que les éléments soient filtrés par leur nombre ou par leur pourcentage. Par exemple, choisissez d'afficher la liste des dix premiers clients en termes de ventes ou la liste des dix premiers pourcents de votre base clients.
6. Cliquez sur OK. Excel affiche les enregistrements qui correspondent à vos critères.

Les valeurs Haut et Bas se basent sur la plage d'origine des cellules et non sur un éventuel sous-ensemble de données filtrées.

Filtrer les valeurs supérieures ou inférieures à une moyenne

1. Vérifiez que l'option Filtre automatique est bien activée (cliquez sur Données > Filtrer dans le groupe Trier et filtrer) et cliquez sur la flèche de filtre de la colonne qui contient des valeurs numériques à filtrer.
2. Sélectionnez Filtres numériques > Au-dessus de la moyenne ou En dessous de la moyenne pour filtrer les valeurs qui respectent

l'un ou l'autre critère. Dans la Figure 16.12, seuls les enregistrements contenant les valeurs en dessous de la moyenne s'affichent (dans l'exemple, la moyenne est de 6 285).

Pour calculer la moyenne, Excel se base sur les valeurs de toutes les cellules du champ sélectionné et non sur un sous-ensemble de données filtrées.

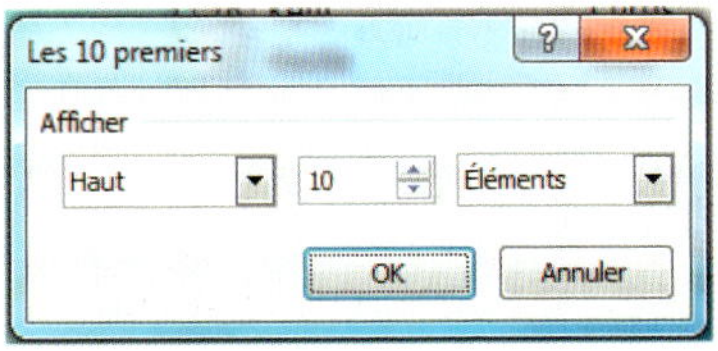

Figure 16.11

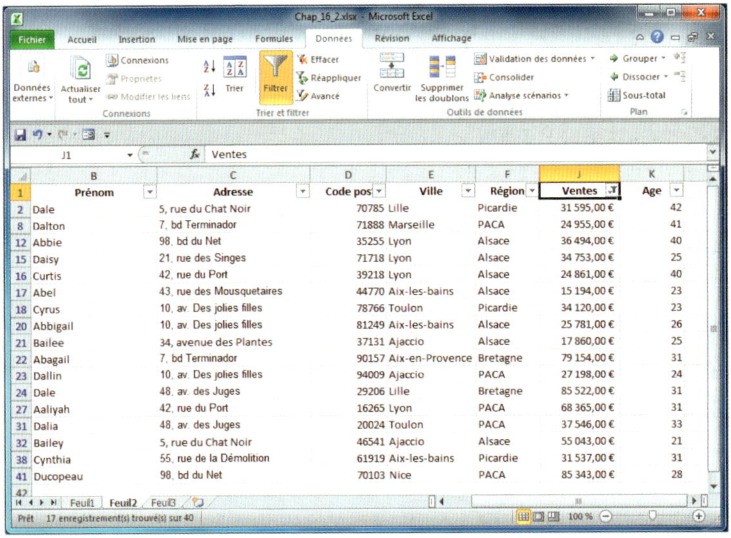

	Prénom	Adresse	Code pos	Ville	Région	Ventes	Age
2	Dale	5, rue du Chat Noir	70785	Lille	Picardie	31 595,00 €	42
8	Dalton	7, bd Terminador	71888	Marseille	PACA	24 955,00 €	41
12	Abbie	98, bd du Net	35255	Lyon	Alsace	36 494,00 €	40
15	Daisy	21, rue des Singes	71718	Lyon	Alsace	34 753,00 €	25
16	Curtis	42, rue du Port	39218	Lyon	Alsace	24 861,00 €	40
17	Abel	43, rue des Mousquetaires	44770	Aix-les-bains	Alsace	15 194,00 €	23
18	Cyrus	10, av. Des jolies filles	78766	Toulon	Picardie	34 120,00 €	23
20	Abbigail	10, av. Des jolies filles	81249	Aix-les-bains	Alsace	25 781,00 €	26
21	Bailee	34, avenue des Plantes	37131	Ajaccio	Alsace	17 860,00 €	25
22	Abagail	7, bd Terminador	90157	Aix-en-Provence	Bretagne	79 154,00 €	31
23	Dallin	10, av. Des jolies filles	94009	Ajaccio	PACA	27 198,00 €	24
24	Dale	48, av. des Juges	29206	Lille	Bretagne	85 522,00 €	31
27	Aaliyah	42, rue du Port	16265	Lyon	PACA	68 365,00 €	31
31	Dalia	48, av. des Juges	20024	Toulon	PACA	37 546,00 €	33
32	Bailey	5, rue du Chat Noir	46541	Ajaccio	Alsace	55 043,00 €	21
38	Cynthia	55, rue de la Démolition	61919	Aix-les-bains	Picardie	31 537,00 €	31
41	Ducopeau	98, bd du Net	70103	Nice	PACA	85 343,00 €	28

Figure 16.12

Filtrer par date ou heure

1. Vérifiez que l'option Filtre automatique est bien activée (cliquez sur Données > Filtrer dans le groupe Trier et filtrer) et cliquez sur la flèche de filtre de la colonne qui contient les dates à filtrer.

   Par défaut, les dates de la base de données sont groupées par années, mois et jours.

2. Cliquez sur Filtres chronologiques. Une liste de filtres chronologiques apparaît, comme le montre la Figure 16.13.

   Excel dispose de deux types de filtres : courants et dynamiques. Les filtres courants sont basés sur un opérateur de comparaison comme Egal à, Supérieur à, Inférieur à ou Entre. Les filtres dynamiques sont des filtres dont le critère peut changer quand vous réappliquer le filtre ultérieurement, par exemple, Aujourd'hui, Demain, Le mois prochain, Le mois dernier ou Année à ce jour.

3. Sélectionnez un filtre chronologique. Si vous sélectionnez un filtre courant, la boîte de dialogue Filtre automatique personnalisé s'ouvre. Si vous sélectionnez un filtre dynamique, Excel applique immédiatement le filtre.
4. Si vous sélectionnez un filtre courant, entrez une date ou une heure dans la zone de droite ou cliquez sur le bouton Calendrier pour sélectionner une date.
5. Cliquez sur OK.

   Les années et les trimestres commencent toujours au mois de janvier de l'année civile.

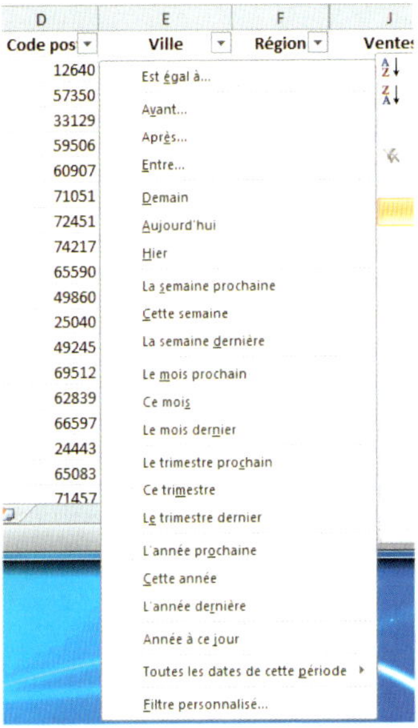
D
E
F
J
Code pos
Ville
Région
Vente
12640
57350
33129
59506
60907
71051
72451
74217
65590
49860
25040
49245
69512
62839
66597
24443
65083
71457
Est égal à...
Avant...
Après...
Entre...
Demain
Aujourd'hui
Hier
La semaine prochaine
Cette semaine
La semaine dernière
Le mois prochain
Ce mois
Le mois dernier
Le trimestre prochain
Ce trimestre
Le trimestre dernier
L'année prochaine
Cette année
L'année dernière
Année à ce jour
Toutes les dates de cette période
Filtre personnalisé...

Figure 16.13

Filtrer par couleur

1. Vérifiez que l'option Filtre automatique est bien activée (cliquez sur Données > Filtrer dans le groupe Trier et filtrer) et cliquez sur la flèche de filtre de la colonne qui contient les données à filtrer.
2. Sélectionnez Filtrer par couleur. Un sous-menu apparaît, comme dans la Figure 16.14. Vous pouvez filtrer par couleur de cellule ou par couleur de police. Le contenu du sous-menu dépend des couleurs de vos données.
3. Sélectionnez une option. Excel affiche la base de données avec le filtre que vous avez appliqué.

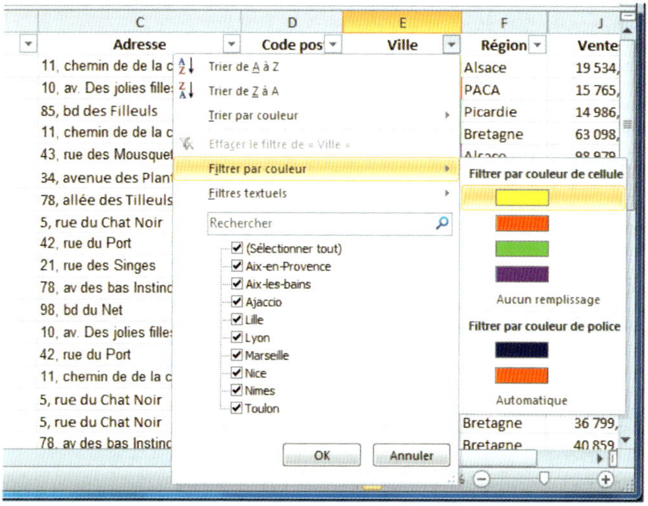
Adresse
Code pos
Ville
Région
Vente
Trier de A à Z
Trier de Z à A
Trier par couleur
Effacer le filtre de « Ville »
Filtrer par couleur
Filtres textuels
Rechercher
(Sélectionner tout)
Aix-en-Provence
Aix-les-bains
Ajaccio
Lille
Lyon
Marseille
Nice
Nimes
Toulon
OK
Annuler
Filtrer par couleur de cellule
Aucun remplissage
Filtrer par couleur de police
Automatique

Figure 16.14

Index

D

G

H

I

P

Q

R

S